経済システムの比較制度分析

青木昌彦／奥野正寛──［編著］

東京大学出版会

Comparative Institutional Analysis:
A New Approach to Economic Systems
Masahiko AOKI and Masahiro OKUNO-FUJIWARA, Editors
University of Tokyo Press, 1996
ISBN978-4-13-042102-7

目次

序章 比較制度分析とは何か·· *1*
1 はじめに·· *1*
2 現代日本の経済システムと比較制度分析··· *3*
 2.1 現代日本の経済システム(*3*) 2.2 日本経済の制度分析(*4*)
3 多様性の経済学としての比較制度分析·· *5*
 3.1 東欧諸国の市場経済移行と東アジアの経済発展(*5*) 3.2 経済理論の発展(*6*)
 3.3 システム内の多様性とシステム間の多様性(*7*)
 3.4 補完性と経路依存性(*8*)
4 限定合理性と比較制度分析·· *9*
 4.1 複雑系システムと限定合理性(*9*)
 4.2 制度の適応的変化と進化ゲームの理論(*10*)
 4.3 移行経済問題と移行戦略(*11*) 4.4 日本経済の将来(*12*)
5 本書の構成·· *13*
 5.1 全体の構成(*13*) 5.2 各章の内容(*14*)

1章 伝統的経済学と比較制度分析·· *21*
1 比較制度分析と新古典派経済学·· *21*
 1.1 新古典派経済モデル(*21*) 1.2 新古典派モデルの普遍性(*22*)
 1.3「制度」の重要性(*23*)
2「制度」の多様性··· *24*

i

  2.1 文化と制度(24) 2.2 法的制度(25) 2.3 自生的制度(28)
  2.4 戦略的補完と複数均衡(29) 2.5 ナッシュ均衡としての制度(31)
3 制度のダイナミズム……………………………………………………………34
  3.1 歴史的経路依存性(34) 3.2 進化ゲーム理論の発想(35)
  3.3 制度的補完性(35)

I 企業の内部システム

2章 企業内コーディネーション……………………………41

1 企業内コーディネーションの重要性……………………………………………41
  1.1 資源配分メカニズムと企業内コーディネーション(41)
  1.2 自動車産業における企業内コーディネーション(44)
2 企業内コーディネーションのさまざまなタイプ…………………………………46
  2.1 企業のモデル化(46) 2.2 経営部門が直面する問題(50)
  2.3 情報システムのさまざまなタイプ(51)
3 情報効率性の比較分析……………………………………………………………58
  3.1 組織の比較優位決定要因(58)
  3.2 コーディネーションのタイプによる比較優位の例(61)
  3.3 情報産業におけるコーディネーションの展開(62)
  3.4 他の制度との補完性(65)

3章 企業システムの生成：進化ゲーム的アプローチ……………69

1 企業システムの存在………………………………………………………………69
2 進化ゲーム理論の経済学的意義…………………………………………………72
3 進化ゲームの均衡としてのJ-企業システムとA-企業システム…78
  3.1 戦略としての技能形成(78) 3.2 ランダム・マッチング・ゲームの利得(80)
  3.3 ダーウィニアン・ダイナミクス(82)
  3.4 進化ゲームにおける複数均衡としてのJ-企業とA-企業(83)
4 企業システムの変化の可能性……………………………………………………89
  4.1 組織形態の実験(89) 4.2 期待の役割(91)
  4.3 情報システムの歴史的進化と制度的補完性(92)

4章 企業内インセンティブと雇用契約……………………97

1 企業内の資源配分と契約…………………………………………………………97
2 エージェンシー関係としての企業組織…………………………………………99

2.1 エージェンシー関係の定式化(*100*)
 2.2 賃金スケジュールとインセンティブ(*102*) 2.3 情報の非対称性の影響(*105*)
 2.4 リスク・シェアリングとインセンティブのトレード・オフ(*106*)
 2.5 賃金の反応度の決定要因(*107*)

3 組織内での協調と競争のインセンティブ·················· *108*
 3.1 複数エージェント間の業績の相対比較(relative performance)(*109*)
 3.2 複数の仕事とインセンティブ・リスクの問題(*110*)
 3.3 仕事と従業員が複数の場合(*111*) 3.4 "ヘルプ(help)"とその問題点(*112*)

4 長期のインセンティブ·········· *113*
 4.1 情報の不完全性と昇進(*114*)
 4.2 立証不可能性(unverifiability)と昇進(*115*)
 4.3 日本の企業における協調と競争(*118*)

5章 企業の雇用システムと戦略的補完性·············· *123*

1 雇用慣行と人的資本·········· *123*
 1.1 長期雇用関係(終身雇用)(*123*) 1.2 報酬(年功賃金)(*125*) 1.3 昇進(*126*)
 1.4 組織(*127*) 1.5 人的資本,知的熟練(*127*)
 1.6 一般的技能と企業特殊技能(*128*)

2 企業内資源配分としての雇用システム············· *129*
 2.1 昇進・年功賃金と長期雇用関係(*130*) 2.2 昇進と企業特殊技能形成(*133*)
 2.3 企業特殊技能形成と長期雇用関係(*134*) 2.4 Aタイプ,Jタイプ(*135*)

3 雇用戦略の補完性と複数均衡············· *139*
 3.1 転職者への対応(*139*) 3.2 雇用システムの戦略的補完性と効率賃金(*140*)
 3.3 労働者の技能選択と雇用システムの戦略的補完性(*145*)
 3.4 労働者の異質性と多元主義(*147*)
 3.5 スイッチング・コストと履歴(ヒステレシス)効果(*148*)

II 企業をとりまく制度的補完の構造

6章 企業間の垂直的関係：競争と合併············· *155*

1 垂直的関係と競争············· *155*
 1.1 自動車産業における企業間関係(*156*)
 1.2 1980年代における部品メーカーとの関係(*157*)
 1.3 「顔の見える競争」(*160*)

2 関係特殊投資と合併············· *161*
 2.1 関係特殊投資と双方独占(*162*) 2.2 不完備契約と再交渉(*164*)

  2.3 ホールド・アップ問題(*165*) 2.4 合併による解決とその問題点(*167*)
3 企業間の競争と情報··169
  3.1 トーナメントの理論(*169*) 3.2 トーナメントの賞金と再交渉(*174*)
  3.3 投資競争と情報(*175*) 3.4 情報のコントロール(*176*)
  3.5 内生的「賞金」と部品メーカーの投資水準(*178*)
  3.6 「顔の見える競争」における競争と情報(*179*)

7章 コーポレート・ガバナンス ···183
  ：双対的コントロール下の企業行動
1 コーポレート・ガバナンス··183
  1.1 コーポレート・ガバナンスの問題とは(*183*)
  1.2 新古典派経済学の解決法：コーポレート・コントロールの市場(*184*)
  1.3 コーポレート・コントロールの市場の機能についての疑問(*185*)
2 日本の企業のコーポレート・ガバナンスの構造······························187
  2.1 不完全なコーポレート・コントロールの市場の形成(*187*)
  2.2 長期雇用慣行との関係(*188*) 2.3 日本の企業は労働者管理企業か?(*188*)
3 双対的コントロールと日本の企業行動··190
  3.1 双対的コントロール(*190*) 3.2 交渉の状況とナッシュ交渉解(*190*)
  3.3 モデル(*191*) 3.4 新古典派経済学および労働者管理企業の図式(*193*)
  3.5 ナッシュ交渉解と交渉の状況の制度的解釈(*194*)
  3.6 賃金決定の論理(*197*) 3.7 雇用と努力の贈与交換(*198*)
  3.8 日本企業の成長志向的行動について(*199*)

8章 状態依存型ガバナンス··203
1 はじめに··203
  1.1 チーム生産をめぐる問題(*203*)
  1.2 財務状態に依存したガバナンス形態(*204*)
  1.3 モニターのインセンティブ(*205*)
2 チーム生産におけるモラル・ハザード··206
  2.1 モデル(*206*) 2.2 モラル・ハザードの存在(*207*)
  2.3 罰金による解決策とその問題点(*208*)
3 状態依存型ガバナンス···209
  3.1 モデル(*209*) 3.2 最適解の特徴づけ(*211*)
4 状態依存型ガバナンスを支える制度的構造···································213
  4.1 モニターのインセンティブの問題(*213*)

4.2 救済と解散のインセンティブ(214) 4.3 長期的関係とレント(214)
  4.4 コーポレート・コントロールの市場との非整合性(216)
  4.5 長期雇用慣行との制度的補完性(218) 4.6 モニターの交渉力(219)

9章 メインバンク・システムと金融規制……221
1 メインバンクへの関心……221
2 メインバンク・システム……222
  2.1 メインバンク関係とは(222) 2.2 メインバンク関係の5つの側面(223)
  2.3 企業の財務状況とメインバンク(224)
3 企業モニタリングの3段階……227
  3.1 事前的モニタリング(ex ante monitoring)(227)
  3.2 中間的モニタリング(interim monitoring)(229)
  3.3 事後的モニタリング(ex post monitoring)(230)
4 メインバンクによる統合されたモニタリング……231
  4.1 アングロ・アメリカ型のモニタリング・システム(231)
  4.2 メインバンクの機能(232)
5 メインバンク・システムの社会的便益……234
  5.1 モニタリング費用の節約(234) 5.2 企業救済(235)
  5.3 状態依存型ガバナンス(236)
6 メインバンク・レントと規制枠組み……237
  6.1 金融抑制(financial restraint)(238) 6.2 フランチャイズ・バリュー(239)
  6.3 参入規制と証券市場の抑制(240)
7 これからのコーポレート・ガバナンス構造……242
  7.1 市場化環境におけるモニタリング能力の衰退(243)
  7.2 メインバンク・システムの変化の可能性(244)

10章 政府と企業……247
1 政府企業関係と比較制度分析……247
  1.1 政府企業関係(247) 1.2 伝統的な政府観(248)
  1.3 比較制度分析的視点の重要性(249)
2 政府企業関係のモデル……250
  2.1 大店法に見る政府企業関係(250) 2.2 モデル(252)
  2.3 利害調整者としての政府(253) 2.4 事後的なルール変更(254)
  2.5 事前のインセンティブ(256) 2.6 政府企業関係の比較制度分析(258)

3 日本経済における政府の役割⋯⋯⋯⋯⋯⋯⋯⋯⋯⋯⋯⋯⋯⋯⋯⋯⋯ *260*
 3.1 官僚組織に関する問題(*260*) 3.2 日本の官僚組織の特徴(*262*)
 3.3 官僚制多元主義(*263*) 3.4 関係依存型政府の果たした役割(*264*)
 3.5 関係依存型政府の限界と変革の可能性(*266*)

III　経済システムの多様性と進化

11章　経済システムの生成と相互接触⋯⋯⋯⋯⋯⋯⋯⋯⋯ *271*
  ：進化ゲーム的アプローチ

1 ゲーム理論の成果と問題点⋯⋯⋯⋯⋯⋯⋯⋯⋯⋯⋯⋯⋯⋯⋯⋯⋯ *271*
 1.1 ゲーム理論の誕生(*271*) 1.2 合理的ゲーム解釈の限界(*272*)
 1.3 実験ゲーム理論（experimental game theory）(*275*) 1.4 限定合理性へ(*276*)
2 進化ゲームの構造⋯⋯⋯⋯⋯⋯⋯⋯⋯⋯⋯⋯⋯⋯⋯⋯⋯⋯⋯⋯⋯⋯ *278*
 2.1 ランダム・マッチング・ゲーム(*278*) 2.2 限定合理性(*279*)
3 進化的安定戦略とダイナミクス⋯⋯⋯⋯⋯⋯⋯⋯⋯⋯⋯⋯⋯⋯⋯⋯ *280*
 3.1 進化ゲームの例(*280*) 3.2 進化的安定戦略(ESS)(*283*)
4 進化ゲームから見た経済システムの進化⋯⋯⋯⋯⋯⋯⋯⋯⋯⋯⋯ *286*
 4.1 ベスト・レスポンス・ダイナミクスと歴史的経路依存性(*286*)
 4.2 よりよい制度への進化の可能性：実験と政府の介入(*288*)
 4.3 異なる文化との接触(*290*)
5 進化ゲームと歴史⋯⋯⋯⋯⋯⋯⋯⋯⋯⋯⋯⋯⋯⋯⋯⋯⋯⋯⋯⋯⋯⋯ *294*

12章　現代日本経済システムの歴史的生成⋯⋯⋯⋯⋯⋯⋯ *299*
1 問題意識⋯⋯⋯⋯⋯⋯⋯⋯⋯⋯⋯⋯⋯⋯⋯⋯⋯⋯⋯⋯⋯⋯⋯⋯⋯⋯ *299*
 1.1 戦時経済と比較制度分析(*300*) 1.2 安定的な経済システムの形成(*301*)
2 重化学工業化の進展⋯⋯⋯⋯⋯⋯⋯⋯⋯⋯⋯⋯⋯⋯⋯⋯⋯⋯⋯⋯⋯ *302*
 2.1 戦前の金融システム，コーポレート・ガバナンス構造の変化(*302*)
 2.2 労働市場の構造変化(*303*)
3 統制経済の胎動⋯⋯⋯⋯⋯⋯⋯⋯⋯⋯⋯⋯⋯⋯⋯⋯⋯⋯⋯⋯⋯⋯⋯ *304*
 3.1 銀行法と外為法(*304*) 3.2 「産業合理化政策」(*305*)
4 戦時統制の経済システム⋯⋯⋯⋯⋯⋯⋯⋯⋯⋯⋯⋯⋯⋯⋯⋯⋯⋯⋯ *305*
 4.1 計画経済の仕組み(*306*) 4.2 コーポレート・ガバナンス(*307*)
 4.3 戦時金融の展開(*307*) 4.4 産業報国会と協力工場体制(*309*)
5 戦後経済改革⋯⋯⋯⋯⋯⋯⋯⋯⋯⋯⋯⋯⋯⋯⋯⋯⋯⋯⋯⋯⋯⋯⋯⋯ *310*

  5.1 統制と計画による復興：産業団体(310) 5.2 財閥解体(311)
  5.3 企業再建と銀行のコミットメント (312)
6 ドッジ・ライン以前の日本経済 ……………………………………… 312
7 高度成長と日本経済システム ………………………………………… 314
  7.1 株式持ち合いの進展(315) 7.2 メインバンク・システムの確立(316)
  7.3 仕切られた多元主義(317)

13章 比較制度分析のパースペクティブ ……………………… 319
1 比較制度分析と現実経済 ……………………………………………… 319
  1.1 制度と経済活動の複雑性(320) 1.2 進化複雑系としての経済システム(321)
  1.3 自己拘束的(self-enforcing)なシステム(324) 1.4 制度間の補完性(325)
  1.5 経済システムのダイナミズム(327)
2 経済システムの変革と移行 …………………………………………… 328
  2.1 システム変革の必要性とその困難(328)
  2.2 進化ゲーム的アプローチから見た制度改革(329)
  2.3 制度的補完性と経済システムの移行(330)
  2.4 漸進主義的アプローチ vs. ビッグバン・アプローチ(332)
3 比較制度分析と経済学 ………………………………………………… 333
  3.1 経済学の発展と比較制度分析(333)
  3.2 インタラクティブ・アプローチ(335)
  3.3 制度と限定合理性(337) 3.4 他の諸分野との共同研究の可能性(339)

あとがき　*343*
索　引　*345*
執筆者略歴　*354*

[Column]
ナッシュ均衡，戦略的補完，複数均衡　*26*／限定合理性へのアプローチ　*32*
コーディネーション・メカニズムと企業内資源配分　*42*
企業理論の2つのアプローチ　*48*／利他主義 vs. 利己主義　*76*
私的情報とエージェンシー問題　*98*／長期関係による協調の可能性　*116*
評判の役割　*136*／外部オプションと効率賃金　*142*
ホールド・アップ問題と合併　*170*／ナッシュ交渉解　*192*
交渉のルールと交渉の結果　*196*／移行経済と状態依存型ガバナンス　*216*
逆淘汰(adverse selection)問題　*228*／権威主義型政府　*260*／協力の進化　*294*
満州における統制経済の実験　*308*

●執筆分担一覧

本書の各章は以下のように分担して執筆された.

序章——青木昌彦・奥野(藤原)正寛・瀧澤弘和・村松幹二
1章——青木・関口格・堀宣昭
　第I部
2章——青木・瀧澤
3章——青木・瀧澤
4章——奥野・村松
5章——青木・奥野・村松
　第II部
6章——奥野・村松
7章——青木・奥野・関口
8章——青木・関口
9章——青木・堀
10章——奥野・関口
　第III部
11章——奥野・瀧澤
12章——奥野・堀
13章——奥野・瀧澤

序章 比較制度分析とは何か

1 はじめに

本書は，経済システムをさまざまな制度の集まりと考えることで，資本主義経済システムの多様性とダイナミズムを分析しようとする経済学の新しい分野，「比較制度分析(Comparative Institutional Analysis)」の世界でも初めての体系的な解説書である[1]．本書は同時に，現代日本の経済システムを比較制度分析の主たる分析対象とすることで，このシステムの内部構造と，それを構成するさまざまな仕組みの持つインセンティブ効果や相互依存関係を，理論的に明らかにすることを目的としている．

経済システムの多様性それ自身に焦点をおいて研究する比較制度分析が今日のような形で成立したのは比較的最近のことである．比較制度分析誕生に至る学説史的な背景については後により詳しく述べるが，1990年の秋にスタンフォード大学の経済学大学院で青木昌彦，ポール・ミルグロム(Paul Milgrom)，アブナー・グライフ(Avner Greif)，銭穎一(Yin-Gi Qian)，

---

1) ただし，より一般向けに比較制度分析を解説したものとして青木(1995)がある．

ジョン・リトバック(John Litvack)によって，比較制度分析という新しい研究コースが設置されたことが期を画する出来事であった．その後も，世界経済の統合化の進展の下でさまざまな経済システムの相違がもたらす諸問題が発生しているという現実からの要請や，組織と契約を取り扱う経済理論が一層の進展を見せる中で，多くの研究者が比較制度分析に関心を寄せており，それぞれの立場から幅広い貢献がなされつつある．

　本書は，このように急速に進展しつつある比較制度分析というフィールドをわれわれ自身の観点から，しかも現時点での経過報告としてまとめあげたものである．

　比較制度分析は，経済システムを次のような新しい視点から分析しようとする．

1) 同じ資本主義経済システムであっても，どのような制度配置がその内部に成立しているかによって，さまざまな資本主義システムがあり得る(**資本主義経済システムの多様性**)．
2) 1つの制度が安定的な仕組みとして存在するのは，社会の中である行動パターンが普遍的になればなるほど，その行動パターンを選ぶことが戦略的に有利となり，自己拘束的な制約として定着するからである(**制度の持つ戦略的補完性**)．
3) 多様なシステムが生まれるのは，1つのシステム内のさまざまな制度がお互いに補完的であり，システム全体としての強さを生み出しているからである(**経済システム内部の制度的補完性**)．
4) そのため経済システムには慣性があり，経済の置かれた外部環境と蓄積された内部環境の変化と共に徐々に進化・変貌する(**経済システムの進化と経路依存性**)．
5) 経済システムの改革や計画経済から市場経済への移行にあたっては，ビッグバン型のアプローチよりも漸進的改革の方が望ましいと考える理由がある(**改革や移行における漸進的アプローチ**)．

　1章では，こうしたアプローチの仕方が伝統的な経済学とどのように異

なるのかを詳説するが，本章ではどのような問題意識を背景にして比較制度分析という新しいアプローチが登場してきたのかを振り返っておくことにしよう．

2　現代日本の経済システムと比較制度分析

2.1　現代日本の経済システム

　日本の経済システムには他国と異なる際立った特徴があるという見解は，戦後日本の社会科学の諸分野で多くの論争を生んできた．労使関係における「終身雇用制」，賃金や昇進の「年功序列制」・「企業内労働組合」，コーポレート・ガバナンスにおける「株式持ち合い」・「内部昇進者による経営」，企業間関係における「メインバンク制度」や「系列」，企業と政府の関係における「行政指導」・「官庁の縄張り」・「事業者団体」・「天下り」などが日本の経済システムに固有の特徴であるとされてきた．高度成長期までは，これらの「日本的特徴」は，文化人類学者や社会学者によって日本の文化的特質を反映したものとされ，マルクス経済学者によって日本社会や日本経済の後進性の現れであると主張された．いわゆる「日本特殊論」である．しかし 1970 年代以降，日本経済が一層発展し，日本企業の国際進出が高まるにつれ，「日本的経営」や「日本の経済システム」に対する評価は一変し，他国の経営手法や経済システムにないこれらの神秘的な強さこそ，日本企業や日本経済の強さの源泉であると賛美されることになった．さらに，1990 年代に入りバブルが崩壊してからは，日本経済は，政府の「規制」と政・官・財の「鉄のトライアングル」を通したもたれ合いによって守られた温室の中で，国際競争から遮断されたひ弱で閉鎖的なシステムであり，上に挙げた日本経済に特徴的な仕組みこそ，その閉鎖性・非民主性の現れであると主張されるようになった．一言で言えば，日本は国際社会とは「異質な」仕組みを持った，閉鎖的システムだという批判である．

2.2　日本経済の制度分析

　日本の経済システムに対する社会的評価がこのように揺れ動く中で，日本経済に対する経済分析は着実に進んできた．これらの特徴が本当に現実の日本経済に存在するのか，他の国には存在しないのか，他国との違いはどこにあるのかなどの実証的研究．一見したところ非合理的な仕組みに見える特徴にも，それが存在している以上，一定の合理性があるのではないかという理論的研究．それらの特徴がどのようなロジックでどのようなルートを通して，資源配分やマクロ経済のパフォーマンスにどのような影響を与えているのかという政策的研究など．国際的な関心を基にした世界第一線の経済学研究者による，地道ではあっても集中的な研究が行われてきたのである[2]．

　これらの日本経済に対する研究成果は，「日本特殊論」や「日本賛美論」あるいは「日本異質論」と異なって，日本経済のさまざまな仕組みにはそれなりの合理性が存在すること，しかし他国の仕組みと比べてそれが一律に望ましいわけでも，逆にすべての側面で劣っているものでもないことを明らかにしてきた．これらの研究は同時に，市場メカニズムの分析に偏重していた経済分析の欠陥を明確にし，「制度の経済分析」，つまりさまざまな社会的仕組み——企業組織のあり方，企業内あるいは企業間の慣習・慣行，法律や通達で定められた制度など——を分析することの重要性を強く認識させることになった．日本の経済システムを理解するためには，さまざまな社会的仕組みの役割と有効性，それらを安定的な仕組みとして成立させているインセンティブの構造，それぞれの異なる制度の間の相互依存関係の特徴などを体系的に分析すること，しかもそれらの仕組みをシステムとして，つまり仕組みの「総体」として考察することが決定的に重要だ

---

[2]　この点についてのまとまった解説書に，Aoki and Dore(1995) がある．また，国際的な関心を基にして，日本経済の分析をその中心的な課題とする英文学術誌も，*Journal of Japanese and International Economies* と *Japan and the World Economy* の二誌を数えるに至っている．

という認識である．

3　多様性の経済学としての比較制度分析

3.1　東欧諸国の市場経済移行と東アジアの経済発展

　これらの認識は日本経済に対する経済分析だけから生まれてきたのではなく，世界経済全体の急速な変貌が生み出した，経済分析に対する強い現実的要請が存在していたことをも忘れてはならない．1980年代に起こった世界情勢の大きな変化や，1970年代以降の経済学理論自身の発展がその背景にはあるのである．

　その最も大きな要因は，1980年代末に起こった「ベルリンの壁」の崩壊と，それに伴う旧社会主義諸国の民主国家・市場経済体制への移行である．この結果，これら諸国が目指すべき経済システムとして，同じ資本主義体制であっても異なる市場システムがあり，どれを選ぶかに選択の幅があることが強く認識されることになった．たとえば，企業金融の仕組み1つを取ってみても，株式・債券市場を中心としたアングロ・アメリカ型と，銀行の貸付を中心とした日本・ドイツ型があるからである．言いかえれば，社会主義の崩壊によってかえって，資本主義経済システムが実は多様なシステムを内包しているのであり，今後の世界経済は，異なる資本主義システム間の競争の場になるという多元的な見方が広がったのである．

　他方，1980年代は東アジアの時代の幕開けでもあった．日本に続いて，韓国・台湾・香港・シンガポールが驚異的な経済発展を遂げると，タイ，マレーシア，インドネシアがそれに続き，今や中国本土にも沿岸部を中心に急速な工業化が起こり，大量消費社会の胎動が始まっている．本書でもふれるように，このような東アジアの急速な工業化は従来の常識を覆すものだった．これらの諸国の多くは「開発国家」と称される経済システム，つまり国家が大幅に市場に介入または補完することによって経済発展を成し遂げたという共通点を持っているからである．このことは，新古典派経

済学を基礎とした伝統的な経済開発戦略，つまり市場を整備し，政府の介入とそれに伴う資源配分の歪みを最小限にすることが経済開発に最も有効だという常識を覆した．開発途上国が工業化に向けて「離陸」するためには，市場に頼るだけでなく国家機構を含めた何らかの「制度」を有効に活用することこそが必要なのではないだろうか，そもそも市場が有効に機能するためには政府が非常に重要な補完的役割を果たしているのではないだろうか，という考え方に脚光が当てられたのである．

3.2 経済理論の発展

このように比較制度分析と同一の問題意識は，旧社会主義経済の市場経済への移行問題を取り扱う「移行の経済学(transition economics)」や，東アジア諸国の経済発展の背景を分析する「経済発展論(theory of economic development)」にも存在しているし，より一般的に，最近の「組織の経済学(economics of organization)」や「契約理論(contract theory)」にも共有されている．その背後には，おそらく経済理論自体に起こった大きな変化がある．理論経済学は1970年代以来大きく変貌を遂げ，不確実性やリスク，情報とインセンティブ，契約や交渉といった，従来経済学では扱えないと思われてきた諸問題を検討するための，新しい分析用具の開発に成功してきた．特に1980年代に大きく発展したゲーム理論は，標準化された財・サービスが市場で売買されるという伝統的経済学の分析対象を越えて，労使関係や少数の企業間の複雑な取引関係をその制度的背景にまで遡って論理的に叙述し，分析することを可能にした．

この結果生まれた新しい経済学には，1つの共通した問題意識が存在する．新古典派経済学が前提とした市場経済では，市場参加者の誰と契約しても同じ取引ができることが前提とされていた．これに対して，何らかの意味で長期的な関係にコミットするためには，長期関係を通じてお互いの行動が望ましい結果を招来し，得られた結果の分配が適切に行われるよう，情報やインセンティブ，コーディネーションや交渉力などのさまざまな要因を適切にコントロールする仕組み——組織，契約のあり方，制度など

——が必要だという問題意識である．しかもこのような仕組みには，取引関係のあり方や対象とする経済活動に応じて，さまざまな仕組みが存在する．市場という単一の仕組みだけを分析した新古典派経済学と異なって，新しい経済学は多様な仕組みと制度を分析対象とすることが運命づけられていたのである．

3.3 システム内の多様性とシステム間の多様性

新しい経済学はまた，経済システムの多様性を生み出す要因として，社会的仕組みの「補完性(complementarity)」を強調する．さまざまな組織や制度があり得るとしても，それぞれの経済システムが多様な制度を内包すれば，経済システム同士は比較的同質的になっている可能性がある．しかし現実の経済システムは，次のような性格を持っていることが知られている．つまり，1つの経済システムの内部では対象ごとに比較的同質的な制度が成立しているのに対して，異なる経済システムの間には大きな制度の違いが存在し，お互いの経済システムの異質性が際立っている点である．すでに述べた「日本特殊論」や「日本賛美論」あるいは「日本異質論」は，まさに日本の経済システム・経営システムが，欧米の経済・経営システムとはまったく異なった形で編成されているという指摘に他ならない．異なる経済システム間での「システム摩擦」とは，この意味での多様性が存在するからに他ならない．

たとえば日米自動車部品交渉で，アメリカ側は日本の自動車メーカーの部品調達方法は閉鎖的であると主張してきた．市場取引だけに注目する新古典派経済学のモデルに従えばもっともなこの主張にもかかわらず，長期的関係に基づくフレキシブルな部品調達システムは日本の自動車産業の競争力の源泉であり，しかも他国でも有効なシステムである．1つのメーカーの製品にしか使えない部品を安定的に供給するためには，他メーカーへの部品供給には価値を持たない関係特殊的な投資が必要であり，その結果発生する双方独占的な関係では，いわゆる「閉鎖的」な関係こそが部品の品質を改善しコストを切り下げるために有効だからである．その理論的説

明は本書6章で展開されるが,現実の展開がもっと雄弁に,この「閉鎖的」部品調達方法の有効性を証明している.なぜなら,クライスラー,フォードなどのアメリカ・メーカーが日本のシステムを取り入れ,部品メーカー,マーケット担当者,製造部門代表者などで開発チームを作った結果,従来より短期間で新型車の開発に成功したからである[3].

3.4 補完性と経路依存性

ではなぜ,1つのシステム内では比較的同質な制度が発展し,システム同士を比べるとそれらはお互いに異質といって良いほど,多様性を持っているのだろうか.この鍵となるのが「補完性」である.たとえば,日本の鉄道網の中心をなすJRのシステムでは,新幹線を除いて線路の幅は狭軌に統一されている.列車の相互乗り入れの可能性や,それが駄目な場合の荷物や旅客の乗り換えに伴う費用を考えれば,新たな鉄道を造る場合,既存の鉄道網が狭軌中心なら狭軌の,広軌中心なら広軌の新鉄道を造ることが有利である.このように,システムの中で1つの仕組み(狭軌鉄道)の割合が増えるほど,その仕組みを選ぶことが有利になることを,「戦略的補完性(strategic complementarity)」が存在するという.1つの社会の中で成立している制度の体系が比較的同質的なのは,これらの制度に戦略的補完性が存在しているからである.

他方,制度には他の補完性もある.たとえば,明治時代に日本の鉄道が狭軌を採用したのは,狭小な国土の中で急速に鉄道建設を行う必要があった一方,経済発展を始めたばかりで資本蓄積の小さい日本経済にとって,それが経済負担の少ない選択だったからである.異なる制度の社会的適合度は,経済システムが直面する歴史的・技術的・社会的・経済的環境に依存するのであり,これが比較制度分析で重要な役割を果たす経済システムの「経路依存性(path dependence)」をもたらす.

また制度や仕組みには,それら同士の間に補完性が存在する.たとえば,

---

3) とはいえ,残念ながら日本側は日米通商交渉で,このような日本のシステムの合理性を論理的に主張してこなかった.

船舶・鉄道・航空機などを使った大量輸送のためには，港湾・駅・空港などのインフラストラクチュアが必要である．しかしこれらの輸送インフラがあるからといって，輸送需要が生まれるわけではない．輸送インフラは後背地の需要に支えられているからである．他方，輸送インフラが存在しなければ後背地の利便性は低く，人口も増えず商業蓄積も生まれない．輸送インフラと後背地の蓄積の間には，お互いの補完性が存在するのである．

比較制度分析の注目するもう1つの補完性こそ，この異なる仕組みの間に存在する「制度的補完性(institutional complementarity)」に他ならない．1つの経済システムに存在する多様な制度的仕組みは，お互いが制度的補完の関係にあるからこそ，その経済システムの強靱さを強めているのである．

4 限定合理性と比較制度分析

比較制度分析には，それを支えるもう1つの視点がある．人間行動の「限定合理性」と制度やシステムの適応的「進化」である．

4.1 複雑系システムと限定合理性

経済学という学問に違和感を覚える人は多い．その最も大きな理由の1つが，経済学が仮定する「人間像」にある．伝統的な経済学やゲーム理論の伝統的解釈では，経済主体の「合理性」が仮定されてきた．この仮定の下では，人間は自分の置かれた利害状況を十分把握しており[4]，その知識を基にして自分にとって最適な選択を演繹的に導出できる完全な能力を持った存在だから，1円でも損をするような選択肢を選ぶことはない．

しかし現実の経済活動とは，何千万の事業所が何千万種類もの財・サー

---

[4] 不確実性や情報の不完全性でさえ，どの事象がどれだけの確率で起こるかを熟知しているとか，情報にはどんなものがあり，それぞれの情報をある人が知っていて自分が知らない確率はどれだけかということを，すべての人が熟知していることが仮定される．

ビスを生産し,それを何億という人に分配するという複雑な仕組み——「複雑系システム(complex system)」——である.現実の経済主体が,このような複雑系システムが背後にあることを前提として,自分の置かれたすべての利害状況を勘案して最適な行動を選択するとは思われない.むしろ人間は,上に述べたような合理的存在でありたいと思うものの,現実には周囲の利害状況も不完全にしか把握できず,最適な選択を計算する完全な能力も持たない,「限定合理的(boundedly rational)」な存在でしかないと理解すべきだろう.

このような問題意識から眺めると,むしろ現実の人間行動は,経験に基づいて「型にはまったやり方(rule of thumb)」を作りだし,直面する状況それぞれの文脈に応じて適切なやり方を選択するといった,帰納的意思決定に近い意思決定方式に基づいているように思われる[5].社会慣習,組織,法制度などの社会的仕組みや制度は,複雑系システムとしての現実の中で,人々のこの帰納的意思決定を助けるという側面を持っている.「たとえば,組織は情報獲得や意思決定とその履行,仕事の実行に際して,標準的な運営手順や経験則などの,**機械的手順(routine)**を採用する.機械的手順を用いることは,十分な分析に従って問題を処理した場合に採用される最善の方法と異なる意思決定が行われる可能性もうむが,意思決定のために使われる希少で高価な資源の節約になる」[6].

4.2 制度の適応的変化と進化ゲームの理論

このように経済システムを複雑系システム,人間を限定合理的な存在と見る視点からは,社会的制度こそ人間が複雑な環境に対処するために必然的に生まれた仕組みと考えることができる.したがって社会的制度とは,何者かによって意図的に設計されたものではなく,環境や社会の変化に応じて新しい仕組みが発見され,より望ましい仕組みが残ってきたという,

---

5) このような視点から経済主体の意思決定を定式化しようとする新しいアプローチに,Gilboa and Schmeidler(1995)がある.
6) Milgrom and Roberts(1992),第2章.

「適応的進化(adaptive evolution)」のプロセスによって生まれてきたと考えるべきである．1990年代に生物学から導入された「進化ゲーム理論(evolutionary game theory)」は，本来ダーウィニズムに基づいて動物の進化を説明するために作られたことからも明らかなように，まさにこのようなプロセスを説明することを目指している[7]．

比較制度分析の目標の1つは，この進化ゲーム理論と連携しつつ，適応的進化に基づく社会的制度のダイナミズムを分析することにある．なぜなら，経済システムや社会制度の問題とはすぐれてダイナミックな問題だからである．

4.3 移行経済問題と移行戦略

旧社会主義経済体制の崩壊とは，必然的にそれら諸国の市場経済体制への移行を意味する．しかしすべての国が順調に移行を進めているわけではないし，移行戦略にも国ごとに違いがある．たとえばロシアでは，一挙にアングロ・アメリカ型の市場経済化を行おうと，国民が株式を自由に取引できる株式市場を作り，効率的な企業経営を実現させようとした．いわゆる「ビッグバン・アプローチ」である．しかし社会主義の末期にすでに，当局が中央計画経済の限界を克服するためにかなりの権限を企業管理者に委譲していたし，労働者も企業に対して，雇用だけでなく医療・教育・年金などの福祉便益という大きな既得権益を持っていた．これらの既得権益の反対によって当初の計画は妥協に迫られ，結局，私有化された企業の多くは，経営者や労働者が株式の過半を持つインサイダー・コントロールになってしまっている．これに対して中国では，「漸進的アプローチ」を採用し，社会主義体制の中での市場化を推し進めており，少なくとも現在時点では移行に成功しつつあるように見える．

しかしその背後には，大きなトレードオフが隠されている．ロシアの例は，ビッグバン・アプローチが持つ大きなリスクを示している．さまざま

---

[7] この点については，11章で詳しく検討することになる．

な制度の補完構造が持つ複雑な連鎖を見誤れば，革命的な変革は混沌しか生み出さない．他方，個々の制度を個別に改革する漸進的アプローチでは，改革から取り残された制度が持つ慣性のために改革が進まない可能性がある．残念ながら比較制度分析の現状は，改革のために有効な戦略を包括的に議論できるほど成熟していない．しかし現状でも次のような「ドミノ倒し」戦略の有効性を示唆することはできる．つまり，さまざまな制度の中でもっとも根幹に存在する制度的仕組みを特定し，その改革によって関連する(補完的)仕組みをドミノ倒しのように改革するという戦略である．

4.4　日本経済の将来

2.1項で要約したように，現代日本の経済システムにも制度疲労が現れ，システム改革の必要性が声高く論じられている．最も有力なのが，規制を緩和すべきだという規制緩和論である．確かに現在の政府システムが，日本の経済システムというドミノの根幹にある可能性は高い．しかし次の点を注意しておくべきだろう．規制緩和論者の主張の根拠の多くは，規制を緩和すれば新古典派経済学モデルの世界に近づくという漠然としたものでしかない．しかし，このモデルの最も忠実な具現者といえるアメリカですら，規制は存在するという事実に注意すべきである．たとえば，商業銀行の株式保有と証券取引業務への参加を禁じたグラス・スティーガル法や，経営者が第二組合を作って交渉することを禁止した労働関係法は，日本の対応する法律よりもはるかに厳しい規制を課している．問題は，たんに規制の有無ではなく，日本には日本の，アメリカにはアメリカの規制体系があることを前提に，望ましい規制の在り方を模索することである．

その意味で比較制度分析の最も重要なメッセージは，システムが多様だということ以上に，現在のシステムが万古不易のものではないという点にある．たとえば中国はいま，日本などが定型化した技術や労働組織を自国の安価な労働力と結びつけ，急速な発展を遂げつつある．他方，アメリカの企業組織はかつて，機能的技能を最大限に利用するべく分業を極端に進めたため，かえって職場間の情報共有が進まないという欠陥を露呈した．

これこそ日本企業が一定の優位性を勝ち得た大きな理由だった．しかし，コンピューター・ネットワークなどの通信面での技術進歩を活用することで，アメリカ企業は情報面での欠陥を克服しつつある．

このように一国の経済システムは，一方では歴史的な経路依存性に基づいた既存の仕組みに依拠しつつ，他方では技術変化や規制緩和などの外部環境の変化による適応的変化と，外国という異なる経済システムとのインタラクションによって，新たなシステムに脱皮してゆく．改革や移行のプロセスを考えるときに，もっとも重視すべきなのは，システム内部に存在するダイナミズムである．このダイナミズムを生み出すものこそ，実は競争を通じた新しい制度・仕組みの発見とその模倣である．高度成長期の日本や現在の中国のように，革新的で創造的なシステムを生んだのは，新古典派経済学が前提とした市場メカニズムとはかなり異質な仕組みを持っていたものの，きわめて競争的な社会だったことを忘れるべきではないだろう．

5　本書の構成

5.1　全体の構成

簡単に3つの部，13の章からなる本書の内容を紹介しておこう．

次の1章では，新古典派経済学が考えた経済システム像を概観し，その問題点を指摘する．また比較制度分析の鍵となるいくつかの概念を，経済学の立場から説明する．

続く第I部，第II部は経済システムへのアプローチとして，企業をどう捉えるかという視点から構成されている．新古典派経済学では企業を市場取引の1つの経済主体と捉え，資本や労働などの生産要素の投入量に応じて生産量が決定されると考えられてきた．これに対し本書では企業をさまざまな関係者の集まる資源配分の場として捉える．「場としての企業」では生産が行われ，レントが関係者に配分されるが，特定の資源配分がつね

に最適なのではなく,そこで行われる資源配分の方法はさまざまな制度に依存し,その企業のおかれた制度的文脈に依存して決定される.

このような視点から,第Ⅰ部「企業の内部システム」では,企業の内部組織における資源配分方法としての制度,慣行を分析する.第Ⅱ部は「企業をとりまく制度的補完の構造」と題し,視点を企業内部からその企業と利害関係を持つ経済主体(ステークホルダー)——取引先の企業,株主,銀行,政府——にまで広げ,企業とこれらのステークホルダーとの関係に見られる社会的仕組みを分析する.

第Ⅰ部,第Ⅱ部では企業をとりまく制度の分析をどちらかといえば静学的に扱っているのに対し,第Ⅲ部「経済システムの多様性と進化」では,ここまでの各章の考察をもとに比較制度分析による経済システム観を動学的視点から考察することに力点が置かれている.

5.2 各章の内容

以下では本書の内容をあらかじめ全体的に把握したいという読者のために各章の内容を要約する.さっそく各章の内容に入りたいという読者は,ここをスキップして1章以降に進み,本節の内容を適宜参照していただければよい.

第Ⅰ部「企業の内部システム」

2章「**企業内コーディネーション**」では,企業内の部門間のコーディネーションについて,さまざまな情報システムの効率性をチーム理論を使って比較する.企業活動の成果に影響する不確実性として,すべての部門に影響するシステム・ショックと各部門ごとの個別ショックがある状況を考える.部門間のコーディネーションと資源の最適配分という異なる2つの目的に直面するなかで,企業はその内部に情報システムを確立し,各業務部門にうまくこれらの情報を利用させることによって効率的経営を追求する.企業の各部門が補完的か競合的か,システム・ショックと個別ショックのどちらの影響が大きいか,という2つの基準からそれぞれの場合にどのよ

うな情報システムが効率的になるかを考察する．

3章「**企業システムの生成：進化ゲーム的アプローチ**」では，コーディネーションのタイプと労働者の技能形成の関係から，一国内でほぼ同じコーディネーションの仕方が支配的に観察される「企業システム」が生成される論理を見る．システム・ショックへの対処が重要となる企業では企業内で協力して問題を解決することが必要となるため，労働者には職場組織という文脈の中で有用な技能（文脈的技能）が必要とされる．個別ショックが相対的な企業では各労働者が専門的，機能的技能を使って問題に対処する．産業によりどちらの技能が有利になるかは異なる．人々が技能の種類と産業とを同時に選択する戦略をもつ進化ゲームの下で複数均衡が現れる．その中には産業にかかわらず文脈的技能をもったもの同士が出会う A-均衡などが含まれている．これらの均衡間の移行の可能性も論じられる．

4章「**企業内インセンティブと雇用契約**」では，エージェンシー関係を分析する契約理論を解説し，それを用いて企業における従業員のインセンティブを分析する．企業の生産性は従業員の努力水準に依存するが，それは個々の従業員の意思決定によって決まる．そのため企業は賃金スケジュールにより従業員に労働意欲（インセンティブ）を与えようとする．まず企業と従業員の1対1の短期の雇用契約におけるインセンティブの問題を説明したあと，複数の従業員がいる場合や複数の仕事がある場合の賃金スケジュールの影響と問題点を考える．また昇進制など長期雇用契約に基づく賃金スケジュールの意味とそれが短期契約の問題点をどう補うのかを考える．

5章「**企業の雇用システムと戦略的補完性**」では，日本の大企業の雇用関係の特徴といわれる，いわゆる「年功賃金」「昇進」「長期雇用関係」と労働者の技能に関する特徴である「企業特殊技能（文脈的技能）」を契約理論を用いて分析し，それらの経済合理性とそれらに相互依存関係があることを見る．これらの補完的諸慣行をまとめて雇用システムとして捉え，新古典派企業理論の想定する雇用システムと比較する．また企業がどちらのタイプになるかを戦略的に選ぶとき，企業の戦略に補完性があるため，経済全体では多くの企業が一方のタイプになる均衡と他のタイプになる均衡が

ありうる．それらの複数の均衡の意味を考える．

第 II 部「企業をとりまく制度的補完の構造」

6 章「**企業間の垂直的関係：競争と合併**」では，企業間取引を自動車産業における部品取引を例に分析する．アメリカと日本の自動車産業を見ると部品内製化率に大きな違いがある．アメリカでは部品メーカーの合併が進んだのに対し，日本では長期取引関係に基づく部品供給が行われてきたためである．部品メーカーは専用部品を作ることが多く，組立メーカーとの密接な関係が必要である．このような関係とそこでの問題点を契約理論を用いて分析し，なぜアメリカでは合併が進んだのか，また日本ではどのようなメカニズムが働き，それがなぜ 1980 年代の日本の自動車産業の高い国際競争力につながったのかを考える．

7 章「**コーポレート・ガバナンス：双対的コントロール下の企業行動**」では，コーポレート・ガバナンスにおける株主と従業員の剰余の分配とその意味を考察する．従来，新古典派的企業理解では株主は株式市場や株主総会を通じて経営者をコントロールし，企業は株主利益の最大化を行うと考えられてきた．しかし日本では株式の持ち合いが進み個人株主の権限は少なく，株主利益最大化を行っているようには思われない．とはいえ，日本の企業も非効率な経営に陥っているわけではない．また従業員が企業に特有の文脈的技能を持つ場合，従業員も企業のステークホルダーになる．このため企業は株主と従業員の双方にコントロールされていると考え，両者が交渉により賃金，雇用量，努力水準を決定するケースをモデルを使って分析する．

8 章「**状態依存型ガバナンス**」では，日本の企業はチーム生産的生産様式に従っていると捉え，チームと外部との関係を考える．チーム生産では個々の従業員の生産性をモニターすることは難しく，チーム全体の努力水準が落ちるというモラル・ハザードが生じやすくなる．これを防ぐために外部投資家はモニターに適切なレントを与えてチーム全体の生産量を監視させ，企業の経営状態に応じてチームを解散する権限をモニターに与える．

株式市場によるコーポレート・コントロールがうまく機能しないケースでは，このようなモニターによる状態依存型ガバナンスが有効であり，状態依存型ガバナンスとチーム生産的生産様式は制度的補完関係にあることを見る．

9章「**メインバンク・システムと金融規制**」では，日本の金融システム，コーポレート・ガバナンス構造の要であるメインバンク・システムについて考察する．メインバンクを企業モニタリング・システムと捉えた場合，メインバンク・システムはモニタリング3段階(事前・中間・事後)がメインバンクに統合され，専属的に委任されたシステムと考えることができる．そしてメインバンク・システムはまさに8章で説明した状態依存型ガバナンスにおけるモニターの機能を果たしていると考えられる．また銀行が適切なモニタリング活動に従事するためには，銀行部門に適当なレントが発生する必要があり，戦後日本の金融規制がそのような銀行レントを生み出した可能性があることを指摘する．また昨今の金融環境の変化のなかでの日本の金融システムの変化の可能性を論じる．

10章「**政府と企業**」では，企業をとりまく最後のステークホルダー，すなわち政府に注目する．これまでの社会選択理論・公共選択理論による政府分析は政党による立法過程の分析が中心であった．しかし日本の官僚組織のように行政サイドの力が強い政府の考察にあたっては立法・行政・司法の三権を対等に扱った分析が必要となるが，三権分立の程度に応じて政府の形態を権威主義型政府・関係依存型政府・ルール依存型政府に分類することができる．これまでの日本の政府・企業間関係は官僚組織による多重的長期的関係が中心であり，これは典型的な関係依存型政府であったといえる．関係依存型政府は確かに構造調整の摩擦を和らげたり，銀行による状態依存型ガバナンスを制度的に補完するなど，日本の高度成長期に一定の役割を果たしたと評価できるが，現在ではその限界も指摘されている．

第III部「経済システムの多様性と進化」

11章「**経済システムの生成と相互接触：進化ゲーム的アプローチ**」では，

制度とその多様性についての解釈にあたって，ゲーム理論の最近の発展である限定合理性に基づく進化ゲームの考え方が有効であることを示す．進化ゲームの文脈で経済システムの生成を考えた場合，歴史的条件によってどのような均衡が実現されるかが規定されるという歴史的経路依存性が重要となる．制度自体には慣性が存在するが，経済システム内の制度に積極的な変化をもたらし，ひいては経済システム自体の進化をもたらす可能性のある方法としては，個々の経済主体の「実験」や「政府介入」，「異なる文化との接触」を考えることができる．

　12章「**現代日本経済システムの歴史的生成**」では，比較制度分析による経済システム進化の分析の応用例として，現代日本経済システムの生成の過程をあとづける．特にドラスティックかつシステムワイドな変革がもたらされた時期として戦中・戦後の日本経済に注目する．戦前の日本経済は比較的アングロ・アメリカ型のシステムに近い構造を保っていたが，1930年代の重化学工業化の過程を経て，徐々に戦時経済システムの形成を準備するようになった．戦時の統制経済システムは，経済全体にシステムワイドな変革の可能性をもたらす一連の改革が行われた時期として注目される．さらに戦後改革により，戦前の経済システムに回帰する経路が完全にたたれ，ドッジ・ラインを経て日本経済は高度成長に見合ったシステムを形成していったことが確認できる．

　13章「**比較制度分析のパースペクティブ**」では比較制度分析の経済観を明らかにすることで全体のまとめとする．比較経済分析の経済観と新古典派経済学の経済観の比較から，比較制度分析には，経済システムを進化複雑系と捉えるというように，進化生物学の発想に合い通ずるものが存在するということを指摘する．そして複雑系の視点から制度間の補完性やシステムのダイナミズムを理解することの重要性を説き，その経済システムの移行や変革に対する含意を論じる．最後に比較制度分析の今後の研究の方向性を示し総括とする．

参考文献

Aoki, M. and R. Dore (1995), *The Japanese Firm : Sources of Competitive Strength*, Oxford University Press. (青木昌彦・ロナルド・ドーア編, NTT データ通信システム科学研究所訳『国際・学際研究：システムとしての日本企業』NTT 出版, 1995 年).

青木昌彦(1995),『経済システムの進化と多元性』東洋経済新報社.

Gilboa, I. and D. Schmeidler (1995), "Case-Based Decision Theory," *Quarterly Journal of Economics* **110**: 605-639.

Milgrom, P. and J. Roberts (1992), *Economics, Organizations and Management*, Englewood Cliffs, New Jersey, Prentice-Hall. (伊藤秀史・今井晴雄・奥野(藤原)正寛訳『組織の経済学』NTT 出版(近刊)).

1 伝統的経済学と比較制度分析

　この章では主として新古典派経済学と比較することによって，比較制度分析の関心を明らかにする．また比較制度分析が考える「制度」の概念を明らかにし，比較制度分析の重要な鍵となるいくつかの概念について経済学の立場から解説を加える．

1　比較制度分析と新古典派経済学

　この章では経済システムに対する比較制度分析の接近方法の概略を説明し，比較制度分析自体がこれまでの経済学のどのような発展に基づいているのかを明らかにする．まず伝統的な経済理論，つまり新古典派経済学が経済社会における制度をどのように解釈し，経済システムをどのように捉え分析してきたのかを確認しよう．

1.1　新古典派経済モデル

　新古典派経済学のモデルによって，経済全体のシステムを叙述しようとすれば，それは基本的には以下の3つの要素に集約されてしまう．第1に資本・労働・土地といった生産要素が各経済主体の間でどのように保有されているかを示す「初期保有」，そして生産要素と最終生産物との間の実現可能な投入産出関係を規定する「技術」，および消費者の嗜好を反映する「選好」である．この3つが特定化されれば，その経済の基本的な環境が決定されていることになる．あとはどのようなメカニズムを通じて最終

的な資源配分が達成されるかが問題となる．伝統的に新古典派経済学が分析対象としてきた資本主義経済においてはそれは市場メカニズムであり，計画経済では中央当局による計画が市場を代替する．

新古典派経済学のモデルでは，われわれが関心を抱く制度分析の余地は存在しない．あえていえば資源配分メカニズムとしての「市場」と「計画」の効率性を比較する経済体制論が，新古典派経済学モデルにおける制度分析に相当してきたといえるであろう．

1.2 新古典派モデルの普遍性

また新古典派モデルを前提とすると，異なる経済間でのパフォーマンスの違いも，すべてモデル内の3つの構造のパラメーターの違いとして理解される程度にとどまる．新古典派経済学にはそもそも異なった経済間で多様なシステムが展開しうるといった「多元性」の考え方とは相容れない根本的な普遍性志向が存在しているといえよう．

さまざまな経済主体は，それぞれに偏在する情報に基づいて分権的に経済活動を行うが，厚生経済学の第一定理が示すように，すべての市場が一定の理論的条件を満たすならば，パレート効率性の意味で望ましい資源配分が実現される[1]．また政府が経済主体の初期保有を適当に再配分すれば，いかなるパレート効率的資源配分も市場均衡として実現できることも知られている(厚生経済学の第二定理)．新古典派経済学においては，理想とすべき資源配分の形態はワルラス均衡の実現という問題に集約される．特に1950年代から60年代にかけて，ワルラス均衡が普遍的に存在することを示す存在証明問題，ワルラス均衡の唯一性を示す一意性問題，および需給調整に基づく価格調整が経済をワルラス均衡に収束させることを証明する安定性問題が，数理経済学の中心的なテーマとなったのである．

また新古典派に残された問題である市場の失敗や外部性の存在に依拠する市場均衡における資源配分上の歪みに対しても，それを金銭的な手段で

---

[1] そのような理論的条件を満たす市場は完全市場と呼ばれる．完全市場の条件については，たとえば奥野・鈴村『ミクロ経済学Ⅰ，Ⅱ』を見よ．

是正する公正な政府の存在が期待されるに至った．さらにコースの定理では，政府がすべての財・サービスに私的所有権を確保しさえすれば，外部性それ自体を財として当事者が交渉することによって効率的に解決されうると主張された．このようにワルラス均衡が普遍的に成立し，しかもそれが資源配分の効率性を保証するという結論は，少なくとも新古典派モデルを前提するかぎり一般的な性質を持っている．

1.3 「制度」の重要性

最終的にワルラス均衡の普遍性に依拠する新古典派経済学は，資源配分のための制度(institution)としては市場のみを考えている．しかし市場以外の制度が経済活動に大きな役割を果たすという問題意識に立脚した研究もさして目新しいものではない[2]．たとえば企業組織については，コースに始まり，ウィリアムソンに代表される取引費用に基づく組織分析が挙げられる[3]．

また開発経済学の領域でも，新古典派モデルにのみに依拠する分析の限界が厳然と示されてきた．新古典派モデルは確かに分析道具として優れた抽象性を備えている．しかしワルラス均衡モデルは新古典派経済学が発展したアングロ・サクソン経済の近似でもあり，開発途上国の経済システムを分析するにあたっては，新古典派モデルに反映されない途上国独特の制度的背景をその国固有の社会システムとして捉え，現実経済は新古典派の経済モデルと社会システムの相互作用の産物と考える手法が採用されてきた．そこで社会システムと呼ばれるものには，文化・価値観や制度が含まれる．

---

2) 制度が経済活動に与える影響についての考察は古くはヴェブレンにさかのぼる．Veblen(1899)を参照．
3) Coase(1937), Williamson(1975)を参照．

2 制度の多様性

比較制度分析もこれらの過去の制度研究と同様の問題意識を共有している．以下では比較制度分析独自の制度に対する認識を示し，さらに比較制度分析による経済システムの多様性・進化の解釈についても触れておきたい．

ところで比較制度分析では，制度に対して二面的な関心を払う．1つは現存する経済制度の安定性・固定性であり，もう一面はさまざまな制度の存在可能性や可変性および進化にまつわるものである．従来の制度分析では，ややもすると制度を経済システム内の固定的存在として処理する傾向にあった．これに対して比較制度分析は現存の制度がなぜ安定的に機能しているのかを明らかにするにとどまらず，制度の生成・変容に対してもダイナミックな分析を行おうとする試みである．

2.1 文化と制度

「制度」と並んでその経済の社会構造を規定していると思われるものに「文化」が存在する．「文化」はその経済社会に属する人々が共有する価値観といえる．経済モデル分析では人々の価値観はすでにその人の選好に反映されていると考える．この意味で価値観とはその経済社会に属する多数の人々が共有する社会厚生関数であるとも理解できよう．これに対して「制度」はその経済社会で広く認められている一定のルール（きまり）と定義できる．「文化」が選好に反映されると考えられるのに対して，ルールは人々が実際に採用する行動，もしくは一定の行動パターンである．

われわれは経済システムの多様性を生み出す源泉として文化的要因の重要性を決して軽視するものではない．しかし比較制度分析ではこのような文化的要因に基づく説明には極力頼らないスタンスを堅持したい．われわれが経済システムの多様性や進化を解明する鍵として注目するのは，あくまで経済主体の行為として現れる「制度」である．

2.2　法的制度

社会におけるルールとしては，第1に法的規制によるルールが考えられる．法的な制度の持つ意義を考えるために次のような例を考えよう．

1地域に2企業が操業している．各企業の生産活動は結果として公害の発生を通じて相手企業の生産性を低下させる．ここで公害の発生を防ぐ新しい生産技術を各企業が採用するかどうかを考えてみたい．新技術の採用コストはそれぞれの企業にとっては3で，採用しない場合には0であるとする．そして2つの企業のどちらも新技術を採用しなければ各企業の生産物の価値は0で，1企業が採用すれば2，両者ともに採用すれば4となる．企業利潤を生産物価値と技術の採用コストの差であるとすると，この状況は図1(A)のように典型的な囚人のディレンマとして描ける．そして図1(A)では，新技術を採用しないという戦略が相手企業の採用するどの戦略に対しても最適な反応となっている(このような最適反応戦略を支配戦略と呼ぶ)．つまりここでは両者ともに新技術を採用しないという状況が唯一のナッシュ均衡となるのである(ナッシュ均衡についてはコラム参照)．

ここで法律を導入し，新技術を採用せずに公害を発生させた企業からは2の罰金を徴収するものとすると，状況は図1(B)のように変化する．この結果，新法の下では今度は両者ともに新技術を採用する状態が唯一のナッシュ均衡となる．図1では物理的な経済環境は変化していないが，法的

	採用する	採用しない
採用する	1, 1	−1, 2
採用しない	2, −1	0, 0

(A)

	採用する	採用しない
採用する	1, 1	−1, 0
採用しない	0, −1	−2, −2

(B)

図1

Column

ナッシュ均衡，戦略的補完，複数均衡

　経済学が分析対象とする問題の多くは，各経済主体の利得が本人の行動だけでなく他の経済主体の行動にも依存する状況，経済学的に言えば外部性が存在する状況である．たとえば図(A)は，二人のプレーヤーがそれぞれ独立に行動 a と行動 b のいずれかを選び，利得は両者の行動の組合せに対応するセル内の数値で与えられる状況を表している．

	a	b
a	2, 2	0, 0
b	0, 0	1, 1

(A)

	a	b
a	2, 1	0, 0
b	0, 0	1, 2

(B)

図

　ナッシュ均衡は，このようなゲームとして定式化できる状況で自分の利得を最大にするように非協力的に行動するプレーヤーたちの行動を分析する上で，最も標準的な均衡概念である．具体的には，ある戦略の組合せがナッシュ均衡であるとは，各プレーヤーの戦略が他のすべてのプレーヤーがその戦略の組合せに従うとしたときの最適反応になっていることである．図(A)のゲームでは相手が行動 a をとるならば自分も行動 a をとるべきであり，またもし相手が行動 b を選ぶならば自分も行動 b を選んだ方が得になるので，2 人が行動 a をとる状態と 2 人が行動 b をとる状態の 2 つがナッシュ均衡である．
　次に多人数で構成される社会があり，各メンバーはその社会の他の誰か

規制によるゲームの利得構造の人為的な変化を通じて，公害を発生させない技術の採用が社会的に定着することを示している．
　ただしこのような法律で定められた一定のルールに人々が従い，法的制

と図(A)のゲームをプレーすると考えよう．ゲームをプレーする相手は事前には不確実で，社会の残りの構成員からランダムに選ばれる．このような状況をランダム・マッチング(random matching)と呼ぶ．

相手が誰になるかはわからないが，社会全体での各戦略の採用比率はわかっているとき，事前の期待効用を最大にする戦略は採用比率に依存する．社会全体での行動 a の採用比率を p とすると，自分が行動 a を選んだときの利得の期待値は $2p$，行動 b を選んだときの期待値は $1-p$ だから，

$p<1/3 \Rightarrow$ 行動 b が最適

$p=1/3 \Rightarrow$ どちらの行動も最適

$p>1/3 \Rightarrow$ 行動 a が最適

となる．この社会全体では，全体が行動 a を選択する状態と全員が行動 b を選択する状態のどちらもが，一度その状態が実現されれば誰も行動を変化させる誘因を持たず，その状態が安定的な均衡として維持されるという性格を持っている．この性格こそ「自己拘束性」と呼ばれ，このような安定的な状態が社会全体のナッシュ均衡となっている．

ところで，図(A)のゲームには 2 つの均衡が存在するだけでなく，行動 a が実現される均衡の方が，行動 b が実現される均衡よりもすべての人にとって(パレートの意味で)望ましい．しかし一般的には，複数均衡が存在しても，それらはお互いにパレート比較可能とは限らない．たとえば，図(B)のゲームにも複数均衡が存在するが，明らかにこの 2 つの均衡はパレートの意味では比較できない*．

* 図(B)のゲームは，列プレーヤーと行プレーヤーの間の対称性が存在しない．(たとえば，双方が a をプレーした場合の利得が異なることに注意せよ．)したがって，このゲームがランダム・マッチングによってプレーされると考えるには，社会の構成員が 2 つの異なるクラス(たとえば企業と従業員)に分けられ，それぞれのクラスのメンバーはあらかじめ行または列しかプレーできないと言う制約をおく必要がある．

度が実質的に機能するためには，違反行為と違反者を発見・特定するモニタリング組織，裁判所のような違反行為を客観的に立証する仕組み，違反者を罰する仕組みといった社会的インフラストラクチャーが整備されてい

るという条件が必要である．

このような公権力による最終的な制裁によって実効を担保されている「制度」は，経済モデル分析では外生的与件として処理される．確かに経済システム間の制度の多様性は，このような外生的な法的規制の違いによってもたらされている部分も大きい．具体的な例としては日・米・欧の間に見られる商法の規定の差異が挙げられる．持株会社や金融機関の株式保有の是非についての規定は，各国経済システムにおけるコーポレート・ガバナンス構造に確かに決定的な違いをもたらしている．

2.3 自生的制度

比較制度分析が対象とする制度には，法的な強制力によらなくても自生的に機能するものも存在する．そして経済システムの多様性や進化を考察する上で興味深いのも，まさにこのような自生的な制度の存在なのである．

自生的な制度がどのように機能するのかを図1と同様の例で考えてみたい．一本の道路を両方向から走行してくる2台の自動車を考えよう．ここで2台の自動車には，それぞれ道路の右側を走行するか左側を走行するかの選択の余地があるとする．すると両者が直面する状況は図2のような利得表で表すことができる．明らかに相手が左側を走行するのなら，自分も左側を走行するのが安全であり，右側走行に対しては右側走行が安全である．

	左側	右側
左側	1, 1	0, 0
右側	0, 0	1, 1

図2

ここで社会では車がすれ違う場合には互いに左側を通行するという取り決めが存在しているとしよう．すると他の自動車が左側を通行してくる限り，確かに自分も左側を通行した方が安全であり，法的な強制力がどこにも存在しなくとも各人はこの取り決めから逸脱する誘因をもたない．このように「左側通行」という取り決めは自己拘束力(self-enforcing power)を持つことになる．これは法的な罰則がなくとも一定のルールが社会の中で自生的な制度として定着する可能性を端的に示している例である．そして図2を左側通行，右側通行という2つの戦略をもつ2人のプレーヤー間のゲームと捉えると，(左側通行，左側通行)という戦略の組みがゲーム理論でいうナッシュ均衡になっていることにも注意したい．

　法的制度と自生的制度についての以上の解説は，2つの制度が本質的に異なることを前提としているように見えるかもしれない．しかし実は，法的制度と自主的制度の間には本質的な違いはない．両者は，世の中の大部分がそれに従う限り，各個人もそれに従う個別インセンティブが生まれるという意味で，ともに自己拘束的な(非協力ゲームのナッシュ均衡)行動パターンという性格を持っている．一見，公権力によって強制された制度であり，自己拘束的とはいえないように見える法的制度の場合も，警察官や裁判官を含めて国民すべてが法に従わないことにすれば，法を守ろうというインセンティブは生まれない．法治国家とはその意味では1つのナッシュ均衡でしかなく，法が守られない国家も，同じ国家の別の均衡形態でしかないと解釈できる．

2.4　戦略的補完と複数均衡

　ところで図2のゲームは，(右側通行，右側通行)という戦略の組みもナッシュ均衡であり，複数均衡が存在するケースである．そして「右側通行」という社会的取り決めも「左側通行」と同様に自己拘束力を持ちうることが容易に確認できるのである．

　実は図2の例は比較制度分析で重要な概念である戦略間の「戦略的補完性」を示す格好の例ともなっている．

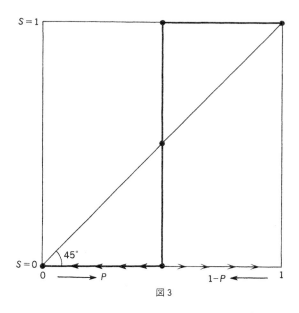

図3

　通常ミクロ経済学の教科書の中で紹介されている「補完性」とは，効用関数や生産関数における要素間の技術的補完性のことである．効用関数の例ではコーヒーと砂糖は補完的である，もしくは「補完財」であるといった表現が用いられる．またマクロの生産関数では資本と労働は技術的補完関係にあるといえる．これに対して他の者が特定の戦略を採用するようになった場合，自分も同じ戦略を採用するインセンティブが高まる場合，戦略的補完性が存在するという[4]．逆に相手が特定の戦略を採用すると自分はその戦略の採用を控える方がよくなる場合には，戦略的代替の関係にあるという．図2では相手が左側を走行するのなら，自分も左側を走行するのが安全であり，右側走行に対しては右側走行が安全なため，これは典型的な戦略的補完性が存在する例となっている．

　それでは戦略的補完性が存在する状況と複数均衡の可能性を示す例として図3を考えよう．図3は社会全体でどのような取り決めが制度として定

---

4) 詳細については，Bulow, Geanakoplos and Klemperer (1985), Cooper and John (1988) を参照．

着しうるかを社会全体のゲームとして記述したもので，横軸に社会全体の中で左側通行をする人の比率 p を左側から，右側通行をする人の比率 $1-p$ を右側からとってある．そして太線は，社会全体における左側通行者の比率 p に応じて，一個人の立場から左側通行をどのような確率で選ぶのが最適かを縦軸方向に計ったものである[5]．

これによると社会全体で左側通行者が過半数を越えているかぎり右側通行をしている人も左側通行を行うようになり，最終的に全員が左側通行を行う状態が安定的な制度として定着する．また逆に右側通行者が過半数の場合には最終的に「右側通行」が制度として定着する．そして実は社会全体のゲームでは，太線と45°線との交点がナッシュ均衡であり，ちょうど両端のナッシュ均衡がそれぞれの自生的制度に対応しているのである．

図3の社会全体のゲームでは，社会全体の採用比率が上昇するほど各人にとってもその戦略を採用することの優位性が増大すること，つまり最適反応曲線が右上がりとなっていることが戦略的補完性の存在に対応しており(最適反応曲線が右下がりになっていれば，戦略的代替の関係が存在していると理解できる)，複数均衡の前提となっている．そして戦略的補完性が存在する状況では，他の物理的なゲームの構造(経済環境)が同じでも，複数の自生的制度が(潜在的に)存在しうる可能性が高まるのである．

2.5 ナッシュ均衡としての制度

複数均衡の考え方に基づいた多様な制度の存在の可能性は，比較制度分析の制度観・経済システム観をわかりやすく示している．それは現実に存在する経済間での制度的特徴の差異を，文化や価値観といった要因に依拠せずに説明することに成功している．また制度をナッシュ均衡として捉えることによって，従来からの経済システム論にはない新たな視点も提供し

---

5) 明らかに左側通行者が過半数であれば，自分も確実に左側通行を選んだほうがより安全である(誰が左側通行者で誰が右側通行者かはわからないのであるから)．逆の場合は逆となる．そして $p=1/2$ の場合にはどのような比率も無差別となる．よって図中のような太線が描ける．

Column

限定合理性へのアプローチ

　経済主体を限定合理的な存在と見なしてその経済学的帰結を分析するアプローチには，3章や11章で説明する進化ゲーム理論以外にもさまざまなものがある．これらの研究に共通しているのは，進化ゲームとは異なり，経済主体の認知過程・意思決定過程そのものにまで遡って限定合理性の問題を捉えようとしている点である．こうした研究のいくつかについて簡単に紹介しておこう．

　今日，不確実性下の意思決定の問題を定式化する道具として通常用いられているのは von Neumann and Morgenstern(1944)および Savage (1954)によって発展させられてきた期待効用理論である．期待効用理論では経済主体はありとあらゆる可能な事象の範囲について知っており，その各事象について確率分布を付すことによって期待効用を計算し，意思決定を図ることになっている．このような枠組みはある種の状況下の意思決定については有効だが，そもそも何が次に起こるのかを明確に想定することのできないような状況(Knight(1921)の言う uncertainty の状況)に適用するのは不適切である．Gilboa and Schmeidler(1995)はそのような状況下での人間の意思決定過程に踏み込み，経済主体が過去の同じようなケースとの類似性によってどのような行動をとるべきかを決定するという新しい意思決定理論(Case-Based Decision Theory)を提起している．これは Simon(1957)が限定合理的意思決定のあり方として提起した「満足化(satisficing)」仮説と共通点を持っており，限定合理的経済主体の意思決定モデルの最も有力なものとして，今後の応用が期待されている．

　ゲーム理論の文脈ではナッシュ均衡を実現する認識論的な条件を知識論

ている．終身雇用を例にとって考えてみよう．

　終身雇用はその現実はともかく，日本の典型的な大企業が採用している，もしくは採用してきた雇用「制度」であると考えられている．しかし一企業が終身雇用制を維持するか廃止するかという問題は，基本的にその企業の雇用「戦略」の問題であり，比較制度分析で対象とする「制度」として

を活用しつつ確定しようとする研究がある一方で(たとえば Aumann and Brandenburger(1995))，限定合理的な経済主体をある種のルーティンあるいは機械的手続きに基づいて意思決定している主体と見なす観点から，戦略的状況におけるその帰結を研究するアプローチもある．たとえば Rubinstein(1986)は，経済主体のとる戦略を有限オートマトン(内部状態によって行動が自動的に決定され，行動の結果によって次の内部状態が変更されるモデル)の選択と見なし，プレーヤーができるだけ内部状態の数の少ないオートマトンを選んで囚人のジレンマをプレーさせる場合のナッシュ均衡を研究している．また経済主体の意思決定過程がアルゴリズム的であるとする立場から，チューリング・マシン同士がゲームをプレーするモデルもある(Anderlini, 1990)．

さらにモデルの定式化としては進化ゲームとかなり近いが，ゲームのプレーヤーがよりよい戦略を学習していく過程を研究するラーニングの研究も盛んである．Brown(1951)による仮想プレー(fictitious play)の研究を古典として，今日では学習過程のダイナミクスをより一般化しつつより強い結論を導きだそうとする研究が出てきている(Fudenberg and Kreps (1995), Milgrom and Roberts(1991)など)．

これら限定合理性の研究には，伝統的な経済学の立場から，そこで設けられている仮定が恣意的であるなどさまざまな批判がなされていることも事実である．しかし，以下本書の各所で述べるように，現実の意思決定プロセスがある程度限定合理的であることは確かであり，また制度の存在はこうした経済主体の限定合理性によって理由づけられると考えられる．今後ともより説得的かつ応用可能性に富んだ限定合理性に関する理論の彫琢が望まれるところである．

の「終身雇用」は，社会全体で終身雇用が定着している状態，つまり「大多数の企業が終身雇用を採用しているため，個々の企業も終身雇用を採用するのが望ましく，終身雇用が広く社会に普及している状態」に対して特に与えられるべき呼称なのである．

3 制度のダイナミズム

3.1 歴史的経路依存性

比較制度分析ではナッシュ均衡の概念を用いることによって，現に存在する制度に対してその安定性および固定性を理解できる．しかし比較制度分析の関心は，多様な制度の形成や変化，ひいては一国全体の経済システムの進化の可能性にまで及んでいる．

一経済において，数ある可能性の中から現在のような特定の制度体系が現出するまでに，どのような作用が及んできたのであろうか．ここにいたっても，確かにその経済における支配的な文化・価値観の存在を無視するわけにはいかない．またその経済がおかれた過去の物理的環境(狩猟社会と農耕社会)によって異なる制度が生まれる可能性もある．しかし現実の制度配置の根拠には，そのような文化的・民族的必然要因だけではなく，単なる歴史的偶然に帰せられるものも多い．

たとえば過去の権力による強制によって導入された制度が，その制度自身の自己拘束性によって，権力による強制力が消滅した後も，安定的な制度として機能し続けているというケースが考えられる．また他と比較して特段に優れているわけでもない制度・慣行が，それを採用していた集団がたまたま歴史上，日の目をみる存在となったというだけで，新しく加わった人々の間へ徐々に浸透していったというケースもあろう．その例としては国際商用語が挙げられる．過去，さまざまな国の言葉が国際商用語として用いられ，現在では英語を用いない国の人同士の取引でも英語が用いられるケースが多い．

また自己拘束性が存在する特定の制度からそっくり別制度に移行するためには，一度に多くの人々が歩調をあわせて行動を変更しなければならないが，そのようなコーディネーションが可能となる何等かの歴史的事件が発生した結果であるとも解釈できる．

比較制度分析が考える制度には自己拘束性が存在するために，一度実現した制度は容易には変更されにくい．そのため現状の制度体系の姿のかなりの部分は，その経済の歴史的条件により規定されてしまう．これは典型的な歴史的経路依存性(historical path dependence)の考え方である．比較制度分析がこのような発想にある程度共鳴する背景には，最近の進化ゲーム理論の考え方が存在する．

3.2　進化ゲーム理論の発想

　進化ゲームの基本的な発想は，自らが置かれている利害状況を正確には知り得ず，最適な行動を発見する能力にも限界のある経済主体(限定合理的経済主体)が，最も有利と思われる戦略を徐々に模倣していくことによって最終的に到達する状態を，経済における安定的な均衡と考えるというものである．このような経済では，より高い利得をあげる戦略を採用する人々の比率が次第に上昇するというダイナミクスが観察される．これは現状によりよく適応している種が次第に支配的な存在になっていくという生物進化のプロセスに類似している．このような進化ゲーム理論のフレームワークを用いて経済システムの多様な動態を考察する試みは3章および11章で行う．

3.3　制度的補完性

　本章で示すべき最後の重要概念は制度的補完性である．現実の経済に存在する複数の制度の間には，一方の制度の存在・機能によって他方の制度がより強固なものになっているという関係が往々にして見られる．このように1つの経済の中で一方の制度の存在が他方の制度の存在事由となっているような場合，両者は制度的補完の関係にあると呼ぶ．これまで経済システムという用語を半ば不用意に用いてきたが，経済システムとはこのような制度的補完関係にある一連の制度によって形成されているものと考えることができる．そして本書の目的の1つも，一国経済をこのような経済システムの単位と考えた場合，システムをさまざまな制度の制度的補完の

観点から考察することであり，経済全体を多様な制度が相互に結びついた1つの体系として理解する態度こそ，比較制度分析に要求される最も重要な分析視点である．

Note

ゲーム理論とその経済学における位置づけについては神取(1994)を参照．Dixit and Nalebuff(1991)は具体例を中心にゲーム理論の基本的な考え方を紹介している．ゲーム理論における基本的概念を解説した中級向きの教科書としてはGibbons(1992)が標準的である．またゲーム理論の比較的新しいトピックスや，情報の経済学や契約理論への応用まで含めた最近の教科書としてはMas-Colell, Whinston and Green(1995)を挙げておく．

参考文献

Anderlini, L.(1990), "Some Notes on Church's Thesis and the Theory of Games," *Theory and Decision* **29**: 19-52.

青木昌彦(1995)，『経済システムの進化と多元性――比較制度分析序説――』第1章，東洋経済新報社．

Aumann, R. and A. Brandenbuger(1995), "Epistemic Conditions for Nash Equilibrium," *Econometrica* **63**: 1161-1180.

Bulow, J., J. Geanakoplos and P. Klemperer(1985), "Multimarket Oligopoly: Strategic Substitues and Complements," *Journal of Political Economy* **93**: 488-511.

Brown, G.(1951), "Iterative Solution of Games by Fictitious Play," in T. Koopmans(ed). *Activity Analysis of Production and Allocation*, John Wiley and Sons, New York.

Coase, R.(1937), "The Nature of the Firm," *Economica* **4**: 386-405.

Cooper, R. and A. John(1988), "Coordinating Coordination Failures in Keynesian Models," *Quarterly Journal of Economics* **103**: 441-463.

Dixit, A. and B. Nalebuff(1991), *Thinking Strategically*, Norton.(菅野隆・嶋津祐一訳『戦略的思考とは何か』TBSブリタニカ).

Freeman, R.(1995), "The Large Welfare State as a System," *American*

Economic Review **85**: 16-21.

Fudenberg, D. and D. Kreps(1995), "Learning Mixed Equilibria," *Games and Economic Behavior* **5**: 320-367.

Gibbons, R.(1992), *Game Theory for Applied Economists*, Princeton University Press.

Gilboa, I. and D. Schmeidler(1995), "Case-Based Decision Theory," *Quarterly Journal of Economics* **110**: 605-639.

Hayek, F.(1945), "The Use of Knowledge in Society," *American Economic Review* **35**: 519-530.

Hurwicz, L.(1972), "On Informationally Decentralized Systems," in McGuire, C. B. and R. Radner(ed), Decision and Organization, North-Hollard.

神取道宏(1994),「ゲーム理論による経済学の静かな革命」, 岩井克人・伊藤元重編『現代の経済理論』東京大学出版会, 第1章.

Knight, F.(1921), *Risk, Uncertainty, and Profit*, Houghton Mifflin, Boston, New York.

Mas-Colell, A., M. D. Whinston and J. R. Green(1995), *Microeconomic Theory*, Oxford University Press.

Milgrom, P. and J. Roberts(1991), "Adaptive and Sophisticated Learning in Repeated Normal Form Games," *Games and Econmic Behavior* **3**: 82-100.

North, D.(1990), Institutions, Institutional Change and Economic Performance, New York: Cambridge University Press.

奥野正寛・鈴村興太郎(1988),『ミクロ経済学II』岩波書店.

Rubinstein, A.(1986), "Finite Automata Play the Repeated Prisoner's Dilemma," *Journal of Economic Theory* **39**: 83-96.

Savage, L.(1954), *The Foundations of Statistics*, John Wiley and Sons, New York.

Simon, H. A.(1957), *Models of Man: Social and Rational*, John Wiley and Sons, New York.

Veblen, T.(1899), *The Theory of the Leisure Class*, New York: Macmillan.

von Neumann, J. and O. Morgenstern(1944), *Theory of Games and Economic Behaviour*, Princeton University Press.(銀林浩他訳『ゲーム理論と経済行動』東京図書).

Williamson, O.(1975), *Markets and Hierarchies: Analysis and Antitrust Implications*, New York: Free Press.

I 企業の内部システム

2 企業内コーディネーション

本章では従来の経済学ではブラック・ボックスとされてきた企業内部のコーディネーションに焦点を当て，部門間のコーディネーションのあり方が企業活動の成果に大きな影響を与えることを論じる．さらに企業内コーディネーションのあり方についていくつかの類型を抽出し，どのような場合にどのような情報システムが効率的となるのかを検討する．

1 企業内コーディネーションの重要性

1.1 資源配分メカニズムと企業内コーディネーション

　経済活動を営んでいるどのような社会でも，何をどれだけ，どのような資源を使用して生産し，誰がそれらの生産物を消費するかという資源配分の問題に直面している．ロビンソン・クルーソーひとりからなる経済ではこれらの決定はすべて彼の頭のなかで行われるが，社会の発展とともに分業が行われるようになると，資源配分の決定の問題はそれほど簡単ではなくなる．望ましい資源配分の達成にかかわる情報は社会の中に分散して存在しており，それぞれの人々は異なる情報に基づいて意思決定しなければならないからである．各人の意思決定が組み合わさって社会的に望ましい結果をもたらすようにするにはどうしたらよいだろうか．このように，各人の意思決定の調和を図り望ましい資源配分を達成するために，どのように情報を共有し，あるいは分有して利用するかという問題を**コーディネーション**という言葉で表現しよう．

> *Column*
> # コーディネーション・メカニズムと企業内資源配分
>
> 　本章の分析は情報の有効利用によってコーディネーションをいかにうまく実現するかというコーディネーション・メカニズムの視点と，企業はそれ自体独自の資源配分を実現するメカニズムを内包しているという企業理論の視点との交差したところに成立している．ここではそれぞれの視点が経済学の中でどのように発展してきたかを振り返ってみよう．
> 　伝統的な経済学のもっとも重要な成果は，価格メカニズムによって実現される資源配分がパレート効率的であることを示した厚生経済学の基本定理である．しかし，資源配分メカニズムをコーディネーションとしてとらえる場合，それが実現する資源配分の効率性に加えて，実現にはどれだけの情報の移転が必要か，各経済主体は望まれたとおりに行動するインセンティブを持つのかという問題も考察されねばならないであろう．このような視点から市場経済を分析したのは Hayek(1945) が最初である．
> 　ハイエクは当時の経済計算論争に対する批判の中で，真に重要な経済問題は，現場に分散化された知識をいかに有効に利用して資源配分をコーデ

　もっともよく知られた資源配分のコーディネーション・メカニズムは，価格メカニズムである．価格メカニズムのもとでは各人は財および生産要素の価格に注目して自己にとって最適な行動をとればよく，その結果，各財および生産要素の需要と供給が市場において出合い，再び価格が調整される．こうしてある一定の資源配分が達成されるのである．

　すでに 1 章で見たとおり，価格メカニズムは新古典派経済学の考察の中心をなすものであった．新古典派経済学は，企業を利潤最大化を行う経済主体として市場の中に位置づけることによって，市場を通じた資源配分の効率性の問題に分析を集中してきた．企業は諸個人によって所有されるものとされながらも，ある一定量の生産要素をインプットすれば，きまった数量の生産物が産出されるという工学的な技術体系であるとみなされ，企業内の資源配分メカニズムはブラック・ボックスとされてきたのである．

ィネートするかであると提起し，価格メカニズムは個々の経済主体がより少ない情報量で意思決定できる長所を持つことを指摘した．こうした視点はのちにハーヴィッツによって再び取り上げられ，今日ではメカニズム・デザイン論として研究されている．

　一方，価格メカニズムの研究が中心であった伝統的な経済学に対して，企業内での資源配分メカニズムの独自性に着目し，いわば質点として企業をみる新古典派の見方に挑戦した重要な貢献はCoase(1937)である．コースは価格メカニズムがもっとも効率的な資源配分メカニズムであるならば，なぜすべての生産要素が価格メカニズムに依存して結合されるのではなく，実体を持った組織として企業が存在するのかという問題を提起した．コースによれば，企業はヒエラルキー組織のもとで内部の資源移動を行っており，それ自身価格メカニズムとは別個の資源配分メカニズムを実現している．では，なぜある取引が一方では価格メカニズムの力を借りて行われ，他の取引が企業内部で実現されているのか．コースは，行われる取引の性質によって，コストを小さくするように市場と企業という2つの制度が選択されるのだと考えた．コースの視点は，その後ウィリアムソンらの「取引費用の経済学」によって引き継がれ，発展している．

しかし，いうまでもなく企業はさまざまな構成員からなる有機的な組織体であり，価格メカニズムとは異なる資源配分メカニズムを内部に持つ機構と考えることができる．今日，われわれの経済活動のきわめて大きな部分が巨大企業によって占められていることを考えれば，新古典派のブラック・ボックスを開いて企業内での資源配分メカニズムを考察することの重要性は明らかであろう．

　Leibenstein(1966)は，企業組織のあり方が資源配分に与える影響を開発問題に即して説得的に示している．伝統的な経済学では資源配分の非効率性は主として独占や寡占が競争的市場の発展を阻害していることに原因が求められるが，このような視点から行われていた当時の実証研究は市場経済の非効率性はきわめて小さなものであるという報告をしていた．このことに関連し，ライベンシュタインは企業が費用最小化することを前提と

して測定される市場レベルの効率性(allocative efficiency)は経済の効率性のごく一部しかとらえていないと主張した．ライベンシュタインによれば，より重要な効率性の概念は，企業内のコーディネーションのあり方や経営者・労働者のインセンティブの問題などさまざまな要因によって企業内に生じる効率性(X-efficiency)の度合いである．開発途上国における技術移転のコンサルティング調査をもとに，いかに企業の内部組織のあり方が当該企業，ひいては一国経済の効率性に影響を与えるかを強調したのである．

1.2 自動車産業における企業内コーディネーション

　企業組織のあり方が資源配分に影響を与えている身近な例を見てみることにしよう．日米の自動車産業におけるコストと効率性の計量経済学的比較研究を行った Fuss and Waverman(1990)によれば，日米の同産業の単位原価は 1980 年時点で 34.4 パーセントの開きを見せていた．このような同一産業でのコストの格差は，技術はすみやかに移転され，各国で同一の生産関数が当てはまるとする伝統的な貿易理論によっては説明不可能なものである．今日の日本の自動車産業の成功の背後には，企業内の生産システムの独自な発展があるとする見方が今日では広く受け入れられつつある．

　自動車産業の企業内コーディネーションのあり方は時代とともにつねに進化し続けてきた．よく知られているように，古くは 1920 年代のフォードの T 型車の成功に見られるような単一車種の大量生産，コスト削減戦略およびその背後にある中央集権的管理システムなどの例がある．また，フォードに対抗し，フル・ラインナップで顧客の需要をセグメント化することに成功した GM のマーケティング戦略と，それを支えた事業部制の導入の事例が有名である．1970 年代に入り，消費者の嗜好の多様化とそれに応じうる技術の進歩によって自動車の製品の種類は飛躍的に増大した．トヨタのクラウンだけでも 1966 年には 322 種類のスペックしか生産していなかったのに対して，1978 年では実に 101,088 種類ものスペックを生産している(Asanuma, 1994)．スペックによっては月にひとりの消費者しか需要しないようなケースもあり，自動車の製品多様化が進むにつれて，

いかにして多様化した需要と供給のミスマッチを回避しつつ消費者を待たせることなく供給をすみやかに行うか，ということが自動車産業の課題となってきたのである．このような課題に応えるには，顧客と直結しているディーラーとメーカー，メーカー内の各部門，メーカーと下請け企業間のより緊密なコーディネーションを推し進めることが必要となる．

　トヨタの生産システムは，こうした課題に対応する1つの解決方法と見なすことができる．それはまず，需要予測に基づいて月次の生産量の予定を決定するマスター・プランによって可能なところから生産準備に入る一方，ディーラーからの旬間オーダーによって顧客の需要の変動に柔軟に対応している(門田, 1989)．旬間オーダーに対応する方式がカンバン方式と呼ばれるものである．これは必要とされる前工程の組立部品の数量を書いたカンバンによって情報を順次，下流から上流に流していくやり方であり，多様化に対応した生産を実現する部門間のコーディネーションを支える要になっている．月次生産計画とカンバン方式のもとで，自動車は注文から4日のうちに生産され，顧客の需要の変動とのミスマッチのリスクを回避する一方，顧客を待たせることなく製品を提供できるのである．しかもカンバン方式のもとでは各部品は必要なときに必要な量だけラインに供給されるようになっているから，無駄な在庫は一切持つ必要がなくなり，経営の効率性が高められる．トヨタのシステムのこのような側面はしばしばジャスト・イン・タイムと呼ばれている．

　こうしたきわめて緊密なコーディネーションを実現するために，トヨタの生産システムでは労働者がシステム全体についての知識をなるべく共有することが求められる．ローテーションにより各労働者に幅広い職務を経験させることで職場における知識の共有の深化が図られる．また，労働者は生産ラインをストップする権限を持つほか，機械の故障などの非常事態に対しては可能な限り現場で共同して対処することが求められるなど，現場レベルでの知識の活用がフルになされている．

　このような生産システムは1970-80年頃までのアメリカの自動車製造企業の生産システムとは多くの点で対照的である．アメリカの自動車工場で

は，職務の区分はより厳密である．たとえば部品の供給はすべて在庫管理を担当する部署によって専門的・集権的に管轄されている．かりに不良部品が存在したとしても，労働者が独自の判断でラインを停止することは許されていない．機械の故障があった場合でも，機械を修理する専門スタッフが駆けつけるまで現場は事態に対処することはできない．このように，かつての典型的なアメリカの自動車工場では，ラインは中央集権的な管理のもとにあり，非常事態への対処は専門知識を持ったスタッフの仕事として行われたのである．

しかし製品の多様化のもとでの経営効率の向上という課題は，日本の自動車産業に限らず，世界の自動車産業すべてに課せられた今日的課題である．柔軟な生産システムの構築はそれぞれに異なる形ではあれ，今日，世界の多くの自動車製造企業によって追求されている．

2 企業内コーディネーションのさまざまなタイプ

2.1 企業のモデル化

企業内でのコーディネーションのあり方が企業活動の効率性に重要な影響を与えるのであれば，各企業の経営者はある判断のもとに最適なコーディネーションのタイプを自ら選択していると考えるのが自然である．そこで，企業をたんなる生産関数と見なしたり，企業の内部組織をア・プリオリにヒエラルキー組織と見なしたりするのではなく，企業の組織形態が内生的に決定される論理をモデル化する試みを行うことにしよう．本節のモデルは Cremer (1990) および Aoki (1986, 1995) に基づくものである．

現実の企業におけるコーディネーションの作用の仕方を図1のような簡単なモデルを用いて抽象化することにしたい．経営部門とその下で専門的に分化された仕事を行う2つの相互関連性を持つ業務部門から成り立ち，毎期生産活動を行っている企業を考えよう．各業務部門の活動レベルを $x_i (i=1, 2)$ とするとき，この企業の費用は次のような関数で与えられる[1]．

$$C = \overline{C} - (\alpha + \gamma_1) x_1 - (\alpha + \gamma_2) x_2 + \frac{1}{2} B (x_1 + x_2)^2 + \frac{1}{2} D (x_1 - x_2)^2$$

ここで α と $\gamma_i (i=1, 2)$ は平均 0, 分散がそれぞれ σ_α と σ_γ の正規分布に従う確率変数であり，B と D は正の定数である．

企業の活動の成果が確率的な変数によって影響されると想定するのは，現実の企業活動が日々不確実な事態に対処しているという事実を表現するためである．このモデルの目的は，この企業の各業務部門がどのような情報に基づいて行動したときに，すなわちどのような情報システムをこの企業が採用したときに，期待費用が最小になるかを見ることである．言い換えれば，さまざまな確率的ショックの性質や生産技術のパラメーターの値に対して，どのような**情報システム**が企業内コーディネーションのあり方として最適となるかを探るのである．

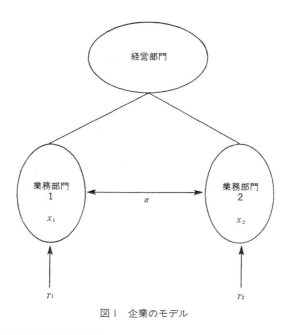

図1　企業のモデル

---

1) 2次形式の費用関数はより一般的な関数をテーラー展開して近似したものと見なすことができる．

Column

企業理論の2つのアプローチ

　ここで，われわれの以後の議論の展開を見通しやすくするために，現在の企業理論の枠組みの整理を行っておくことにしよう．

　今日，企業を分析する視点あるいは方法には大きく分けて2つある．第1は契約理論的アプローチである．1970年代以降の情報の経済学の発展，さらに80年代以降ゲーム理論の経済学への応用が盛んになるにつれて，非対称情報下における経済主体の行動の相互作用を分析する道具が整備されてきた．経済主体が私的情報をもって行動する状況でどのような契約を書くことによって，よりよい結果を実現することができるかを考察するのが契約理論である．契約理論において，私的情報を持つ個人に望ましい行動をとらせる鍵となるのが誘因(インセンティブ)であり，契約理論は主として諸個人のインセンティブ・メカニズムのデザインにかかわるといってよい．このような視点からすれば，企業内において利害を異にする構成員のインセンティブをいかに調整するかが問題となるのである．本書では，企業に対する契約理論的アプローチは4章以降で適用されることになる．

　企業理論の第2のアプローチは，チーム理論的アプローチである．チーム理論的アプローチもまた企業を複数の構成員からなる組織体として見るが，契約理論的アプローチとは対照的に，各構成員の利害の衝突の問題は

　α はすべての業務部門の業務に外部性を及ぼすような不確実性を表現している．これを **システム・ショック** と呼ぶことにする．たとえば，企業内でのラインの停止などの事態が発生した場合，それはラインで結ばれているすべての業務部門に影響を及ぼすことになる．これに対して $\gamma_i (i=1, 2)$ は各業務部門ごとに発生し，それぞれの業務レベルに影響を与えるようなショックである．たとえば，その業務部門内にのみ影響を及ぼすような機械や道具の故障などがこれにあたる．以下ではこれを **個別ショック** と呼ぶことにしよう．

　これらのショックに関する情報構造について，次のような仮定をおくこ

> ひとまず措き，構成員がなんらかの理由で同一の目標を共有していると想定するところから出発する．したがって，モラル・ハザードや逆淘汰(adverse selection)などインセンティブに起因する問題は当面視野の外におくことになる．チーム理論の目標は，企業を同一の目標を持つ諸個人から構成されるものと見なすことによって，構成員の活動をいかにコーディネートすることが望ましいかを考察することである．とりわけ，コーディネーションの仕方に大きな影響を与えるのは，構成員の間でどのように情報を分有し，各人がどのような情報に基づいて活動するかということである．したがってチーム理論的アプローチは，企業内の情報システムのあり方に焦点を当てるものであるともいうことができる．チーム的状況におけるコーディネーションの理論のまとまった成果は Marschak and Radner (1972)に見られる．
>
> もちろん，現実にはコーディネーションの問題は経済主体のインセンティブの問題抜きには語れない．しかし，両者を同時に取り扱う理論はいまのところ未成熟であり，本書でも両者を分けて議論する．本章では，上の2つのアプローチのうちのチーム理論的アプローチに基づいて，企業内コーディネーションのあり方を考察している．
>
> また近年，企業を1つの大きな情報処理システムとして捉え，どのような組織構造がもっとも低コストで情報処理を行うことができるかという観点からの研究も出てきている．

とにする．
1. 経営部門は経験を通してこれらのショックの確率変数についてその分布を知っているが，実現値は観察できない．
2. 各業務部門は α や γ の実現値を観察できるが，観察は完全ではないとする．すなわち実現値そのものではなく，必ず誤差をもって認識される．
3. 業務部門が複数の情報を観察するときには注意を分散しなければならず，情報処理の精度が低下する．
4. 経営部門は各個別部門に分散された情報(on-site information)を中

央集権化して用いることができない[2].

2.2 経営部門が直面する問題

先の企業の費用を表す式において，B は両部門が業務レベルを上昇させるにつれて，企業内の資産の使用に関する競合現象が発生する状況を示し，D は両部門のコーディネーションの必要性の度合いを示しているパラメーターである．$x_1 = x_2$ のときに D のかかる項が 0 となることに注意してほしい．すなわち，第一部門と第二部門の業務レベルが等しくなったときが，部門間の(狭義の)コーディネーションが完全に達成された状態である．B と D の相対的大小関係はこの企業において，部門間のコーディネーションの必要性と企業内資産の効率的な配分のどちらが相対的に重要であるかを示している．以下では $B > D$ の場合を部門が互いに競合的なケース，$B < D$ の場合を補完的なケースと呼ぶことにする[3].

この企業のモデルにおいて経営部門の果たす役割は，各部門がこれらのショックにかんする情報のうち，どれを用いてどのような業務運営を行えば最適な企業活動が達成されるのかを決定し，その結果を企業内の意思決定ルールとして実行させることである．具体的には，企業の経営部門はまず各業務部門にどのような情報に基づき行動するかを指定する．そのように指定された第 i 部門の情報を ξ_i と書こう．次に経営部門は，ξ_i に依存して各業務部門がどのように業務レベルを決定すべきかを意思決定のルー

---

[2] Aoki(1986)では，タイム・ラグをおいて経営部門が個別部門の情報を利用可能な状況を考察している．それとは対比的に本章のモデルでは，経営部門は不完全な形でも個別情報を吸い上げることができない，あるいは同じことだがそうするためには多大なコストがかかってしまう状況を考察している．

[3] 費用関数を x_1 で微分し，さらに x_2 で微分したものは $B - D$ である．したがって，$B - D > 0$ のケースは他の部門が業務レベルを上昇させることによって，もう一方の部門の限界費用が増大してしまう状況を示している．逆に $B - D < 0$ のケースは各部門が業務レベルを上昇させることにより，互いに限界費用を減少させる状況である．また，$B - D = 0$ のケースは各部門が互いに影響しない(費用関数が各部門の費用関数を加えた形になっている)状況を表している．

ル $x_i(\xi_i)$ として指定する．その際に，意思決定のルールは確率分布を所与として，上記の費用の期待値が最小になるように決められるのである．すなわち，第 i 業務部門が行動の基準とする情報を ξ_i とするとき，

$$E\left[\overline{C}-(\alpha+\gamma_1)x_1(\xi_1)-(\alpha+\gamma_2)x_2(\xi_2)+\frac{1}{2}B(x_1(\xi_1)+x_2(\xi_2))^2 \right. \\ \left. +\frac{1}{2}D(x_1(\xi_1)-x_2(\xi_2))^2\right]$$

を最小化するように，ξ_i の関数としての $x_i(\xi_i)$ を選ぶのである．ここで E は期待値をとることを示す記号である．このようにして決定された意思決定ルールは企業内の各部門が従う rule of thumb として解釈することができる．

2.3 情報システムのさまざまなタイプ

この企業について考えられうる情報システムのあり方はさまざまである．以下では，各部門で観察される情報を利用しないでもっぱら経営部門の指定した一定の業務レベルを遂行する古典的ヒエラルキー，各現場の専門的情報処理能力に重点をおいたコーディネーションを行うシステム(分権的ヒエラルキー，情報分散化システムと情報異化システム)，部門間の共通情報に重点をおいたコーディネーションを行うシステム(情報同化システムと水平的ヒエラルキー)について，それらの情報システムで実現される成果を分析していくことにする．

また，これらの情報システムはたんに論理的に可能なシステムであるというだけではなく，歴史的に見られる企業の情報システムとある一定の対応関係を持つものと解釈することができる．以下においては説明をわかりやすくするために，各情報システムに対するわれわれの歴史的解釈をも加味しながら発見的に説明を進めていきたい．なお以下の各情報システムの特徴は後掲の表1にまとめられているので適宜参照されたい．

古典的ヒエラルキー（classical hierarchy）

もっとも単純な情報システムのあり方は古典的ヒエラルキーである．古典的ヒエラルキーでは，経営部門がシステム・ショックと個別ショックの分布に関する事前の知識のみに基づいて最適な業務水準を決定し，これを各業務部門に実行させる．意思決定のルールは上記の期待費用を単純に x_1 と x_2 について最小化すればよいから，$x_1=x_2=0$ とするのが古典的ヒエラルキーのもとでの最適ルールであり，期待費用は $\overline{C}$ となる．

歴史的にいうならば，企業経営の組織は古典的ヒエラルキーから出発したと考えられる．資本主義の初期の時代には情報処理能力をもった労働者は少なく，各業務部門が個別の情報を独自の仕方で処理する組織形態は実現できなかったと考えられる．このような状況のもとでは所有者＝企業家は労働者に一定の行動指令を与えざるを得なかったであろう．一方で，企業家たちはできるだけ簡単な機械技術の導入により労働者の作業をルーティン化することで，事後の情報の処理の必要性をできるだけなくそうと努めたのである．

教育の普及とともに労働者の教育水準がある程度に達すれば，経営部門がすべての情報を処理して労働者に実行させる古典的ヒエラルキーよりも，各人の情報処理能力に依拠したコーディネーション・システムが有利になる．以下に述べる5つの情報システムは，すべてこうした各業務部門の情報処理能力を前提としたものである[4]．

分権的ヒエラルキー（decentralized hierarchy）

資本主義の発展と教育の普及によってヒエラルキーの下層の部分で情報

---

[4] Aoki(1995)のモデルでは活動期間が毎期長さ T の時間からなり，そのうち t を情報処理活動に当てることでベイジアン的に情報処理の精度が上昇するように定式化されている．このような定式化によれば古典的ヒエラルキーとその他の情報システムは t の違いとして比較可能になり，どのような場合に情報を利用する（$t>0$ を選ぶ）方が古典的ヒエラルキー（$t=0$ のケース）よりも効率的になるかが理解可能になる．また，後に述べる情報異化システムも情報分散システムの特殊ケースとして包摂されることになる．興味ある読者は，直接 Aoki(1995)を参照されたい．

処理能力が増大してくると，より複雑な機械を導入し，現場の労働者の知的能力を利用することによってより効率的な組織運営を実現できる可能性が開けてくる．われわれはこのモードを分権的ヒエラルキーと呼んで，次のように定式化する．

経営部門は各業務部門に対して $\xi_i^{DH} = \gamma_i + \varepsilon_i$ に基づいて行動するよう意思決定のルールを特定化する．ここで ε_i は第 i 部門に発生する観測誤差であり，平均 0，分散 σ_ε^2 の正規分布に従い，部門間で独立かつ同一の確率分布に従っている．また，他のすべての確率ショックとも独立である．

これから述べるすべての情報システムに共通な意思決定のルールの求め方をここで説明しておこう．費用関数が 2 次式であり，費用関数にかかる確率変数は正規分布に従うので意思決定ルールは ξ_i についての 1 次式となる[5]．そこで線形の意思決定のルール $x_i = \lambda \xi_i^{DH}$ を費用関数に代入して，このときに実現される期待費用を最小化するように λ の値を最適化する．このようにして求められた分権的ヒエラルキーのもとでの意思決定のルールは，

$$x_i^{DH} = \frac{P^{DH} \xi_i^{DH}}{B+D}$$

であり，そのときの(最小化された)期待費用は，

$$C^{DH} = \bar{C} - \frac{P^{DH} \sigma_\gamma^2}{B+D}$$

である．ここで P^{DH} は，

$$P^{DH} = \frac{\sigma_\gamma^2}{\sigma_\gamma^2 + \sigma_\varepsilon^2}$$

と定義されている．これは観測誤差を含んだ第 i 部門の情報 ξ_i^{DH} の分散のうち必要な情報 γ_i の分散が占める割合であり，各業務部門の情報処理の精度を表現している．この値が高いほど正確な情報処理が実現されることを示している．また上の計算結果から，分権的ヒエラルキーの下では，

---

[5] この命題の証明については，Marschak and Radner (1972) の特に第 5 章を見よ．

各業務部門の情報処理能力を活用することで，古典的ヒエラルキーに比べて期待費用の低下が実現されていることがわかる．

この情報システムは第2次世界大戦前にアメリカで発展したテイラーによる「科学的管理方法」に対応しているものと見なすことができる．第2次世界大戦中に軍需生産の生産性を上昇させる必要から，現場における労働者の問題解決能力への依存が強く見られるようになり，戦後も労働者の教育水準の上昇を背景にして広くこの方法が採用されるようになった．アメリカ経済の戦後の覇権はこの生産システムの導入によって支えられたのである．

ただしこの生産システムにおいては，労働者の情報処理活動は現場の個別環境において生じた情報の処理に限定されていたことに留意する必要がある．このため，テイラー・システムにおいてはできるだけシステム・ショックの影響を減少させ，労働者間の密なコーディネーションの必要性を小さくする生産技術が採用されていた．業務部門間に外部性を及ぼすシステム・ショックの影響は専門部門による在庫品の管理によって吸収されていた．

情報同化システム（assimilated information system）

古典的ヒエラルキーからのもう1つの興味ある進化は，第2次世界大戦中に日本において発展した組織類型に見られる．大戦中の労働力不足は現場における仕事の再割当てやローテーションによって克服せざるを得ない状況を作り出した．現場で発生した異常事態に対してはできる限り現場で共同して対処するという慣習やブルー・カラーとホワイト・カラーの区別の曖昧化もこうした特殊な状況の産物だったと考えられる．戦後においても，労働運動の高揚と経営者の力の相対的な低下という状況の中で，労働者が現場で共同して対処し，共同で責任を負うようなシステムが生き残ることになったのである．このシステムを情報同化システムと呼び，次のように定式化しよう．

両部門はともに個別ショックの情報を無視し，システム・ショック α

に基づいて行動する．各部門はシステム・ショックに観測誤差 ε_0（α から独立で，平均 0，分散 σ_ε^2 の正規分布に従う）の入った共通のショックの値 $\xi^{AI} = \alpha + \varepsilon_0$ を観察し，それに基づいて行動する[6]．このような情報処理を行うための技能は，特定の専門技能というよりも企業特殊的でその企業の文脈においてのみ有効性を発揮するものと考えられる．

水平的ヒエラルキー (horizontal hierarchy)

のちにより詳しく見るように，情報同化システムはシステム・ショックに比べて個別ショックの影響が小さく部門間の補完性が大きい場合に，分権的ヒエラルキーよりも効率的になりうる．しかし，現代の産業の多くは少なからぬ個別ショックを抱えており，たんに企業内の情報を共有化することだけでは十分ではない．日本企業はこうした状況に対応して，各人の専門的な情報処理能力に依拠した情報システムへと変容を遂げてきた．しかし，従来の集団的な意思決定の際に見られたシステム・ショックの情報の共有化という性格は依然として保持されている．この情報システムを水平的ヒエラルキーと呼び，次のように定式化する．

各業務部門は $\xi_i^{HH} = \alpha + \varepsilon_0 + \gamma_i + \varepsilon_i$ を観察し，これに基づいて業務レベルを決定する．ここで，第一部門，第二部門が観察するシステム・ショックの部分 $\alpha + \varepsilon_0$ は共通であることに注意されたい．

分権的ヒエラルキーとの対比で言うと，このような情報システムでは各部門がシステム・ショックを加味して行動しており，必ずしも組織系統としてのヒエラルキーを含意しないが，情報構造上は共通のシステム・ショック $\alpha + \varepsilon_0$ を知った上で，それに個別に観察したショック $\gamma_i + \varepsilon_i$ を加味して行動するという点でヒエラルキーということができる．

情報分散化システム (decentralized information system)

水平的ヒエラルキーの情報システムを持った日本企業は補完性の強い産

---

[6] このケースは Cremer(1990) の undifferentiated information のケースに対応している．

業分野で競争力を発揮するようになり，次第に分権的ヒエラルキーを採用していたアメリカ企業を脅かすまでになった．こうした脅威と新たに生じた技術革新を背景に，かつて典型的なアメリカ企業に見られた分権的ヒエラルキーも進化を遂げつつある．

のちに見る効率性の比較分析では，分権的ヒエラルキーは，部門間の補完性に比して企業内の効率的資源配分の必要性が高い状況で効率的であり，情報同化システムはそれと対極的な環境で効率的となることが示される．部門間コーディネーションの必要性が高い自動車産業などでは情報共有に基礎をおくコーディネーション・メカニズムが比較優位をもつのである．しかし今日の情報産業で起こっているように製品が標準化されたモジュールの組合せとして提供されるようになると，部品などは外部の優秀な業者から調達した方が効率的になり，部門間の相互依存の必要性は減少してくることになる．分権的ヒエラルキーの効率性が相対的に上昇してくるわけである．しかし，こうした流れの中でも一方では絶えざる技術革新に対応するために(ときには企業を越えた)システム・ショックに対して恒常的にアクセスし続けることが不可欠になってくるから，分権的ヒエラルキーにとってもある程度システム・ショックを加味した意思決定ルールをとり入れる必要性が生じてくる．

分権的ヒエラルキーを内在化してきた企業にとって，この流れに対処する1つの方法は，各部門もそれぞれの立場から極力システム・ショックの情報を観察するようにし，それに個別ショックを加えた情報をもとに各業務部門が行動するというシステムを構築することである．水平的ヒエラルキーにおいてはシステム・ショックに関する共通情報を利用していたのに対して，ここではシステム・ショックの観察が個々の部門にまかされており，したがってその解釈は部門ごとに異なりうることに注意されたい．今日の情報通信技術の発展は，たとえばワークステーション網や電子メールを使用して各部門がそれぞれの部門からシステム・ショックを観察することを可能にしている．各部門で個別の情報を最大限に利用して意思決定する状況を想定しているから，このケースを情報分散化システムと呼び，次

	各業務部門の利用する情報	意思決定のルール	期待費用	情報処理の精度
古典的ヒエラルキー (classical hierarchy)	なし	0	$\bar{C}$	
分権的ヒエラルキー (decentralized hierarchy)	$\gamma_i + \varepsilon_i$	$\dfrac{P^{DH}\xi_i^{DH}}{B+D}$	$\bar{C} - \dfrac{P^{DH}\sigma_\gamma^2}{B+D}$	$\dfrac{\sigma_\gamma^2}{\sigma_\gamma^2 + \sigma_\varepsilon^2}$
情報同化システム (assimilated information)	$\alpha + \varepsilon_0$	$\dfrac{P^{AI}\xi_i^{AI}}{2B}$	$\bar{C} - \dfrac{P^{AI}\sigma_\alpha^2}{2B}$	$\dfrac{\sigma_\alpha^2}{\sigma_\alpha^2 + \sigma_\varepsilon^2}$
水平的ヒエラルキー (horizontal hierarchy)	$\alpha + \varepsilon_0 + \gamma_i + \varepsilon_i$	$\dfrac{P^{HH}\xi_i^{HH}}{(B+D)+(B-D)P^{HH}}\dfrac{\sigma_\alpha^2+\sigma_\varepsilon^2}{\sigma_\alpha^2+\sigma_\gamma^2}$	$\bar{C} - \dfrac{P^{HH}(\sigma_\alpha^2+\sigma_\gamma^2)}{(B+D)+(B-D)P^{HH}}\dfrac{\sigma_\alpha^2+\sigma_\varepsilon^2}{\sigma_\alpha^2+\sigma_\gamma^2}$	$\dfrac{\sigma_\alpha^2+\sigma_\gamma^2}{\sigma_\alpha^2+\sigma_\gamma^2+2\sigma_\varepsilon^2}$
情報分散化システム (decentralized information)	$\alpha + \gamma_i + \varepsilon_i$	$\dfrac{P^{DI}\xi_i^{DI}}{(B+D)+(B-D)P^{DI}}\dfrac{\sigma_\alpha^2}{\sigma_\alpha^2+\sigma_\gamma^2}$	$\bar{C} - \dfrac{P^{DI}(\sigma_\alpha^2+\sigma_\gamma^2)}{(B+D)+(B-D)P^{DI}}\dfrac{\sigma_\alpha^2}{\sigma_\alpha^2+\sigma_\gamma^2}$	$\dfrac{\sigma_\alpha^2+\sigma_\gamma^2}{\sigma_\alpha^2+\sigma_\gamma^2+\sigma_\varepsilon^2}$
情報異化システム (differentiated information)	$\alpha + \varepsilon_i$	$\dfrac{P^D\xi_i^D}{(B+D)+(B-D)P^D}$	$\bar{C} - \dfrac{P^D\sigma_\alpha^2}{(B+D)+(B-D)P^D}$	$\dfrac{\sigma_\alpha^2}{\sigma_\alpha^2+\sigma_\varepsilon^2}$

表1

のように定式化する.

各部門はシステム・ショック α と個別ショック γ_i との和を観測誤差を伴いつつ別々に観察する.第 i 部門は $\xi_i^{DI} = \alpha + \gamma_i + \varepsilon_i$ を観察し,これに基づいて行動するのである.

情報異化システム (differentiated information system)

理論的には情報同化システムの対極にあるものとして,各部門がシステム・ショックという同じショックを観察するのだが,それぞれの部門で異なる誤差が生じており,結果的に各部門で観察するシステム・ショックの観察値が異なる場合が考えられる.このケースを情報異化システムと呼ぼう[7].このケースは情報分散化システムにおいて各人がシステム・ショックに加え個別ショックを個別に観察する状況を極度に単純化したものともみなすことができる.具体的には,第 i 部門が $\xi_i^D = \alpha + \varepsilon_i$ を観察するのである.

以上の各情報システムにおける情報利用の仕方,意思決定のルール,期待費用などを表1にまとめておく.

3 情報効率性の比較分析

3.1 組織の比較優位決定要因

われわれのモデルにおいて,単位あたりの生産をより低い期待費用で実現できる情報システムをより**情報効率的**(informationally efficient)であると呼ぶことにしよう.情報効率性という言葉は,ハーヴィッツがより一般的なコーディネーション・メカニズムの評価基準として導入した概念である(Hurwicz, 1960).われわれのモデルにおける情報効率性は,ハーヴィッツ

---

[7] この状況は,Cremer(1990)の differentiated information のケースに対応している.

の概念を企業内コーディネーションの文脈に適用したものである．情報効率性という言葉を用いれば，企業の経営部門が期待費用を最小化するように企業内部の情報システムを選択するということは，代替的な情報システムの中でもっとも情報効率的なものを採用するというように言い換えられる．

上に述べてきた5つのタイプの情報システムの情報効率性はモデルのパラメーターに依存して決まり，どんな場合でも単一の情報システムが他に比べて優位するということはない．それでは，どのようなときに，どのような情報システムが情報効率的となるのであろうか[8]．その結果を図にしたものが図2である．

図2において横軸はシステム・ショックに対する個別ショックの比重の大きさ $\frac{\sigma_\gamma^2}{\sigma_\alpha^2}(=k)$ を右方向にとり，縦軸は B と D との相対的比重を表している．図の中央の直線は $B=D$ 線であり，それより上の領域は $D>B$，下の領域は $B>D$ となっている．このように表された領域の異なる場所で異なる情報システムが情報効率的であるということは，技術が部門間に補完性を持つかそれとも競合性を持つか，さらにシステム・ショックと個別ショックのどちらがより大きな比重を占めるかによって，情報効率的なシステムが変わってくることを示している[9]．

まず個別ショックがきわめて大きい比重を占めるケースでは，個別ショックのみに基づいて各部門が業務を遂行する分権的ヒエラルキーが部門間の補完性の度合いにかかわらず情報効率的である．これに対して，システ

---

[8] なお，以下の比較分析において各情報システムの情報効率性を比較する際には，同一数の情報を処理する際の精度は互いに等しく，より多くの情報を処理する際の精度は，より少ない情報を処理する際の精度よりも小さくなるというすでに述べた仮定(仮定3)を用いている．

[9] 各部門の業務に影響を与える $\alpha+\gamma_i(i=1,\ 2)$ の相関係数 ρ は $\frac{\sigma_\alpha^2}{\sigma_\alpha^2+\sigma_\gamma^2}$ となるから，k が大きいことは個別ショックの相対的比重が大きいことを表すと同時に，両部門のショックの相関係数が小さいことを示している．つまり，このモデルでは各部門間に影響を与える確率変数の相関係数が大きいことと，システム・ショックの相対的比重が大きいことが同じことになっている．

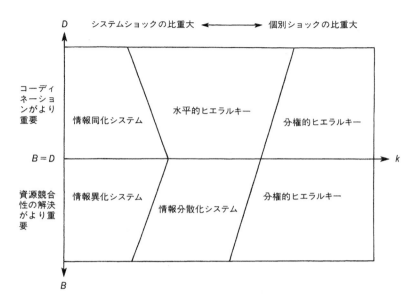

図2　各情報システムの情報効率性

ム・ショックの占める比重が大きくなってくると，部門同士が技術的に補完関係にあるか競合関係にあるかで異なった情報システムが効率的になっている．

部門間の補完性が高い領域では部門間のコーディネーションがより重要になるために，共通情報に基づいた2つの情報システムが情報効率的なシステムとして現れている．情報同化システムと水平的ヒエラルキーである．この2つののシステムで情報処理の精度が等しいと仮定した場合には，より多くの情報を用いている水平的ヒエラルキーが情報同化システムよりも一様に情報効率的となるが，複数の情報処理から生じるコストを勘案しているので，システム・ショックの比重が極端に大きい領域では情報同化システムがもっとも情報効率的になっている．

部門間の競合性が補完性を上回る $B>D$ の領域では，差異化された情報に基づいた2つの情報システムが情報効率的である．すなわち，情報異化システムと情報分散化システムである．このケースでも，両方の情報処

理能力に違いを認めなければ，情報量の多い情報分散化システムがこの領域で一様に情報効率的になる．しかし，複数の情報処理によって生じるコストを勘案すると，システム・ショックの比重がきわめて大きいケースでは情報異化システムが情報効率的になるのである．

　個々人の情報処理能力が高まり，またそれに依存した職務体系が各産業に形成されるにつれて，個別ショックやシステム・ショックの一方のみが極端に比重を持つようなケースは少なくなってくるだろう．この場合には，図に見られるように，水平的ヒエラルキーや情報分散化システムのように各部門が複数の情報を処理するというより複雑な情報システムが情報効率的になってくる．今日ではこの2つの情報システムがもっとも情報効率的な情報システムの位置を占めているものと考えられる．

3.2　コーディネーションのタイプによる比較優位の例

　以上の企業モデルはきわめて単純化されており，現実にはどの企業も上に分類された情報システムのいくつかを同時に内包していると考えられる．にもかかわらず，類型化された情報システムの情報効率性の分析は少なからぬ説明力を持つものである．また，上の企業モデルはたんに1つの企業をモデル化したものと考えられるだけでなく，1つの企業内の小グループの職務間の関係や企業間のコーディネーションのあり方を示したものとしても解釈可能である．

　先に1980年代の日米の自動車産業の競争力の違いが企業内コーディネーションの違いによって説明できるという見方を紹介したが，このことをわれわれのモデルの結果を用いて言い換えると，次のようになる．1970年代以降，自動車産業や家庭電化製品などに見られた製品の急激な多様化によって，これらの産業では顧客の多様なニーズに応えつつ，いかにリスクの少ない生産システムを構築するかが鍵になった．このことを実現するためには各業務部門間の極めて緊密なコーディネーションが必要になる．言い換えれば，モデルの期待費用のところで説明したような業務部門間の補完性 D が増大し，システム・ショック α の比重が大きくなることを示

している．日本がこれらの産業で比較優位を持った背景には，日本の企業が部門間の補完性の増大という環境変化に対応して，情報共有に基づくコーディネーション・メカニズムとその下での漸進的な改善の積み重ねを行ってきたことがあるのである．

　他方，日本が不得意とする石油化学産業では，工程と工程の技術的結合がある程度確定的であり，部門間コーディネーションの必要性はそれほど大きくないと考えられる．むしろ技術的に関連した工程間の流動的な分離・結合を買収等によって行えるか否かが重要なポイントとなる[10]．知識の共有に基礎をおく情報同化システムないし水平的ヒエラルキーよりも分権的ヒエラルキーあるいは情報分散化システムの方が，このような流動化に補完的な情報システムであると考えられる．実際，欧米の化学産業の企業は，われわれのモデルでいう分権的ヒエラルキーまたは情報分散化システムのような組織類型に属していると考えられる．

3.3　情報産業におけるコーディネーションの展開

　さらに，上で展開したモデルは，今日急速な変化を遂げつつある情報産業で生じている事態についての考察にも役立つ．Saxenian(1994)はアメリカの代表的な情報産業の中心都市であるボストン郊外のルート128とカリフォルニアのシリコンバレーとの地域間比較を行っている．両地域とも1960年代から70年代にかけて急成長を見せ，80年代に入って衰退したが，90年代に入りシリコンバレーは急激な復活を見せているのに対して，ルート128は復調の兆しを見せていない．サクセニアンはこの差異の要因を地域の文化的背景をも包括した産業システムの性格の違いとして分析している．

　シリコンバレーでは企業の枠を超えた技術者のコミュニティが存在している．転職は日常茶飯事であり，新しいアイディアを実現するためにリスクをおかして起業することが歓迎される．その中で企業は技術コミュニテ

---

10) 日本の石油化学産業が抱える問題点については，伊丹(1991)を参照されたい．

ィから最新の技術の情報を利用しつつ，つねに新しいことに着手できる．頻繁な技術革新の下では部品の生産は外注にまかせた方が合理的である．これに対してルート 128 地域の企業は，どちらかといえば伝統的なアメリカ型の階層組織をひな形として作られており，技術者の情報交換，部品の生産はすべて企業内で実行されるシステムをとっている．サクセニアンは技術変化の激しい環境の下ではネットワーク効果をフルに活用できるシリコンバレーのような産業システムがより適合的であると論じている．

　本章で展開されたモデルを企業間のコーディネーションの説明として拡大解釈すれば，サクセニアンの洞察は本章のモデルの示すところと一致している．今日の情報産業のようにある程度の標準化が進んで企業内の作業間の補完性が減少しつつも，しばしば企業の壁を越えたシステム・ショックが重要性を持つケースでは，情報分散化型のコーディネーションが情報効率性を持つと考えられる．これに対してシステム・ショックへのアクセスを持たない分権的ヒエラルキー型の情報システムはより情報非効率である[11]．

　実際，今日の情報産業の戦略は部門間の補完性をできるだけ少なくする方向に進んでいるようである．Pine(1993)は情報産業などで見られるこの現象をマス・カスタマイゼーションという概念を中心において説明している．マス・カスタマイゼーションとはできる限り部品標準化・生産モジュール化し，それらを顧客のニーズに従って組み合わせて販売するという顧客志向の戦略である．たとえば，アメリカの IBM 互換機メーカーなどは標準化された部品やソフトウェアのメニューを顧客に提示し，顧客の注文によって，それらを適当に組み合わせて発送している．このような戦略上の変化は直接製造部門と顧客とを結びつける効果を持ち，自動車製造企業などで必要とされた販売部門と製造部門とのタイトな情報のやりとりは必

---

[11] サクセニアンによるシリコンバレーとルート 128 の比較は分権的意思決定のシステムを持つ組織と階層的な意思決定システムを持つ組織との違いとしても考察することができる．このような 2 つの対照的な意思決定システムの比較研究を行ったものに Sah and Stiglitz(1986) がある．興味ある読者は参照されたい．

要がなくなる.

　また部品が標準化されていることによって,自社生産部門間のコーディネーションよりも外部から最良の部品を調達するためのネットワークづくりが大きくものをいうことになる.このようなネットワークの結節点としての企業のありようを示す極端な例として,法的な会社の枠を越えて情報空間(cyber-space)上の疑似組織的なコーディネーションにより形成される「事実上の企業(virtual corporation)」の出現がある.社内における情報の共有の持つ重要性が減少する一方で,会社の枠を越えた情報ネットワークづくりが重要性を帯びつつあるといえよう.

　池田(1995)は,以上のような企業戦略・企業組織の出現との関連で,今日の日本企業の情報産業における比較劣位が過去の企業内コーディネーションの様式から脱却できないことに根差していると論じている.池田によれば,今日情報産業で生じている急激な環境変化は,必ずしも企業内の知識の共有の深化と漸進的な改善の積み重ねに基づく日本企業のコーディネーション・メカニズムが適合的であるようなものではない.それは,第1に情報産業ではモノづくりにおけるような技術の連続的改善よりも,不連続な革新的なアイディアが重要であり,日本型の企業内の知識の共有に基づくコーディネーション・メカニズムがこれによく適合するとは思われないからである.たとえば,今日のソフトウェア制作の多くの部分は大企業の中で連続的な工程によって作成されるというよりも,むしろ少数の有能な技術者による共同作業である.このような場合に,労働者間の知識の共有に基づく水平的ヒエラルキーでは,意思決定を迅速に行うことができず,競争力を発揮することができない.日本のソフトウェア産業が比較優位を持つ分野が,顧客ごとにシステム・エンジニアを派遣してグランド・デザインを決め,細かいところは下請けに出すというような分野に限られると言われる一方,例外的に国際競争力をもっているTVゲーム・ソフトなどでは制作会社のほとんどが少数のソフトウェア技術者からなる中小企業なのである.

　第2に,技術の補完性が弱まり,逆に企業間のネットワークを通じた情

報収集能力が重要な要因になりつつあることも，企業内部の技術的補完性の強さに巧みに適応してきた今日の日本型企業のコーディネーション・メカニズムが競争力を発揮しにくい要因である．部品が標準化されていることによって，自社生産部門間のコーディネーションよりも外部から最良の部品を調達するためのネットワークづくりが大きくものをいうことになり，従来の日本的な企業内の部門間関係や下請け関係とは異質のコーディネーションの方法が競争力をもつことになるからである．

　ここで述べてきた情報産業の変化は，現在も進行中の変化であり，今後日米の情報産業がそれぞれどのように相互作用しつつ発展していくかは必ずしも明らかではない．しかし，従来の日本型企業の社内における知識の共有を重視した企業内コーディネーションが今日の情報産業の急激な環境変化に必ずしも適応しきれていないとすれば，そうした情報システムのあり方そのものを変更することができるのかどうかという疑問点が浮かび上がってくる．より一般的に言えば，1つの社会において支配的なコーディネーション・メカニズムが異質なコーディネーション・メカニズムをとり入れて，より効率的なコーディネーション・メカニズムを生み出すことが可能なのかということである．この論点については，次章で論じることにしよう．

3.4　他の制度との補完性

　今までの説明で明らかなように，企業活動の成果はその企業内のコーディネーションのあり方や，より広く取引企業とのコーディネーションのあり方に依存するという仮説は現実にもそれなりの説明力をもっている．そうであるならば，われわれがモデルで考察したように，企業はその技術的なパラメーターやショックの性格などに鑑みて最適なコーディネーションのタイプを選択しているはずである．しかし上に見たとおり，現実に観察されるすべての産業がその産業の特性にもっともフィットした情報システムのタイプを採用しているわけではない．この事実は何を意味しているのであろうか．問題を言い換えると，同じような環境にある同一産業内では

大体同じような情報システムが国を越えて観察されるはずなのに，現実には各国ごとに支配的な情報システムが観察されるのはなぜだろうか．それは企業の情報システムがそれだけで独立に決定されるのではなく，それぞれの社会の中で他のさまざまな制度と互いに複雑に絡み合って存在しているからにほかならない．とりわけ重要なのは，社会の中の人々がどのような技能の獲得を選択しているのかという要因である．本章でもたびたび示唆してきたように，企業内の情報処理活動にはある程度の技能の存在が必要だからである．また，人々の技能の選択の問題は，反対に企業がどのような情報システムを選んでいるのかに影響されている．そこで次章では，人々の技能形成のあり方と企業内コーディネーションのタイプ選択の間に存在する補完的関係に考察の焦点をあてることとする．

Note

チーム理論的分析のまとまった成果については Marschak and Radner (1972) を参照されたい．また近年，企業を1つの大きな情報処理システムとして捉え，どのような組織構造がもっとも低コストで情報処理を行うことができるのかという観点からの研究も行われている．興味のある読者は専門論文になるが，Radner (1993)，Bolton and Dewatripont (1995)，Sah and Stiglitz (1986) を見てほしい．コラムの中で言及したメカニズム・デザイン論については Moore (1992) がすぐれたサーベイを行っている．また同じくコラムで言及した「取引費用の経済学」については Williamson (1985) を参照されたい．

参考文献

Aoki, M. (1986), "Horizontal and Vertical Information Structure of the Firm," *American Economic Review* **76**: 971-983.

Aoki, M. (1995), "An Evolutive Diversity of Organizational Mode and its Implications for Transitional Economies," *Journal of the Japanese and International Economies* (forthcoming).

Asanuma, B. (1994), "Co-ordination between Production and Distribution in a

Globalizing Network of Firms: Assessing Flexibility Achieved in the Japanese Automobile Industry." in M. Aoki and R. Dore(eds.), *The Japanese Firm: Sources of Competitive Strength*, Oxford University Press.(青木・ドーア編, NTT データ通信システム研究所訳『国際・学際研究 システムとしての日本企業』NTT 出版, 1995 年).

Bolton, P. and M. Dewatripont(1995), "The Firm as a Communication Network," *Quarterly Journal of Economics* **109**: 809-839.

Coase, R.(1937), "The Nature of the Firm," *Economica* **4**: 386-405. (宮沢健一・後藤晃・藤垣芳文訳『企業・市場・法』東洋経済新報社, 1992 年).

Cremer, J.(1990), "Common Knowledge and the Co-ordination of Economic Activities," in M. Aoki, B. Gustafsson and O. E. Williamson(eds.), *The Firm as a Nexus of Treaties*, Sage Publications.

Fuss, M. and L. Waverman(1990), "The Extent and Sources of Cost and Efficiency Differences between U.S. and Japanese Automobile Producers," *Journal of the Japanese and International Economies* **4**: 219-56.

Hayek, F.(1945), "The Use of Knowledge in Society," *American Economic Review* **35**: 519-30. (田中真晴・田中秀夫訳『市場・知識・自由』ミネルヴァ書房, 1986 年).

Hurwicz, L(1960), "Optimality and Informational Efficiency in Resource Allocation Processes," in K. Arrow, S. Karlin and P. Suppes(eds.), *Mathematical Methods in Social Sciences*, Stanford University Press.

池田信夫(1995),「情報産業のパラダイム・シフトと日本型企業組織」情報通信学会年報 7.

伊丹敬之(1991),『日本の化学産業――なぜ世界に立ち遅れたのか』NTT 出版.

門田安弘(1989),『トヨタシステム――トヨタ式生産管理システム』講談社文庫.

Leibenstein, H.(1966), "Allocative Efficiency vs. "X-Efficiency"," *American Economic Review* **56**: 392-415.

Marschak, J. and R. Radner(1972), *Economic Theory of Teams*, New Haven, Yale University Press.

Moore, J.(1992), "Implementation, Contracts, and Renegotiation in Environments with Symmetric Information," in J.-J. Laffont(ed.), *Advances in Economic Theory, Sixth World Congress*, Cambridge University Press.

Pine, J.(1993), *Mass Customization*, Cambridge, Harvard Business School Press.(江夏健一・坂野友昭訳『マス・カスタマイゼーション革命』日本能率協会マネジメントセンター, 1994 年).

Radner, R. (1993), "The Organization of Decentralized Information Processing," *Econometrica* **61** : 1109-1146.

Sah, R. and J. Stiglitz (1986), "The Architecture of Economic Systems : Hierarchies and Polyarchies," *American Economic Review* **76** : 716-727.

Saxenian, A. (1994), *Regional Advantage : Culture and Competition in Silicon Valley and Route 128*, Cambridge, Harvard University Press. (大前研一訳『現代の二都物語——なぜシリコンバレーは復活し，ボストン・ルート 128 は沈んだか』講談社，1995 年).

Williamson, O. (1985), *The Economic Institution of Capitalism*, New York, Free Press.

3 企業システムの生成
進化ゲーム的アプローチ

　前章では，どのようなコーディネーションのタイプが最適となるかは企業の技術条件および企業をとりまく確率的なショックの性質に依存することをみた．しかし，現実に観察される企業の組織タイプはある程度国ごとに特色を持ったものである．この事実は，企業のコーディネーションのタイプがたんに産業の技術的な特性にとどまらない，より広い社会的な制度との関連によって影響されることを示唆している．本章ではこの問題を，補完性と進化ゲームという2つのツールを使って説明する．

1　企業システムの存在

　前章では企業内組織というブラック・ボックスをコーディネーション・メカニズムという観点から考察し，企業の直面する技術的な条件および確率的なショックの性質によって，最適なコーディネーションのタイプが異なりうることを見てきた．それでは，企業がどのコーディネーションのタイプを採用するかという問題は，技術や確率的なショックの性質のみによって決定されるとしてよいのだろうか．話はそれほど単純ではない．それぞれのコーディネーションのタイプが成立しうる背景には，それを支える労働者の情報処理能力の存在があるからである．

　日本とアメリカの例を挙げるならば，日本では産業分野にかかわらず，知識の共有と水平的なコーディネーションを特徴とする企業組織が支配的に観察され，アメリカでは個々人の専門知識に依存した企業組織が支配的に観察される．また，日本は自動車製造業やVTRなど水平的コーディネーションが強みを発揮する産業において比較優位を保っており，アメリカ

は情報分散化システムが有効なマルチメディア産業やソフトウェア産業の一部などで比較優位を保持している．われわれは本章において，各国ごとに支配的なコーディネーションのタイプが観察されるのはなぜかという問題を情報システムと技能形成との間に存在する相互作用に注目することで解明していくことにする．

　さらにまた，1990年代に入って「日本的経営」のメリットのみを強調する論調に翳りが見え始めており，日本も専門的な知識と創造性を活かしたアメリカ型に近い企業組織を目指すべきだという議論も一部に存在している．このようなことは果たして可能なのか，またどのような条件の下で可能なのかについても以下で展開されるモデルを使用して考察することにしたい．

技能形成の違いとコーディネーション

　以下では前章で見た企業内コーディネーションのタイプをおおまかに2つに分けて論じることにする．前章で論じた情報システムのうち，情報同化システムと水平的ヒエラルキーは企業内でのシステム・ショックの情報共有に重点をおき，分権的ヒエラルキー，情報分散化システムおよび情報異化システムは個別的な情報処理に重点をおいている．そこで以下では，前者を情報共有型，後者を情報分散型と呼ぶことにする[1]．

　前章で見た企業内コーディネーションのタイプについての議論を各情報システムを担う労働者の技能という観点から見ると，企業組織のあり方の違いによって運営に必要とされる技能の種類に違いがあることがわかる．情報共有型のシステムを採用している企業においては企業内での知識の共有が重視されるから，企業内で発生するさまざまな局面で互いにコミュニケーションをとり協力して問題を解決する能力が必要となる．これに対して情報分散型のシステムを採用する企業においては，各人が専門的な知識をもって個別に発生するショックに対応する必要があるから専門的な技能

---

1) この分類の仕方は，2章図2の $B=D$ 線の上下の分類にほぼ対応している．

が重要である．前者のようにある職場組織という文脈の中で有用な技能を**文脈的技能**(contextual skills)と呼び，後者のように専門的に特化され特定の職場を越えた価値を持つ技能を**機能的技能**(functional skills)と呼ぶことにしよう．もちろん，現実に見られるどの技能もこれら両方の技能の性質を持っており，分類の仕方は程度問題である[2]．

　しかしながら，現実の日本の企業とアメリカの企業にもこうした技能形成の違いは観察できる．日本の企業では，何か専門的な知識を深く狭く獲得した労働者を採用して即戦力として使うというよりは，一般的な情報処理能力を身につけた人を新規採用し，入社後にOJT(on-the-job training)によってその企業に有用な技能を形成することに重点をおく．新入社員は企業内研修で企業の組織機構や社風などを共通知識として獲得することを要求され，入社後もジョブ・ローテーションによってさまざまな部門を経験しながら，ジェネラリストとして育成されるのである．こうした経験が，労働者にその企業に特殊的な技能(firm-specific skills)を形成していることはいうまでもない．もちろん，労働者はその職務をこなすために，ある一定の専門的な技能形成を行う必要もあるわけであり，「幅広い熟練」を形成するわけであるが，アメリカ企業と比べた場合，企業特殊的な共通知識の占める比重が大きいことに変わりはない．また，これに対応して日本の大学教育では一般的な情報処理能力を身に着けることに主眼が置かれており，そこでは将来企業の文脈に応じた特殊技能に容易に転形されるような可塑的な能力の形成が行われていると考えることができる．総じて言えば，日本企業では文脈的技能の獲得が相対的に重視されているということができよう．

　一方，アメリカ企業においてはその労働者が保有する専門技能によって職務がはっきりと区別されており，労働者はあまり多くの職務区分をこなさない．これに対応して，アメリカの大学では，徹底的な専門的知識の獲得に焦点を当てた教育を行うという特徴があることも周知のことであろう．

---

2) 5章では，これらの技能形成のあり方を雇用システムの枠組みで議論している．

総じて言えば，アメリカ企業では機能的な技能の獲得が重視されているということである．

以下において，われわれは文脈的技能形成と機能的技能形成を定式化することによって，企業内コーディネーションとこれら技能形成のタイプとの関係を考察する．その前に本章で使用する主要な分析枠組みである進化ゲームについて解説することとしたい[3]．

2 進化ゲーム理論の経済学的意義

進化ゲーム理論(evolutionary game theory)は比較的最近になって経済学において用いられるようになったゲーム理論の一分野である．ゲーム理論は伝統的には，あるプレーヤーの行動が他のプレーヤーの行動に影響を及ぼすような「戦略的状況」において，合理的なプレーヤーがどのように行動するかを分析する道具であると考えられてきた(von Neumann and Morgenstern, 1944)．これに対してプレーヤーの合理性を仮定せず，進化という観点を導入することによって進化ゲーム理論という応用分野を切り開いたのは生物学の進化論においてであり，進化ゲーム理論は生物進化のある種類の現象にかなりの説明力をもつことが明らかになってきた[4]．最近の経済学における進化ゲームへの関心の高まりは，進化ゲームが生物学で収めた成功に触発されたところが大きい．

生物の進化の説明にゲーム理論が威力を発揮するケースは，生物の集団の中である行動をとる個体の適応度(fitness)がその集団の他の生物たちがどのような行動をとるかに依存するような場合である．たとえば，野生の猫の集団が限られた餌をめぐって争う状況を考えよう．この集団の各個体

---

[3] 11章でも，進化ゲーム理論の経済学的意義について解説してある．ただし，本章のモデルはどちらかといえば進化のプロセスが生み出す複数均衡の生成そのものに焦点をおいたモデルであるのに対して，11章では進化のプロセスのダイナミズムそのものにより焦点を絞った解説になっている．

[4] 生物学における進化ゲームの成果については，Maynard-Smith(1982), Dawkins(1989)を見よ．

	遠慮	大食い
遠慮	2.5, 2.5	0, 5
大食い	5, 0	1, 1

図1

は，相手に全く遠慮せずに大食いする「大食い戦略」か，相手に遠慮して少ししか餌を食べない「遠慮戦略」かのどちらかをとることがあらかじめ遺伝子によってプログラムされていると想定しよう．この集団の中から2匹の猫が偶然出会った場合，2匹がどの戦略をとるかの組合せに従って，図1のように適応度が決定されているとする．適応度は，たとえばその個体が残すことのできる子どもの数であると考えればよい[5]．

このゲームはよく知られた囚人のジレンマの構造をしており，相手がどちらの戦略を持っているかにかかわらず，大食いの戦略をもった個体の方が適応度を高めることができる．ある時点でこの集団がすべて「遠慮戦略」を持つ個体によって占められていたとしても，もし突然変異が生じて「大食い戦略」をとる個体が発生したら，その個体は次第に集団内での勢力を拡大し，最終的にこの集団は「大食い戦略」の個体のみで占められることになろう．われわれが現実に観察している生物たちの行動のある部分は，このような進化の結果としてか，あるいは進化の過程にあるものとして解釈することができるのである．

この例では集団内の戦略の分布によらず「大食い戦略」の適応度がより高くなっていたが，より一般的なゲームではどちらのタイプの期待適応度がより高いかは集団の中でのそれぞれのタイプの分布に依存しうることが

---

5) この例では非現実的だが，簡単化のためにこの猫たちは単性生殖すると仮定している．

理解できる．そうしたゲームが繰り返し行われるとすれば，集団内の各タイプの分布は適応度に従って時間とともに変化し，それによってまたどちらのタイプが適応度を増すかが決まるから，集団内のタイプの分布は一定のダイナミクスによって記述できる．このようにして，集団の中でどのようなタイプの分布が安定した状況として観察されるだろうか，ということを分析するのが進化ゲーム理論である．結果として出てくる分布は，最初の分布のあり方によって異なる可能性があることも理解できよう．

　生物の進化の説明においてゲーム理論を適用する際の利点は2つある．第1は，経済学とは異なり，進化の過程においては生物が意識的な最適化行動をとっているという意味で合理的であると見なすことはできない．したがって，各個体は合理的に戦略を選択するのではなく，最初からある戦略をとるべくプログラムされたものとしてゲームを分析することができる．第2に，生物が合理的にゲームを解く代わりに，自然淘汰(natural selection)によってある状態が達成されていくと想定することができる．ただし，進化論的な議論の仕方にはつねに目的論的に解釈してしまうという陥穽がつきまとうのだが，進化によって実現した状態が必ずしも他の状態に比べてより良いという保証はない．

　経済学においても主体に合理性を仮定する代わりに社会における進化的圧力(＝自然淘汰の圧力)が作用して，実質上個々の主体が最適化行動をとっているのと同じ状況が実現することを理論的に説明できるはずだという問題提起は古くからあった(Alchian, 1950)．また，合理的経済主体を想定する従来のゲーム理論においてナッシュ均衡がなぜ実現するかという問題は難しい問題であり，これをプレーヤーの合理的推論によって説明しようとするときわめて強い合理性の仮定が必要となることが知られつつある(Aumann and Brandenburger, 1995)．これに対して，進化ゲーム的なアプローチを採用すればそれほどの合理性(たとえば相手がどの戦略を選ぶかを正しく予想するような合理性)の仮定がなくても，ナッシュ均衡が社会的にどのように進化するか，さらに複数のナッシュ均衡があるときにどのナッシュ均衡がもっとも選ばれやすいかが分析可能となるのである．

しかし，経済学で進化ゲームを応用する場合と生物学で進化ゲームを応用する場合では，異なった考慮が必要である．社会においてゲームを行う主体がランダムに選択・マッチングされ(random matching)，ゲームを繰り返しプレーするという想定は同じであるが，人間の行動を考える場合，各主体が完全にプログラムされていると考えるのには無理がある．人間を完全に合理的な存在と考えるのが極端ならば，完全にプログラムされた存在と考えるのも極端であろう．したがって，進化ゲームにおける主体は限られた意味でのみ合理的な，すなわち限定合理的(boundedly rational)な主体とするのが妥当ということになる．また，生物の場合には繁殖の度合いを適応度とすることにより集団内の各タイプの分布が示すダイナミクスを分析することができたが，人間の場合にはゲームを行うことで利得(payoff)を得ると考えるのが妥当である．そして，学習(learning)と経験を通してよりよい行動がわかってくるなかで，社会の中でそれぞれの戦略をとる人口の分布が変化すると考えるべきであろう．

　社会の人口を構成する各主体が限定合理的であることは，進化ゲームのモデルでは具体的には次の2点によって捉えられる．

（ i ）　**慣性**(inertia)　毎回ゲームをプレーする瞬間には，各主体は自己の戦略をあたかもプログラムされたかのように行動する．しかし各期ごとに，社会の中の一部の人たちは戦略を変更することができると仮定する．この結果，社会全体では各戦略をとる人たちの分布が徐々に調整される．逆に言えば，社会全体で一挙的な変化が不可能であるということであり，いわば慣性が働いているのである．

（ ii ）　**近視眼**(myopia)　ある人が戦略を変更することができるときには，その人はその時点でみた最適な戦略の1つに変更するものとする．たとえば，ある期間に自分と同様に他の人たちも最適な行動を選ぶことにより社会の中での戦略の分布が変化し，その結果最適な行動が変化してしまうようなケースもあるだろうが，ここではそこまで考えないと仮定するのである．

Column

利他主義 vs. 利己主義

　生物の進化について説明する際に用いられる適者生存とか自然淘汰という言葉には，どうしても弱肉強食のイメージがつきものである．しかし，生物間でも協調行動があることは古くから知られている．たとえば，親(特に母親)の子に対する自己犠牲的な行動は多くの生物に広く見られる．また，ムシクイという鳥はワニの口の中に入って寄生虫を食べるが，ワニは口の中に入ったムシクイを食べてしまったりはしない．自然界に見られるこのような協調行動の説明に多くの生物学者が挑戦してきた．

　1つの説明は，各個体が種全体の存続を促す仕方で振舞うような種のみが自然淘汰を生き残ってきたという群淘汰説である．しかし群淘汰説では，仮にある集団が自己犠牲的な個体から成り立っていたとして，その中に他者のこうした自己犠牲を利用して生き延びる利己的な個体が発生した場合，利己的な個体が徐々に勢力を拡大していく可能性があることを無視している．また，群淘汰説によれば，種の間の利己的な行為は当然と見なされるが，協調する種の単位がどのレベルであるのかについて説明することができないのである．

　これに対して，Dawkins(1989)は生物間に見られる利己主義も利他主義も遺伝子の利己主義(gene selfishness)によって説明できると主張している．生命現象は遺伝子の自己複製的な過程であり，より多くの自己複

慣性の存在を仮定することは，プレーヤーがゲームの構造についてあまりよく知らず，自分のとった行動によって利得がどのように定まるかについて不確実なとき，あるいは戦略を変更すること自体がコストのかかるときに全員が戦略を変更するとは考えにくい状況を定式化したものとして考えることができる．また，人口の一部が退出してゆき，新しく入ってきたグループが新たに退出した人口の部分を補う状況を定式化したものと考えることもできよう．

　一方，近視眼については，人間が完全に合理的ではないとはいえ，経験

製に成功した遺伝子が自然淘汰を生き残る．自己の存続の可能性を最大化することを利己的と呼ぶならば，遺伝子が利己的であるということは自然淘汰を認めることとほとんど同義であることになる．とすれば，個体レベルで見られる利己主義も利他主義も，その個体が自然淘汰の結果として存続した遺伝子を載せた生命体である限り，利己的な遺伝子の組合せによって作り出された行動と見なすことができるのである．

　人間の行動がこのような遺伝子の影響を受けているかどうかはさておき，上の議論はわれわれが社会規範をどう捉えるべきかについて，ある観点を与えてくれる．社会に存在する規範はしばしば，人間が社会を維持していく際に不可欠なものとして説明される．しかしながら，たとえ規範が社会を維持する機能を有していたとしても，それを守り慣習として根付かせるのは一人ひとりの個人である．規範が長期間にわたって社会の中で存在し続けるためには，人々がこの規範を守っていくだけの根拠がなくてはならないのである．そして，人々が規範を守り続けるのは，その規範を守ることが人々にとって利益になるからだと考えられるのである．その意味で，社会規範は個々の主体に利己主義を仮定することによって説明されるべきものであるといえよう．このような線に沿って，ゲーム理論を用いて社会の自生的秩序(spontaneous order)の生成を説明しようとする研究も近年行われている*．

　　* 関心のある読者はSugden(1986)を見よ．

を通じてうまく行っている人たちの行動がわかってその行動を真似するなどの学習効果を定式化したものと見なすことができる．ただし，将来の動向まで予測して行動するほどの合理性は持たないとする点で限定合理的である．

　このようなゲームで安定的な均衡点があるとしたら，それは社会の中に自発的に形成された慣習(convention)あるいは制度として解釈することが可能である．また，複数の均衡が存在する場合には，歴史的な初期条件に依存して異なる均衡点に収束するという歴史依存性(history-dependence)

あるいは経路依存性(path-dependence)の問題も分析することが可能になるのである.

3　進化ゲームの均衡としての J-企業システムと A-企業システム

3.1　戦略としての技能形成

　本題に戻ると，われわれは一国内における人々の技能形成の選択とそこで支配的になる企業のコーディネーションのタイプとの間の相互依存関係に注目していた．この場合，支配的な技能形成のタイプによって支配的なコーディネーションのタイプが決まるというように複数の均衡状態が観察されることが期待できる．そこで，上に説明したような進化ゲームの枠組みを用いて，どのように一国内の経済システムが進化していくかを考察していく．

　この国の人々はそれぞれどのような技能形成のタイプに投資するかを選択し，それぞれの技能を獲得した2人の人が出会うことによって1つの企業を形成すると考えよう．技能形成のタイプには2つあり，それらを文脈的技能形成と機能的技能形成とする．文脈的技能形成とは，企業内部の文脈において情報共有を有効に行うための技能の形成であり，OJTや正式なトレーニングによって形成される．機能的技能形成とはある特定の情報処理に特化しているが，企業を越えて通用可能な技能形成のあり方であり，正式なトレーニングを通じて形成されるものである．このようにして技能形成に投資した各人がランダムに出会って1つの企業を形成するわけだが，そのときにどの技能形成に投資したもの同士が出会うのか，そして2人がどのような産業で企業を形成するのかによって，企業活動の効率性が異なることが理解できるだろう．

　たとえば，前章のモデルに即していうならば文脈的技能とは，企業内のシステム・ショックを観察し，それに基づいて行動できるような技能であ

り，具体的には $\xi_i = \alpha + \varepsilon$ を観察し処理する能力と考えることができる．一方，機能的技能はシステム・ショックと個別ショックとの和を観察して，それに基づいて行動できるような技能であると考えられる．この下で，前章で考察したのと同じ企業の費用関数が与えられたというような状況を考えればよいのである．

今，この国には 2 つの産業 M と V とが存在しているとしよう．産業 M は，前章の費用関数のパラメーターで言えば B が D と比べて相対的に大きく，また個別ショックの分散 σ_η^2 が大きい産業である．すなわち，その技術と確率的ショックの性質から見て情報分散型の情報システムが情報効率的となるような産業である．たとえば，マルチメディア産業を想定すればよい．これに対して，産業 V は，D が B と比べて相対的に大きく，また個別ショックの分散 σ_η^2 が小さい産業である．したがって情報共有型の情報システムが情報効率的となる．たとえば，VTR 製造業などを考えればよい．

このような設定の下では，産業 M では機能的な技能に投資したもの同士が出会ったときにもっとも効率的に運営され，文脈的技能を持ったもの同士が出会ったときには非効率となりコストが高くなることがわかる．さらに，文脈的技能を持ったものと機能的な技能を持ったものが出会ったとき（ミスマッチのケース）には，文脈的技能を持ったもの同士がマッチされるケース以上に非効率な組織運営が行われるであろう．逆に産業 V では文脈的技能を持ったもの同士のマッチングがもっとも効率的で，次いで機能的技能を持ったもの同士のマッチングのケースとなり，ミスマッチのケースでは非常に非効率となる．

以上のような費用状況をもとにして各産業で各技能形成を行った人たちが出会ったときに各人にかかる費用をマトリックスで表したのが図 2 である．図では列の人が行の人と出会ったときに列の人にかかる費用が示してある．また F は機能的技能形成に対する投資，C は文脈的技能形成に対する投資を表している．

ミスマッチの場合にかかる費用は両者とも等しく分け合うとすれば，上

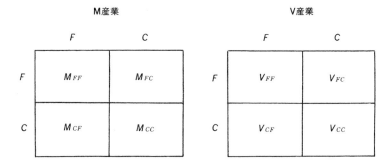

図2

で説明したことから，M 産業と V 産業で，
$$M_{FF} < M_{CC} < M_{FC} = M_{CF}$$
$$V_{CC} < V_{FF} < V_{CF} = V_{FC}$$
が成立する．

3.2 ランダム・マッチング・ゲームの利得

これだけではまだ進化ゲームとしての定式化は不十分である．というのは，上のように費用を特定化するだけで各人が費用にマイナスをつけたものを利得としてゲームを行う場合には，もっとも低い費用を実現する産業と技能の組合せに人口のすべてが集中することになってしまうからである．実際には，そのようなことが生じた場合，その製品の価格は低下する一方で他の製品の価格が上昇して利得は調整されるはずである．したがって，製品の需要の側面を見ておかねばならない．

両産業の生産物に対してこの国の人々が同一の効用関数を持ち，それがコブ＝ダグラス型であるとしよう．そうすれば両方の生産物に対する支出割合は一定である．産業 M の製品に対する支出割合を α，産業 V の製品に対する支出割合を β とする．$\alpha+\beta=1$ である．

さて，この国の人口数を基準化して1とする．各人はそれぞれどちらの産業かということとどのような技能形成のタイプに投資するかという組合せからなる戦略を選択するというゲームを考える．このようにして各人が

戦略を決定する社会的状況は次のようなベクトルで表現できる．m_{ij} を技能 $i(i=C, F)$ と産業 $j(j=M, V)$ を選択した人口とすれば，状態は $(m_{FM}, m_{FV}, m_{CM}, m_{CV})$ で表される．この4つの数字を合計するとつねに総人口数＝1になっている．

人口の中から同じ産業を選んだもの同士がランダムにマッチングされる．そして同じ産業を選んだ2人の人がその産業内に1つの企業を形成し，それぞれ1単位の生産を行うと考えるのである．したがって，生産量は毎期，

$$M 産業 \quad x_M = \frac{m_{FM} + m_{CM}}{2}$$

$$V 産業 \quad x_V = \frac{m_{FV} + m_{CV}}{2}$$

で与えられる．ここで M 産業の支出率は α，V 産業の支出率は β で一定であったから，各生産物の生産量に応じて価格は，

$$P_M = \frac{2\alpha}{m_{FM} + m_{CM}}$$

$$P_V = \frac{2\beta}{m_{FV} + m_{CV}}$$

で決定されることになる．

1単位の生産から得られる収入を2人で等分すると考え，それから期待費用を差し引くならば，状態が $(m_{FM}, m_{FV}, m_{CM}, m_{CV})$ のときに各戦略を選んだ人の期待利得は，

$$u_{CM} = \frac{1}{m_{CM} + m_{FM}} (\alpha - m_{CM} M_{CC} - m_{FM} M_{CF})$$

$$u_{CV} = \frac{1}{m_{CV} + m_{FV}} (\beta - m_{CV} V_{CC} - m_{FV} V_{CF})$$

$$u_{FM} = \frac{1}{m_{CM} + m_{FM}} (\alpha - m_{CM} M_{FC} - m_{FM} M_{FF})$$

$$u_{FV} = \frac{1}{m_{CV} + m_{FV}} (\beta - m_{CV} V_{FC} - m_{FV} V_{FF})$$

で与えられることになる．

さらに，もう1点次のような仮定を設ける．文脈的技能を形成した人が

機能的技能の形成に変更するのはコストがかかると考えられるし，逆に機能的技能を形成した人が文脈的技能を持っているかのように振る舞うのは困難であると考えられるから，社会の状態は急速に変化せず，慣性(inertia)が作用していると考えることができる．これに対して，産業の選択はどうだろうか．文脈的な技能を持つ人はいったん産業を決定したら他の産業への切り替えは難しいと考えるのが自然である．これに対して機能的な技能を持つ人は企業特殊的でない専門知識を活かしているわけであり，いったん技能形成を決めた後にも産業 M と産業 V との間でどちらを選択するかが決定できると仮定しよう．

そうすると，もし機能的技能を選択した人の中で産業 M を選択した人と産業 V を選択した人とで利得に差があったならば，利得の高い方の産業にむけて瞬時に調整が行われるだろうから，文脈的技能に投資した人たちの人口 $m_{CM}+m_{CV}$ を所与として，

$$m_{FM}+m_{FV}=1-(m_{CM}+m_{CV})$$
$$u_{FM}>u_{FV} \text{ならば } m_{FM}=1-(m_{CM}+m_{CV}), m_{FV}=0$$
$$u_{FV}>u_{FM} \text{ならば } m_{FV}=1-(m_{CM}+m_{CV}), m_{FM}=0$$

がつねに成立していることになる．

3.3 ダーウィニアン・ダイナミクス

今，ある状態 $(m_{FM}, m_{FV}, m_{CM}, m_{CV})$ から出発したとき，それぞれの戦略を選んだ人の間で利得に差があるならば，慣性が働きつつも，社会の中で徐々により大きな利得をもたらす戦略への変更が行われて状態は変化する．状態の変化を定式化する方法としてはさまざまな方法がありうるだろうが，ここでは次のような性質を持つダイナミクスを考え，それをダーウィニアン・ダイナミクスと名付けることにしよう．なおこのモデルでは時間は連続に流れると考えている．

1. m_{ij} が厳密に正であって，しかもその戦略で得られる期待効用が他の戦略を選んだ人の期待効用に比べて厳密に小さいならば，必ずその

戦略を選択する人口は厳密に減少する．
2. その戦略が最適でない戦略であったとしても現在その戦略をとる人口が 0 であるならば，人口はそのままにとどまる．

上の 2 つの条件は，もっとも大きな利得を得ている戦略をとる人口については直接言及していないが，つねに $\sum_{i,j} m_{ij} = 1$ であるから，期待効用に差が存在する場合にはより大きな利得を得ている戦略(複数ある場合には少なくともそのうちどれか 1 つ)をとる人口の割合は増加することがわかるだろう．

3.4　進化ゲームにおける複数均衡としての J-企業と A-企業

上のように定式化されたダイナミクスの定常均衡点はどのタイプの人口比率も変化しない状態である．数学的に表現するならば，t を時間とするとき，すべての $i \in \{F, C\}$, $j \in \{M, V\}$ について，

$$\frac{dm_{ij}}{dt} = 0$$

が成立するような $m^* = (m^*_{FM}, m^*_{FV}, m^*_{CM}, m^*_{CV})$ で定義される．われわれのモデルで定常均衡点を求める場合に注意しなければならないことは，必ず産業 M の財と産業 V の財の両方が同時に生産されていなければならないことである．つまり，一方の産業に従事する人口の和だけで 1 になってしまうことはない．この点に留意すれば，産業 M と産業 V のそれぞれで最適な技能選択 s_1 と s_2 が存在して(これらは同じであっても構わない)，定常均衡点においては，

$$u^*_{s_1 M} = u^*_{s_2 V}$$

が成立していることが必要である．そして，産業 M においては他の技能選択 s に対して，

$$u^*_{s_1 M} \geq u^*_{sM}$$

であり，不等式が厳密に成立するときには $m_{sM} = 0$ である．同じように産業 V において，

$$u^*_{s_2V} \geq u^*_{sV}$$

が成立し,不等式が厳密に成立するときには $m_{sV}=0$ である.また,すでに述べたように,機能的技能を選択した人は厳密に小さな期待効用しか得られない産業にずっととどまっていることはないから,

$$u^*_{FM} > u^*_{FV} \quad \text{ならば} \quad m_{FV} = 0$$

が成立し,同様の式が産業 M と産業 V とを入れ替えた場合にも成立している.

これらの条件を用いれば,9つの定常均衡点が得られることは容易にわかる.しかし,定常均衡点であることだけでは,その状態が実現されやすいということはできない.実現される状態はある種の安定的な性質をもっていなければならないと考えられるからである.ここでは Friedman (1991) にならって局所的に漸近安定性を持つ点(すなわち,その点の回りの十分近くの点から出発すればダイナミクスによってその点に収束していくような点)を進化的均衡(evolutionary equilibria)と呼ぶことにする.この条件はある定常均衡点すなわち社会的状態から出発して,ごく少数の突然変異が生じた場合にも,もとの社会的状態に戻っていくという意味を持っている.ほんの少しのゆらぎが生じた場合に,そこからどんどん遠ざかっていくような状態は長期的に観察されるとは思われないから,そのような定常均衡点は排除する必要があるのである.このモデルでは9個の定常均衡点のうち,進化的均衡は4つ存在する.

P-均衡 ここでは $u_{FM}=u_{CV}>u_{CM}, u_{FV}$ が成立している.したがって産業 M では全員が機能的技能を選択し,産業 V では全員が文脈的技能を選択している.それぞれの産業で比較優位のあるマッチングが行われているから,明らかにこれはパレート効率的な均衡点である.

A-均衡 ここでは $u_{FM}=u_{FV}>u_{CM}, u_{CV}$ が成立している.したがって産業 M と産業 V の両方で全員が機能的技能を選択している.産業 M は効率的に運営されているが,産業 V では非効率な運営がなされていることがわかる.

J-均衡 ここでは $u_{CM}=u_{CV}>u_{FM}, u_{FV}$ が成立している．したがって産業 M と産業 V の両方で全員が文脈的技能を選択している．産業 V は効率的に運営されているが，産業 M では非効率な運営がなされていることがわかる．

L-均衡 $u_{CM}=u_{FV}>u_{FM}, u_{CV}$ が成立し，産業 M では文脈的技能を持つもの同士がマッチングされ，産業 V では機能的技能を持つもの同士がマッチングされる状況である．どちらの産業も非効率的に運営されており，進化的均衡の中では最も非効率的な均衡である．

以上の 4 つの均衡が進化的均衡であり，以下の 5 つの定常均衡は不安定な均衡である．

AP-均衡 $u_{CV}=u_{FM}=u_{FV}>u_{CM}$ が成立し，産業 M では機能的技能に投資したもの同士のマッチングだけが見られ，効率的な組織運営がなされるが，産業 V では機能的技能に投資したものと文脈的技能に投資したものとのマッチングも見られる状況である．しかし，産業 V で少数の人々が戦略を変えればこの均衡点から遠ざかっていくことになるから，この均衡は不安定である．

JP-均衡 $u_{CM}=u_{CV}=u_{FM}>u_{FV}$ が成立し，産業 V では文脈的技能に投資したもの同士のマッチングだけが実現し，効率的な運営が行われているが，産業 M では機能的技能に投資したものと文脈的技能に投資したものが混在している状況である．この均衡も産業 M の戦略分布に変更が生じれば均衡点から遠ざかって行くから，不安定である．

AL-均衡 $u_{CM}=u_{FM}=u_{FV}>u_{CV}$ が成立している．産業 V では機能的技能に投資したもの同士のマッチングだけが見られる一方，産業 M では機能的技能に投資したものと文脈的技能に投資したものとの両方が見られる．

JL-均衡 $u_{CM}=u_{CV}=u_{FV}>u_{FM}$ が成立し，機能的技能に投資した人々は産業 V にのみ存在し，文脈的技能に投資した人々は産業 M と産業 V

の両方に見られる．

QW-均衡 $u_{CM}=u_{CV}=u_{FV}=u_{FM}$ が成立している．この均衡ではすべての選択が無差別である．どちらの産業でもミスマッチングの可能性が存在するので，もっとも悪い均衡点であり，また少数の人口が戦略を変えることで均衡点から遠ざかることになるから，不安定な均衡である．

表 1　各均衡の数値例

均衡	m_{CM}	m_{CV}	m_{FM}	m_{FV}	u_{CM}	u_{CV}	u_{FM}	u_{FV}
P	0	0.5	0.5	0	0.5	0.9	0.9	0.5
A	0	0	0.54951	0.45049	0.409902	0.609902	0.809902	0.809902
J	0.45049	0.54951	0	0	0.809902	0.809902	0.609902	0.409902
AP	0	0.144826	0.565522	0.289652	0.384139	0.784139	0.784139	0.784139
AL	0.322235	0	0.161117	0.516648	0.667777	0.467777	0.667777	0.667777
JP	0.289652	0.565522	0.144826	0	0.784139	0.784139	0.784139	0.384139
JL	0.516648	0.161117	0	0.322235	0.667777	0.667777	0.467777	0.667777
L	0.5	0	0	0.5	0.7	0.5	0.5	0.7
QW	0.333333	0.166667	0.166667	0.333333	0.633333	0.633333	0.633333	0.633333

$\alpha=\beta=0.5$, $M_{FF}=V_{CC}=0.1$, $M_{FC}=M_{CF}=V_{FC}=V_{CF}=0.5$, $M_{CC}=V_{FF}=0.3$ の下で本文中の各均衡を計算したもの．

表 1 はこれらの均衡を具体的な数値例の下で計算したものである．また図 3 (b) はこうして計算した均衡を $(m_{CM}, m_{CV}, m_{FM}+m_{FV})$ を表す高さが 1 の正三角形上に位置づけて描いたものである．この正三角形は $x+y+z=1$ を満たす非負の点 (x, y, z) 全体の集合を表現する手段であり，数学的には 3 次元の単体と呼ばれるものである．図の正三角形の中の一点をとると，その点から底辺へ下ろした垂線の長さがその点における $m_{FM}+m_{FV}$ の値を，左側の辺に下ろした垂線の長さが m_{CM} の値，右側の辺に下ろした垂線の長さが m_{CV} の値の大きさを表している．正三角形の中の任意の一点から各辺に下ろした垂線の長さを足し合わせると必ず 1 になる．

たとえば A-均衡を見てみると，$(m_{CM}, m_{CV}, m_{FM}+m_{FV})=(0, 0, 1)$ であるからトップの頂点に位置している．J-均衡では $m_{FM}+m_{FV}=0$ かつ

高さが1の正三角形ABCの中に任意の点Dをとり、Dから辺AB、BC、CAに下ろした垂線の長さをx、y、zとする。この三角形の一辺の長さをaとすれば、正三角形ABCの面積は$\frac{1}{2}a$となる。一方、正三角形ABCの面積は三角形ABD、BDC、ADCの面積の合計になるが、これは$\frac{1}{2}ax+\frac{1}{2}ay+\frac{1}{2}az=\frac{1}{2}a(x+y+z)$である。したがって、$x+y+z=1$が従う。

図3(a)

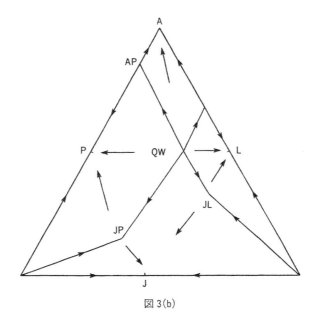

図3(b)

$m_{CM}+m_{CV}=1$ であるから底辺上の一点で表される．その他の点も同様である．この図では各定常均衡点の周囲の動学的な振る舞いが矢印で描かれている．進化的均衡はその周囲の点から出発すれば，ダイナミクスによってその点に戻っていくような均衡であり，P, A, J, L の各点がそのような点になっている．

　以上の分析で特筆すべきことを2点にまとめておこう．まず第1に，産業ごとにもっとも効率的な結果をもたらす技能投資の組合せが異なるにもかかわらず，A-均衡とJ-均衡とでは産業を越えて一様な技能投資が行われているということである．このような均衡はパレート効率的ではないにもかかわらず，一度到達されれば，安定しているのでそこにとどまってしまう．みんなが同じ技能投資を行っているときに，自分だけが違う技能投資を行うとミスマッチを招いてしまいコストがかかるため他の人々と同一の行動をとった方が期待利得が高くなるからである．1章でみた戦略的補完性がこのゲームでも作用しているのである．こうしてこの2つの均衡ではすべての人々がどちらかの技能投資を行うことが慣習となっている．

　A-均衡とはすべての人々が機能的技能投資を行い，情報分散型のシステムが支配的な状況であり，アメリカ型の企業システムとのアナロジーによりAと名付けられている．J-均衡はすべての人々が文脈的技能投資を行い，情報共有型のシステムが支配的な状況であり，日本型の企業システムを想起させるものである．このようにして一国で支配的な企業システムが生成されることを，きわめて単純な形ではあるが，このモデルは示しているのである．

　また最初の状態 ($m_{FM}, m_{FV}, m_{CM}, m_{CV}$) によって，安定な均衡のどこに収束していくのかが異なることから，どのような均衡が実現するかは歴史依存的である．A-均衡とJ-均衡のどちらがより効率的であるかはパラメーターに依存しており，一意的なパレート・ランキングができないということにも注意を払っておこう．

　第2に，安定的な均衡の1つにパレート効率的なP-均衡が存在していることである．したがって，ある条件が整えばパレート効率的ではない

A-均衡やJ-均衡からもP-均衡に移行できるのではないかという疑問が生ずる．この点については次節で改めて検討することにしよう．

4 企業システムの変化の可能性

4.1 組織形態の実験

すでに見たとおり，J-均衡やA-均衡は安定的な均衡であり，一度そこに到達したならば自分だけが違う戦略をとったとしても損をするだけである．しかしながら，ある人々は小さな確率ではあっても違う戦略をとる「実験」を試みるかもしれない．このような「実験」は進化生物学における「突然変異(mutation)」と同じような意味を持っている．

社会的な文脈の中で考えると突然変異は，たとえば既存の慣習に縛られない新しい世代の登場や他の慣習に慣れた人々がその社会に入ってくることなどによって引き起こされる攪乱として解釈できる．このように小さな確率で不断に突然変異が発生する状況では，先に見たダーウィニアン・ダイナミクスの振る舞いはどのような変更を受けるだろうか．実はこのような確率的な攪乱を導入すれば，長期においてP-均衡のみがもっとも起こりやすい均衡である可能性が大きい．すなわち，複数均衡・径路依存性はほぼ解消することになるのである．進化のダイナミクスが不断に確率的な突然変異の発生にさらされる状況を分析したのが，Kandori et al.(1993)とYoung(1993)である．

進化のダイナミクスが確率的な攪乱にさらされるときには，将来の社会の状態は確率的に決定され，さまざまな社会の状態の上に確率分布が導かれることになる．したがって，長期的にその分布がどのような分布に収束するのかが問題となる．Kandori et al.(1993)は，社会のありうる状態の集合が有限なときに，それらの中でもっとも移行のコスト(cost of transition)が小さいものが，収束した先の分布において最も起こりやすい状態(長期均衡，long run equilibria)になっているということを示している．

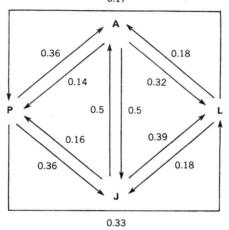

図4 移行のコスト

われわれのモデルでは状態の数は無限に存在するのでこの結果をそのまま用いることはできないが，簡単化のために先に見た9つの均衡状態のみが経済のありうる状態だと考えよう．9つの定常均衡点のうち安定的な均衡(P, A, J, L)とそれ以外の均衡点(AP, AL, JP, JL, QW)とを分け，4つの安定的な均衡間での移行のコストを次のように定義する．安定的な均衡状態 h から他の安定的均衡状態 k への移行のコストとは，h から出発して中間的な状態(AP, AL, JP, JL, QW の中の1つ)を経由して k に到達するために最小限どれだけの突然変異が必要かを計算したものである．図4は表1で用いた数値例のもとでの移行のコストを描いたものである．

これを見ると，P-均衡は他のどの均衡との関係においても，他の均衡点から P-均衡に移行する移行のコストの方が P-均衡から他の均衡に移行する移行コストよりも小さい．このことは，人々が小さな確率で実験する状況できわめて長い期間を考えた場合，システムは P-均衡にとどまっている確率が高いことを推測させるものである．この結論は図4の数値例だけでなく，一般に成立する．

このように突然変異ないし実験を導入することで，長期的には P-均衡

が達成され，歴史的径路依存性から脱却できる可能性があることがわかるが，問題は長期がどれだけ長いのかである．突然変異の確率自体が小さいから，たとえばJ-均衡からP-均衡に移行するには，おそらく非常に長い期間が必要だろうと予想される．そこで実験以外に均衡間の移行を引き起こすどのようなメカニズムがありうるかを改めて問うことが意味をもってくる．次に期待が果たす役割について考察することにしよう．

4.2 期待の役割

代替的なシナリオとして，人々が将来に対する期待を形成し，その期待によって戦略を決定することで，社会が辿っていく径路が決定されるような状況を考えよう．具体的には各時点でランダムに選ばれた人口の一部の人たちが近視眼的に現在の平均利得によって行動を決定するのではなく，将来利得の変化に対する予想を形成し，それに基づいて行動するような状況を考えるのである．そして，期待利得の現在価値が大きい戦略に向けて人口が調整されていくようなダイナミクスを考える．先にわれわれは限定合理的な経済主体を仮定して出発したわけであり，このような合理性の仮定は進化的アプローチと相反するものと思われるかもしれない．しかし，ここでの目的は人々がある期待を形成することによって，それがある条件の下では自己実現的な期待となるということを示すことにある．このようなモデルのプロトタイプはKrugman(1991)，Matsuyama(1991)に見られる．

実際，われわれのモデルにおいてもある条件の下における人々の期待のあり方によっては，P-均衡が実現されることを示すことができる．J-均衡やA-均衡から離れた状態から出発するとき，人々がP-均衡に行き着くという予想を持てばP-均衡に向かい，J-均衡またはA-均衡に行き着くという予想を持てばJないしA-均衡に収束するというグレー・ゾーンが存在するのである．このようにして，進化的モデルにおいても人々の期待のあり方で落ちつく均衡点が影響を受けるのである．

そうであるならば人々の期待に働きかけ，人々の期待のあり方をコーデ

ィネートすることにより,ある特定の均衡に向かって経済を収束させていくことが可能であるかもしれない.現実においても,一国の政府はしばしばそのような役割を果たしていると考えられるのである.

4.3 情報システムの歴史的進化と制度的補完性

本章のモデルにおいて,歴史的初期条件の違いによって行き着く均衡点が異なるという歴史的径路依存性が発生するということはすでに説明した.このことを前章で考察したさまざまな情報システム間の関係と関連づけながら,より歴史的なパースペクティブで考察してみることにしよう(図5参照).

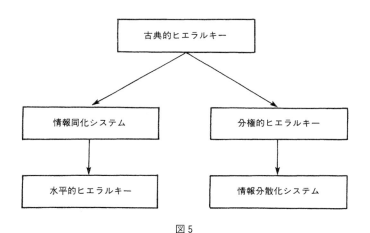

図5

資本主義の初期の段階では,人々の情報処理能力はごく一部の人たちに偏在していたと考えられるが,このような状況でのもっとも効率的な情報システムは古典的なヒエラルキーであったと考えられる.古典的ヒエラルキーは機能的技能に投資した人たちが情報処理能力を持たない人々を雇い,業務を行わせるシステムと考えることができる.

古典的ヒエラルキーの時代において機能的技能に投資することが支配的

であった社会では，労働者の教育水準の向上とともに，古典的ヒエラルキーから個々人の機能的技能形成に依存した分権的ヒエラルキーに進化した．しかしながら，分権的ヒエラルキーにおいては未だ，個別業務部門はシステム全体に影響する情報への各自の立場からのアクセスは許されていない．この背後にあるのは，テイラー・システムにおけるような各人の業務遂行が互いに外部性を及ぼさないように分断された世界である．アメリカのように諸外国から専門的な知識をもった，しかし互いにコミュニケートすることは難しい移民たちが大量に流入した世界で，このようなシステムが確立されたことは注目に値しよう．

　このような人々の機能的技能形成への投資と分権的ヒエラルキーの出現，すなわちA-均衡の生成を支えたのは，競争的な労働市場および資本市場であった．機能的な技能は専門技能であり，企業の枠を越えた価値を持つから，競争的な労働市場・資本市場を通して，このような技能を持った労働者の最適な配分がなされることとなる．

　今日では，かつてのアメリカの大企業において典型的に見られた分権的ヒエラルキーも進化しつつある．一方で，各産業の技術がシステム・ショックの比重を大きくする方向で発展し，他方で通信技術の発展とともにワークステーションを通じて外部・内部を問わず意思疎通が図りやすくなるにつれて，情報分散化システムが発展してきた．この背後により複雑な情報処理能力を獲得した労働者の登場があることはいうまでもない．

　以上説明したような経路とは別の経路がありうる．もともと機能的技能に投資した人口が十分多く存在しない状況で，しかもなんらかの理由によって急速な成長を遂げなければならない経済を想定しよう．このような経済では，企業内に専門的な技能を持った労働力が十分存在しないから，労働者が互いに助け合い，職場に生じた問題を集団的に解決するようになる．このようにして形成される情報システムは，企業内での知識共有に基づくコーディネーション・メカニズム(前章で見た情報同化システム)として特徴づけられることになる．また，そのようにして企業内のOJTによって形成される技能は文脈的技能形成となる．企業内部の技術的補完性が高いよ

うな分野では，情報同化システムが効率的となりうることはすでに見たとおりである．このようなコーディネーション・メカニズムと文脈的技能形成への投資が社会の中で多数を占めるようになり，J-均衡が生成される．

しかしながら，今日では組織内での共通知識だけではなく専門知識の必要性も高まっており，個別情報の処理能力が重視されることになる．今日の日本企業は総じて企業内での情報の共有を基盤に，さらに個別情報を加味していく水平的ヒエラルキーを実現していると考えることができる．

いったん人口の大多数が文脈的技能に投資するようになると，さまざまな補完的な制度が現れる．たとえば，年功賃金制度によって労働者の企業特殊的な文脈的技能形成への投資を促進したり，企業内労働組合の形成によって企業・労働者双方が長期的労働雇用を保持しようとするのである．このようにして，J型の経路が形成される．

以上，進化の過程でさまざまな補完的制度が形成されつつ，J-均衡やA-均衡が生成される様子を概観した．しかし，一方ではそのようにして形成される補完的制度の存在によって，より効率的な均衡への移行がいっそう困難になりうるのである．たとえば，A-均衡からP-均衡への移行の問題を考えて見よう．A-均衡からコーディネーションが重要な一部の産業で文脈的な技能形成を行ったもの同士がマッチされるP-均衡に移行するには，ある一定量の人々が同時に文脈的な技能形成に投資するようにならなければならない．しかし，競争的な労働市場のもとでは労働者の側からする長期的な労働契約へのコミットメントは期待できない．また，競争的な資本市場のもとではアウトサイダーによる企業の乗っ取りがいつ起こってもおかしくないから，企業の側からの長期的な雇用へのコミットメントも期待できない．

J-均衡からP-均衡への移行を考えてみても，終身雇用・年功賃金制度が支配的な状況では人々は機能的技能への投資を行うインセンティブを持たないだろうから，一部の産業では機能的技能形成と情報分散システムが行われるP-均衡への移行は困難になるのである．

参考文献

Alchian, A. (1950), "Uncertainty, Evolution and Economic Theory," *Journal of Political Economy* **58**: 211-221.

Aoki, M. (1993), "Organizational Conventions and Gains from Diversity: Evolutionary Game Approach," mimeo., Stanford University.

Aumann, R. and A. Brandenburger (1995), "Epistemic Conditions for Nash Equilibrium," *Econometrica* **63**: 1161-1180.

Dawkins, R. (1989), *The Selfish Gene* (2 nd ed.), Oxford University Press. (日高敏隆他訳『利己的な遺伝子』紀伊國屋書店, 1991年).

Friedman, D. (1991), "Evolutionary Games in Economics," *Econometrica* **59**: 637-666.

Kandori, M., G. Mailath and R. Rob (1993), "Learning, Mutation, and Long Run Equilibria in Games," *Econometrica* **61**: 29-56.

Krugman, P. (1991), "History versus Expectations," *Quarterly Journal of Economics* **56**: 651-667.

Matsuyama, K. (1991), "Increasing Returns, Industrialization, and Indeterminancy of Equilibrium," *Quarterly Journal of Economics* **56**: 617-650.

Maynard-Smith, J. (1982), *Evolution and the Theory of Games*, Cambridge University Press. (寺本英・梯正之訳『進化とゲーム理論──闘争の論理』産業図書, 1985年).

Sugden, R. (1986), *The Economics of Rights, Co-operation and Welfare*, Basil Blackwell.

von Neumann, J. and O. Morgenstern (1944), *Theory of Games and Economic Behaviour*, Princeton University Press. (銀林浩他訳『ゲーム理論と経済行動』東京図書).

Young, H. (1993), "The Evolution of Conventions," *Econometrica* **61**: 57-84.

4 企業内インセンティブと雇用契約

　本章ではゲーム理論の手法を使い，企業と従業員の雇用関係をインセンティブ・メカニズムの面から考察する．そのためにまず雇用関係の分析に必要なエージェンシー理論を紹介し，雇用契約における情報の不完全性によるインセンティブとリスク・シェアリングの問題を説明する．次に複数の従業員がいる場合や複数の仕事がある場合の雇用契約が従業員間の関係に与える影響を分析し，最後に長期雇用関係に基づくインセンティブとその影響を考える．

1　企業内の資源配分と契約

　新古典派の企業理論では企業を生産要素のインプットと生産物のアウトプットの間にあるさまざまな要因を生産関数というブラック・ボックスに押し込み，企業はこの生産関数をもとに，利潤を最大化しようとすると考えられてきた．このため企業の内部構造の分析は行われてこなかった．しかし本来企業(経営者)はすべての生産要素を自由に操れるわけではなく，企業の生産性は組織内部での資源配分が適切に行われるかに大きく依存する．

　企業内の資源配分とは，誰がどのような仕事をするかという労働配分(job allocation)の問題と，どのようにその報酬を支払うかという賃金スケジュールの問題である．前者について2章，3章ではチーム理論の観点から企業のステークホルダーを企業の利潤最大化という共通の目的のために行動するチームとしてとらえ，企業内の情報構造のコーディネーション，労働者の技能のコーディネーションを分析してきた．しかし企業のステークホルダーの利害はそれぞれ異なり，企業内での生産活動，資源配分は多

Column

私的情報とエージェンシー問題

　新古典派経済学の中心である市場取引(価格メカニズム)の分析では多くの場合，完全情報(すべての市場参加者，潜在的市場参加者が市場で扱われている財，サービスの品質と価格を知っていること)が前提となっている．それは標準化が進んだ工業製品や食料品などの分析には有効であるが，私的情報がある場合，すなわち財，サービスに関する知識が売り手と買い手で異なる場合には市場取引では望ましい資源配分が達成されず，さまざまな問題が生じることがある．このような私的情報による情報の非対称性の問題は，次の2つに分けて考えることができる．

① 商品ごとに品質などの属性に差があり，かつ見ただけでは属性がわかりにくい場合：中古品，不動産や情報サービス，労働契約における労働者の能力，金融契約における貸出先の個人や企業の質など．

② サービスの要素が強く売り手の行動，努力水準が問題になる場合：サービス業，労働契約や金融契約における売り手の努力水準など．

　①は契約前(事前)に存在する属性に関する情報の非対称である．この場合に生じる問題を逆淘汰(adverse selection)といい，これに対処するため私的情報を開示させる自己選択(self selection)メカニズムとして，シグナリング，スクリーニングなどがある．

　この章で主に扱うのは②の例であり，そこでは契約後(事後)の行動に関する情報の非対称が問題になる．事後の情報の非対称がある場合，契約時に支払い金額を確定してしまうとエージェント(労働契約では労働者，サービス業ではサービスの売り手)は契約後の努力水準をプリンシパルが契約時に期待していた水準よりも下げ，その結果，経済活動の水準が非効率になる場合がある．これをモラル・ハザードの問題という．これに対処するためには，エージェントが効率的な努力水準を選ぶ誘因(インセンティブ)を持つような契約(たとえば歩合制賃金など)を示す必要がある．

　このように財，サービスの取引，契約について私的情報とインセンティブの視点からとらえるのが，企業分析への契約理論的アプローチである．

数のステークホルダーの間の契約に基づいて行われる．その分析には，利害が相互に依存する関係者の戦略的な行動を明示的に分析するゲーム理論が必要となる．この章では，労働の内容とそれに対する報酬の支払方法(賃金スケジュール)という企業内の資源配分を定める経営者と従業員の雇用契約(明示的な書面契約だけでなく暗黙の契約(implicit contract)も含む)を，1980年代以降研究が進められてきたエージェンシー(agency)理論を用いて分析する．

なお本章で用いられるエージェンシー理論は，ゲーム理論の一分野であり，経営者―従業員間の雇用契約だけでなく，企業と消費者の契約，企業同士の契約や金融機関と企業の契約などの分析にも使われる分析手法である．したがって，以下の解説はプリンシパル＝経営者，エージェント＝従業員という文脈に限らず，より広い文脈に応用することが可能である．

2　エージェンシー関係としての企業組織

企業組織における経営者と従業員の基本的関係は，経営者がプリンシパル(principal, 依頼人，本人)としてエージェント(agent, 代理人)である従業員にある仕事の実行を依頼するというエージェンシー関係として理解できる．ここでは特別なエージェントにしかできない仕事ではなく，代わりのエージェントにも十分にこなせる場合を考える．このためプリンシパルはそのエージェントと契約が成立するまで交渉を続ける必要はなく，エージェントに一方的に契約を示し，それに参加するか，しないかを問うことができる(なお6章では企業間関係において契約参加者双方が交渉力を持つ場合について考察する)．

実際のエージェンシー関係では多くの場合，プリンシパルがエージェントの行動について得られる情報には制限がある．たとえばセールスマンの契約の場合，雇い主(プリンシパル)は自分の雇ったセールスマン(エージェント)の努力水準自体は観察(モニター)できず，1日の売上などの努力水準を示す指標(シグナル)だけしかモニターできない．このような場合，契約

と実際の仕事，賃金の支払いは次のような手順で行われる．まず雇い主が売上に応じた賃金の支払いルール(賃金スケジュール)をセールスマンに示し，セールスマンはその雇い主の下で働くかどうかを決める．働くことを選んだセールスマンは自分で努力水準を選ぶ．雇い主は売上をモニターし，先に示した賃金スケジュールに従って賃金を支払う(以下ではこのプロセス(契約とその実行)をまとめて契約と呼ぶ)．

エージェンシー理論ではどのような賃金スケジュールがエージェントに努力するインセンティブを適切に与える仕組み(インセンティブ・スキーム)になるかという問題を考察する．以上の関係は以下のように定式化される．

2.1 エージェンシー関係の定式化

エージェントの努力とシグナル　生産物の価値はエージェントの努力 e (effort) と観察できない確率ショックに依存する．プリンシパルは努力 e はモニターできないが生産物の価値はモニターできる．つまり努力 e の下での生産物の価値 $S(e)$ は努力水準の指標(シグナル)となる確率変数 $S(e) = e + \varepsilon$ と表される(シグナルの誤差を示す誤差項 ε は平均 0 の正規分布とする)．努力 e を行うにはエージェントに費用(貨幣で測った努力の不効用) $C(e)$ がかかる．ただし大きな努力ほど費用が大きく，すでに行っている努力水準が高いほど追加的努力の費用が大きいと考える[1]．

賃金スケジュール　プリンシパルはシグナル $S(e)$ に依存した賃金を支払う．ここでは次のような線形の賃金スケジュールを考えよう[2]．

$$W(S(e)) = \alpha + \beta S(e) \qquad \text{(以下これを賃金スケジュール1と呼ぶ)}$$

α は固定賃金部分，β はシグナルに対する賃金の反応度である．たとえば，自動車のセールスマンの賃金が基本給10万円，歩合給が1台売れるごとに1万円とすると $\alpha = 10$ 万円，$\beta = 1$ 万円/台，シグナル S は販売

---

1) これは数学的には $C' = \dfrac{dC}{de} > 0$, $C'' = \dfrac{d^2C}{de^2} > 0$ と表される．
2) どのような場合に線形の賃金スケジュールを用いれば良いかについては Holmstrom and Milgrom (1987) を見よ．

台数である．

目的関数　プリンシパルは期待利潤すなわち生産物の価値と支払う賃金の差の期待値 $\pi = E[S(e) - W(S(e))]$ を最大化しようとする．エージェントは賃金と努力費用の差によって決まる期待効用 $E[U(W(S(e)) - C(e))]$ を最大化する．不確実性を無視すれば，努力費用の性質からエージェントの無差別曲線は，図1の曲線 U_0 のようになる．

次にこのような状況でのプリンシパルとエージェントの意思決定について見てみよう．

エージェントの意思決定

エージェントにとっては契約における賃金スケジュールは与えられたものであり，問題はその契約に参加するかどうかと，参加した場合の努力水準の選択である．まずエージェントは与えられた賃金スケジュールの下で期待効用 $(E[U(W(S(e)) - C(e))])$ が最大になる努力水準 $\hat{e}$ を考える．エージェントがこのように賃金スケジュールに応じて努力水準 $\hat{e}$ を選ぶことを誘因制約(incentive constraint)という[3]．

次にエージェントは努力水準 $\hat{e}$ の時にこの契約から得られる期待効用と，この契約に応じなかったときに他の職業についた場合や失業保険から得られる効用を比較し，この契約に参加するかどうかを決定する．後者を留保効用(外部オプション)と呼び U_0 と表す．このとき契約に参加する条件は努力水準を $\hat{e}$ にした場合の期待効用 $(E[U(W(S(\hat{e})) - C(\hat{e}))])$ が，留保効用 U_0 より大きいことである．これは個人合理性(individual rationality)の条件，または参加制約(participation constraint)と呼ばれる．

プリンシパルの意思決定

プリンシパルにとっての問題は，賃金スケジュールの選択である．上で

---

3) プリンシパルがエージェントに特定の努力水準を選ばせるには，エージェントが自発的にその努力水準を選ぶよう賃金スケジュールが組まれていなければないという意味でこの制約は誘因両立性(incentive compatibility)の条件とも呼ばれる．

見たように，エージェントは賃金スケジュールを所与として契約に参加するかどうかを決定し，参加するならば自分の効用を最大にする努力水準を選ぶ．プリンシパルはエージェントのこのような行動を予想した上で自分の利得を最大にするような賃金スケジュール $W(\cdot)$ を選ぶ．すなわちプリンシパルはエージェントの努力水準の選択が誘因制約と参加制約を満たすという条件のもとでプリンシパルの期待利潤($E[S(\hat{e}) - W(S(\hat{e}))]: \hat{e}$ は $W(\cdot)$ を所与としたときのエージェントが選ぶ努力水準)を最大化するような賃金スケジュールをエージェントに示す．以下では，このような最適な賃金スケジュールを $W^*(\cdot)$，その下でのエージェントの努力水準を e^* とする．

プリンシパルの賃金スケジュール決定の問題は数学的には次のように表される．ここで制約条件(1)(2)は，エージェントの最適化行動を表している．

《目的関数》 $\max_{w(\cdot)} E[S(\hat{e}) - W(S(\hat{e}))]$

《制約条件》 (1) $\hat{e} = \arg\max E[U(W(S(e)) - C(e))]$ 〈誘因制約〉

(2) $E[U(W(S(\hat{e})) - C(\hat{e}))] \geq U_0$ 〈参加制約〉

2.2 賃金スケジュールとインセンティブ

シグナルに誤差がなく，努力水準がモニター可能($S(e) = e$)ならば実現する結果(最適努力水準)と，エージェントがそれを選ぶインセンティブをもつような線形の賃金スケジュールを見てみよう．

図1にはエージェントの効用水準が U_0 になるような賃金と努力水準が描かれている．W_1 で与えられる賃金スケジュールを考えよう．エージェントは e_1 以外の努力水準を選べば，必ず効用が下がるため，誘因制約により必ず e_1 を選ぶ．このため「賃金スケジュール W_1 はエージェントに e_1 の努力を行うインセンティブを与えている」といえる．また，W_1 と W_2 を比べると分かるように，効用水準 U_0 という条件の下では大きな(小

さな)努力水準を引き出すには賃金スケジュールの傾き,すなわちシグナルへの反応度 β を大きく(小さく)すればよい(努力水準は反応度の増加関数である($e'(\beta) > 0$),逆に β も e の増加関数 $\beta(e)$ として表すことができる($\beta'(e) > 0$)).したがって,プリンシパルは賃金スケジュールの α と β を動かすことで U_0 に対応する無差別曲線上のいかなる点も達成できるのである.

ではプリンシパルはどのような点を選ぶだろうか.

プリンシパルにとっての最適な努力水準とその賃金を考えよう.参加制約から努力水準と賃金の組合せ (e, W) は,エージェントに少なくとも U_0 の効用を与える必要がある.その中でプリンシパルの利潤 $S(e) - W$ が最大になるのは,無差別曲線 U_0 と S の差が最大になる努力水準 e^*,賃金 W^* である.このとき努力の限界生産性($S(e)$ 曲線の傾き)は,エージ

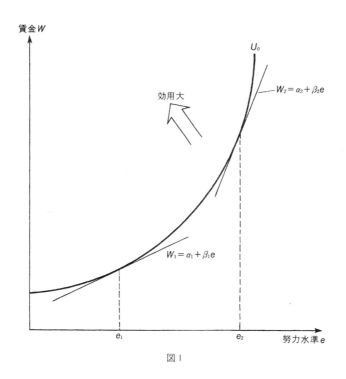

図 1

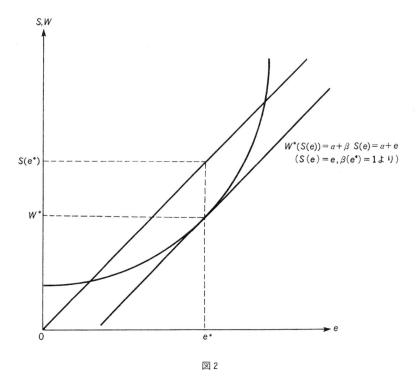

図2

ェントの努力の限界費用（U_0 の傾き）に等しい（$S'(e^*) = C'(e^*) = 1$）．

次に誘因制約を考えると，最適な努力水準 e^* を行うインセンティブをエージェントに与え，しかも賃金支払いが W^* になる賃金スケジュール $W^*(S(e))$ は図2のようになる．このとき賃金スケジュール W は点 (e^*, W^*) で U_0 に接し，両者の傾きは等しい（$\beta(e^*) = C'(e^*) = 1$）．これはエージェントの努力の限界費用がプリンシパルがエージェントから努力を1単位引き出すのに必要とする限界費用と等しいことを示している[4]．

---

4) ここでは線形の賃金スケジュールにかぎって考えているが，たとえば e^* 以外の努力水準を選べば賃金を0にするという非線形の場合でも同様の資源配分が可能である．非線形の賃金スケジュールについては6章参照．

2.3　情報の非対称性の影響

2.2項ではプリンシパルがエージェントの努力水準を正しくモニターできる場合を見た．しかし実際には，エージェントは自分自身の努力水準 e を正確に認識できるが，プリンシパルはそれをシグナルを通じてモニターするため情報はつねに誤差を含んでおり，情報の非対称性がある．情報の非対称性はここではシグナルの誤差 ε として表され，完全情報とは誤差がない ($\varepsilon = 0$) 場合である．この誤差 ε の解釈としては次の2つが考えられる．

①生産性をモニターするときの誤差 (measurement error)：シグナルは正しいエージェントの生産性を示すが，プリンシパルがそのシグナルを見誤る場合である．たとえば，工場で不良品の発生率は従業員の生産性を正しく反映するが，企業が製品の一部を品質検査することで従業員の努力水

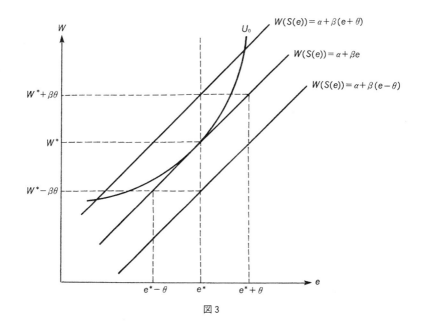

図3

準を判断する場合，サンプリング時に偏りが出る可能性がある．

②外部要因によるシグナル(生産性)の攪乱：プリンシパルは正しくシグナル(生産性)をモニターするが，シグナルが努力水準以外の要因に依存する場合である．たとえば，企業は商品の売上高のみを見てセールスマンの努力水準を判断するが，売上高が景気にも依存しており，企業には景気の影響が分からない場合などである．

これらの誤差により，賃金スケジュール $W(S(e)) = a + \beta S(e) = a + \beta(e + \varepsilon)$ は図3のように変動する(図3では，$\varepsilon = \pm \theta$ の誤差があった場合を示している)．エージェントは実際には e^* の努力をしているが誤差によりプリンシパルが $e^* - \theta$ というシグナルを得た場合，支払われる賃金は $W^* - \beta\theta$ になり，$e^* + \theta$ の場合には $W^* + \beta\theta$ になる．次に賃金の変動がエージェントの意思決定に与える影響を分析するためリスク・シェアリングの問題を考えよう．

2.4　リスク・シェアリングとインセンティブのトレード・オフ

リスク・シェアリングを考えると当事者のリスクに対する態度が問題になる．ここで考えている企業と従業員という経済主体間の契約の場合，通常従業員は企業に比べ所得の変動を嫌い，相対的にリスクを負担しにくいと考えられる．ここでは従業員(エージェント)はリスク回避的，企業(プリンシパル)はリスク中立的として両者の間のリスクシェアリングを考える．そこでまず，リスクの問題のみに焦点を絞るため努力水準はつねに e^* とする．

歩合給制のタクシー会社に勤めるタクシー運転手について考えてみよう[5]．タクシー会社は運転手の努力水準のシグナルとして1日の売上高を見て日給を決める．タクシーはその日によって売上が異なり，歩合給制 $W(S(e)) = a + \beta(e + \varepsilon)\,(\beta > 0)$ では売上の変動はそのまま運転手の日

---

5) 同様の例は個人労働のセールスマンや保険の外交員などに多く見られる．近年，サラリーマンにもこのような歩合給制(出来高制)が一部取り入れられている．

給の変動につながる(図3参照).しかしたとえば,日給が確率1/2で $W^* - \beta\theta$,確率1/2で $W^* + \beta\theta$ の場合と,必ず W^* の日給が支払われる場合とではリスク回避的なタクシー運転手は後者の方が効用が高い.このため歩合給制のタクシー会社は運転手に効用 U_0 を与えるには賃金の期待値を上げる必要がある.このようなリスク負担のための対価をリスクプレミアムという.

一方,リスク中立的なタクシー会社にとっては確率1/2で $W^* - \beta\theta$,確率1/2で $W^* + \beta\theta$ を支払っても,必ず W^* を支払ったとしても差はない.この場合,歩合給をやめて固定給にすればタクシー会社は運転手の効用を下げずに賃金支払いを抑えることができ,両者にとって効率的である.したがってリスク・シェアリングの観点からは,企業がリスクを負う方が望ましい.企業がリスクを負担するにはシグナルに対する賃金の反応度 β を下げ,シグナルの誤差の賃金への影響 $\pm \beta\theta$ を少なくすればよい.

ここでは従業員はつねに e^* という努力を行うと考えてきたが,実際には2.2項で見たように反応度 β を下げると従業員のインセンティブに影響し努力水準が下がる.

賃金の反応度の変化の影響をまとめると,反応度 β を上げると従業員の努力水準は必ず上がり($e'(\beta) > 0$),企業にとってはインセンティブの増加による利益がある.一方,シグナルの誤差による従業員のリスク負担も増加する(企業にとってはリスク・プレミアム増加による損失).つまり反応度 β を動かすとインセンティブとリスク・シェアリングについて逆の効果が働くため,両者はトレード・オフの関係にあり,企業にとっての最適な反応度 β はこの2つの効果の大小によって決定される.

2.5 賃金の反応度の決定要因

上で説明したようなシグナルに対する最適な反応度 β の値を決める要素としては次の3つが重要である.

① シグナルの誤差:シグナルの誤差が大きいほど,エージェントのリ

スク負担を小さくするため最適な β の値は小さくなる．
② エージェントのリスク回避度：エージェントのリスク回避度が大きいほど，エージェントのリスク負担を抑えるため最適な β の値は小さくなる．
③ 努力費用の逓増の度合い（$C'' = \beta'(e)$ の大きさ）：努力の限界費用が努力水準の上昇に伴って急速に上昇する場合（図の無差別曲線の曲がり方が急な場合），β の値を下げても努力水準はほとんど下がらない．つまりリスク・シェアリングによるインセンティブへの悪影響が小さいので，リスク・シェアリングを優先する結果，最適な β の値は小さくなる．

タクシーの例でいうと運転手のリスク回避度が大きいほど，また1日の売上げの変動が大きいほど運転手には固定給の方がより望ましく，歩合給の場合にはより多くのリスクプレミアムを要求するため，賃金の反応度 β は小さくなる．またタクシーとハイヤーを比べると，タクシーの売上は運転手の客を見つける努力水準に大きく依存するため反応度 β が高い歩合給になる．しかしハイヤーの場合，ハイヤー会社があらかじめ顧客と契約しているため，運転手の努力はそれほど売上には影響しない，すなわち売上を1単位上げるには非常に大きな努力が必要であり努力費用の逓増の度合いが大きいため，実際ハイヤーの運転手の多くは固定給である[6]．

3 組織内での協調と競争のインセンティブ

ここまでは1人の従業員が1つの仕事をする場合を見てきた．しかし実際の企業組織をみると，多数の従業員がいる場合には，従業員同士の関係も考慮し，また1人の従業員が複数の仕事をする場合，そのインセンティブの与え方に注意する必要がある．ここではそれらの場合のインセンティ

---

6) このような賃金の反応度の分析については Holmstrom and Milgrom (1991) を見よ．

ブ・スキームとその従業員間の関係への影響を見る．

3.1 複数エージェント間の業績の相対比較（relative performance）

多数のエージェントと契約している場合，景気変動など複数のエージェントの生産性に影響する外部要因（環境要因）による確率ショックがあり，これがエージェントの努力水準という内部要因と区別できないと，各エージェントのシグナルが互いに相関する可能性がある．このようなシグナルの相関を利用した賃金スケジュールについて考えよう．

たとえば東京事業部（エージェント a）の仕事を仕事 1，大阪事業部（エージェント b）の仕事を仕事 2 と呼ぼう．シグナルは両者に共通するマクロ・ショック ω と個別のミクロ・ショック $\varepsilon_1, \varepsilon_2$ の 2 つに影響され，それぞれのシグナルと努力水準 e^a, e^b の関係は $S_1 = e^a + \varepsilon_1 + \omega$，$S_2 = e^b + \varepsilon_2 + \omega$ と表されるとする[7]．シグナル S_1, S_2 はそれぞれの事業部の売上高である．ミクロ・ショック $\varepsilon_1, \varepsilon_2$ は，たとえば機械の故障を表し，東京と大阪の工場の機械の故障に相関はないとする．マクロ・ショック ω は景気変動など両方のエージェントに影響する外生要因による誤差である．

$\varepsilon_1, \varepsilon_2$ に比べて ω の変動幅が大きい場合，各エージェントの賃金をそれぞれエージェントのシグナルのみに依存させるよりも，両者のシグナルに依存させる方がマクロ・ショック ω の影響を小さくし，エージェントの負うリスクを小さくすることができる．その場合，エージェント a の賃金スケジュールは次のようになる．

$$W^a = \alpha + \beta_1^a S_1(e^a) - \beta_2^a S_2(e^b) \qquad (\beta_1^a > 0, \beta_2^a > 0)$$

（賃金スケジュール 2）[8]

---

7) ミクロ・ショック，マクロ・ショックについては 2 章参照．ここではエージェントを事業部として考えているが，エージェントを従業員としても分析上は同じである．

8) 誤差項の分散をそれぞれ $\sigma_{\varepsilon_1}^2, \sigma_{\varepsilon_2}^2, \sigma_\omega^2$ と表すと，賃金スケジュール 1：$W = \alpha + \beta S$ の分散は $\beta(\sigma_{\varepsilon_1}^2 + \sigma_\omega^2)$ であり，賃金スケジュール 2 の分散は $\beta_1^a(\sigma_{\varepsilon_1}^2 + \sigma_\omega^2) - \beta_2^a(\sigma_\omega^2 - \sigma_{\varepsilon_2}^2)$ である．マクロ・ショック ω の変動幅が ε_2 より大きい場合，$\beta = \beta_1^a$ として比較すると賃金スケジュール 2 の方が分散が小さくなる．

このような賃金スケジュールでは他のエージェントの業績が低い方が賃金が上がるという意味で，エージェント間の競争的関係につながる．

3.2 複数の仕事とインセンティブ・リスクの問題

次に1人の従業員に複数の仕事(仕事1，2)をさせる場合のインセンティブ・スキームとそのリスクを検討してみよう．1人の従業員に複数の仕事をさせるには両方の仕事へのインセンティブを与えなければならない．そのためには賃金が両方の仕事のシグナル(生産性)に依存する必要がある．仕事1への努力水準を e_1，そのシグナルを $S_1(e_1)$，仕事2への努力水準を e_2，そのシグナルを $S_2(e_2)$ とすると，その両方に依存した線形賃金スケジュールは次のように表される．

$$W = \alpha + \beta_1 S_1(e_1) + \beta_2 S_2(e_1) \quad (賃金スケジュール3)$$

賃金スケジュール1 ($W = \alpha + \beta S$) と同じインセンティブを3によって与えようとすると ($\beta_1 = \beta_2 = \beta$)，シグナル S_1 と S_2 の変動が独立だと，誤差の変動が大きくなり，賃金の変動も過大になる．つまり複数の仕事を与える場合，それぞれの仕事のシグナル(生産性)に強く反応するインセンティブ・スキームを与え，"さぼり"を防ごうとすると従業員に大きなリスクを負わしてしまう．この場合，ある程度インセンティブを犠牲にしても β_1 や β_2 を小さくすることが望ましい．

また，ある従業員には2つの仕事があるが，1つの仕事の成果しかシグナルがモニターできない場合，両方の生産性に依存した3のような賃金スケジュールを作ることができず，部分的評価によるインセンティブの歪みが問題になる．たとえば，タクシー会社は運転手に客を運ぶ(仕事1)だけでなく，客へのサービス(仕事2)もして欲しいと思っている．サービスがよいかどうかはタクシー会社はモニターできないため，賃金は売上のみに依存し ($\beta_1 > 0$)，サービスには依存できない ($\beta_2 = 0$)．しかしこのような歩合給 $W = \alpha + \beta_1 S_1$ で売上への反応度 β_1 を大きくすると運転手はできるだけ多くの客を運ぼうとし，客へのサービスを行わなくなる．それを防ぐためには賃金の反応度 β_1 も低くする必要がある．実際，大手のタクシ

一会社は長期契約の大口の顧客が多く，客へのサービスを重視する傾向があり，中小のタクシー会社に比べ固定給の割合が高く，売上への反応度が低い[9]．

3.3 仕事と従業員が複数の場合

ある経営者(プリンシパル)が2人の従業員(エージェントa,b)に2種類の仕事(1, 2)を依頼する場合を考えよう．従業員がお互いの仕事を手伝う場合を考え，aの仕事1への努力をe_1^a (>0)，bの仕事2への努力をe_2^b (>0)，aが仕事2を手伝うときの努力をe_2^a，bが仕事1を手伝うときの努力をe_1^bとする．このような共同作業($e_2^a > 0$, $e_1^b > 0$)を以下では"ヘルプ(help)"と呼ぶ．エージェントaのコストは$C^a(e_1^a, e_2^a)$，bのコストは$C^b(e_1^b, e_2^b)$であり，生産物の価値のシグナルはそれぞれ$S_1(e_1^a, e_1^b)$，$S_2(e_2^a, e_2^b)$である．経営者はS_1, S_2はモニターできるが，それがどちらがどれだけ働いた結果なのかを区別できない(しない)ため，個人の生産性に基づいた契約は書けない．

ヘルプが組織にとって有益になる要因の1つは仕事の補完性である．仕事の補完性は2つに分けることができる．それは仕事自体の性質である生産技術の補完性と，仕事をする人に関する努力費用の補完性である．

生産技術の補完性

生産技術の補完性とは，たとえば2人でないと持ち上がらない重い荷物をトラックに積む仕事のように，ある仕事を1人で行うときに比べ，2人で行えば生産性が2倍以上になることである．仕事1の場合それは，
$$S_1(e_1^a + \Delta e, e_1^b + \Delta e) - S_1(e_1^a, e_1^b + \Delta e) > S_1(e_1^a + \Delta e, e_1^b) - S_1(e_1^a, e_1^b)$$
と表される．つまりある仕事について，bの努力水準を上げることでaの努力の限界生産性が上がり，aの努力水準を上げることでbの限界生産性が上がる場合である．

---

9) この例は伊藤・松井(1989)による．

努力費用の補完性

努力費用の補完性とは，ある仕事には予備知識が必要であり別の仕事をすることでその知識が身につく場合など，1 人の労働者が 2 つ以上の仕事をするときに，ある仕事への努力投入を増やすと，別の仕事の追加的費用が，低下する場合をいう．エージェント a にとって，それは次のように表される[10]．

$$C^a(e_1^a + \Delta e, e_2^a + \Delta e) - C^a(e_1^a, e_2^a + \Delta e) < C^a(e_1^a + \Delta e, e_2^a) - C^a(e_1^a, e_2^a)$$

2 つの仕事が上のいずれかの意味で補完的な場合はヘルプをした方が生産性が上がる．しかし，ヘルプが有効なのは仕事に補完性があるときだけではない．単純労働のように 1 つの仕事だけしていると能率は落ちるが，仕事を変えると補完性がなくても能率が上がることもある[11]．

3.4 "ヘルプ (help)" とその問題点

日本の大企業ではアメリカのそれに比べ従業員 1 人 1 人の仕事の責任や権限が曖昧であり，複数の従業員からなるチーム全体の共同責任制をとり，チームの協調を重視する傾向が強いといわれている[12]．このような組織内部の関係を 2 章では情報のコーディネーションの面から検討したが，これをインセンティブの面から見るとヘルプとして捉えられる．

エージェント a のヘルプのインセンティブを強めるためには，次のような賃金スケジュールが必要である．

$$W^a = \alpha^a + \beta_1^a S_1(e_1^a, e_1^b) + \beta_2^a S_2(e_2^b, e_2^a) \quad (\beta_1^a, \beta_2^a > 0)$$

(賃金スケジュール 4)

---

10) このような補完性の定義は微分を用いると，

生産技術の補完性：$\frac{\partial^2 S_1}{\partial e_1^a \partial e_1^b} > 0$，努力費用の補完性：$\frac{\partial^2 C^a}{\partial e_1^a \partial e_2^a} < 0$

と表される．

11) 詳しくは Itoh(1991, 92) を参照．
12) このような，いわゆる日本の大企業の特徴については 5 章で論じる．

これは賃金スケジュール3と似ているが，シグナルが自分以外の努力水準にも依存する点に違いがある．このため，このような賃金スケジュールの下ではフリー・ライダー（ただ乗り）の問題が生じる．フリー・ライダーとは，個人の利益と負担の関係が弱いことを利用して他人に負担を押しつけることで自分の負担を軽くしようとする現象である．共同責任制の職場では，自分一人が仕事の手を抜いても全体の生産性はほとんど下がらず，自分の賃金もほとんど減らない．このため従業員が仕事をさぼるインセンティブが生じる．これは個々のエージェントが他のエージェントの努力にただ乗りしようとすることであり，自分の努力水準がモニターされないことを利用したモラル・ハザードの一種である．

　また賃金スケジュール4を用いて賃金スケジュール1と同じインセンティブを与えようとすると，賃金スケジュール3で見たのと同様にリスク負担の問題が生じる．したがって個々のシグナルをモニタリング・コストが大きくない場合，通常，仕事は別々に割り当てた方がよい．

　一方，複数の従業員が行った仕事のそれぞれをモニターできれば，業績の相対比較も可能である．賃金スケジュール2と4を比較してみよう．業績の相対比較ではマクロ・ショックの影響を弱めるために，エージェントbのシグナルがよいときはaの賃金を下げる必要があった．しかしヘルプが有効な場合，それを活かすためにはbのシグナルがよいときにaの賃金も上がる必要がある（賃金スケジュール2と4とではS_2の正負が逆になっていることに注意せよ）．この意味でヘルプはエージェント間の協調的関係，業績の相対比較は競争的関係につながる．また両者は同時に有効利用することはできず，トレード・オフの関係にある．しかし次節で見るように，長期的なエージェンシー関係ではこのトレード・オフは弱めることができる．

4　長期のインセンティブ

　これまでは1回限りのエージェンシー関係におけるインセンティブ・ス

キームについて考えてきた．しかし，日本の大企業の賃金スケジュールは企業と従業員の関係が長期間維持されることを前提としており，従業員の賃金はその期の業績などの短期の努力に関する指標には大きくは依存せず，むしろ従業員の企業における地位(昇進)と年功に依存しているといわれている[13]．本節では，このような長期のインセンティブ・スキームが用いられる理由と，それによる従業員間の協調的関係と競争的関係への影響について考える．

4.1 情報の不完全性と昇進

2節，3節で見たように，シグナルに基づく短期の賃金スケジュールはつねに情報の不完全性による問題を抱えている．ここでは昇進に基づく長期の賃金スケジュールがどのようにこの問題の解決に役立っているかをいくつかの論点を挙げて説明する．

モニタリング誤差の減少 昇進によって賃金を決める場合，企業は多くのシグナルをモニターし，それから得られる総合判断で昇進を決定することでモニタリング誤差を抑えられるため従業員のリスクが小さくなる．

スクリーニング ここまでは従業員の能力，適性や努力費用を経営者が知っていると考えてきた．しかしこれらが事前には分からない場合でも，企業は能力に応じた昇進，賃金スケジュールを従業員に選ばせることで，従業員の能力を識別(スクリーニング)できることがある．

企業は能力に応じた役職と賃金の組合せという賃金スケジュールを従業員に示す．従業員は自分の能力や努力費用を考慮してどの賃金スケジュールをとるかを決定する．能力，適性があり，努力費用が低い従業員は昇進の可能性(期待賃金)は高いが企業の要求水準も高いスケジュールを選ぶ．企業は従業員の選択を見ることでその従業員の能力が識別できる．このように相手に複数のスケジュールから選択させることで相手の情報を得る仕組みをスクリーニングという．

---

13) これは大企業の男子常勤雇用者に限った特徴であり，5章で検討する．

トーナメント　長期雇用関係で従業員の賃金に影響を与えるのは主に昇進と年功であるが，このうち年功は従業員の能力，個人の業績には依存しないためインセンティブ・スキームとしてはあまり機能しない．これに対し，前節で見たように業績の相対比較に基づく昇進は"同期"の中での競争のインセンティブを与え，またマクロ・ショックによる賃金の変動のリスクを抑えることができる．業績の相対比較による賃金体系の1つとしてトーナメントがある．トーナメントでは，勝つと「賞金」が出るため報酬が非連続的に大きくなり，これまで見てきた線形の賃金体系よりも強いインセンティブを与えることができる．実際，多くの場合，昇進すると従業員の報酬は非連続的に上がるトーナメントになっている[14]．

4.2　立証不可能性 (unverifiability) と昇進

これまで賃金スケジュール＝インセンティブ・スキームによるインセンティブとリスクの問題を論じてきたが，その際，プリンシパルは必ずシグナルに応じてきちんと賃金を支払うと考えてきた．しかし，賃金が後払いだとすると従業員は e という努力を行い，経営者も $S(e)$ というシグナルを見たにもかかわらず，経営者が「シグナル(生産性)はもっと小さかった」と後から主張して事後的に少ない賃金しか支払わない危険性がある．このような経営者の行動は機会主義的行動と呼ばれる．従業員が経営者を裁判所に訴えても，後から従業員が自分の生産性を立証することは非常に困難である．このためこれを予想する従業員は，はじめから低賃金に見合う程度にしか努力しない，という双方にとって好ましくない状態になる可能性がある．この問題への対処法には，第三者に対して立証可能な基準のみに依存した賃金を支払う，あるいは当事者間の長期関係に基づく解決，などがある．後者についてはコラム「長期関係による協調の可能性」で解

[14) このようなトーナメントとしての昇進(ランク・オーダー・トーナメント)については，Lazear and Rosen (1981), MacLeod and Malcomson (1988) などの研究がある．昇進と年功賃金の関係については5章，トーナメントについては6章でさらに論じる．

Column
長期関係による協調の可能性

　立証不可能性の問題を簡単にとらえるために,図のような企業と従業員の関係を考えてみよう.まず従業員が努力水準を決定し,次に企業が従業員に支払う賃金額を決定する.従業員がまじめに働き,企業も正当な報酬を支払うなら両者とも5の利益がある.しかし従業員は先にさぼることもでき(3, 0),企業は事後的に賃金を低く抑えることができる(0, 10).

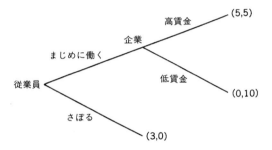

カッコ内の数字は,それぞれの場合の利得を(従業員の利得,企業の利得)として表している.

　この関係は企業と従業員という2人のプレーヤーがいるゲームとして考えられる.このように両者の行動が同時でない場合,最初の手番(プレーの順序)の人は後の手番の人のとる行動を考え,その予想に基づいて自分の行動を決めると思われる.このゲームでは従業員が先にまじめに働いた場合,企業は後から賃金を低く抑えた方が得であり,必ずそうするだろう.一方,「まじめに働いても低い賃金しかもらえない」と予想する従業員は

説し,ここでは立証可能な基準のみに依存する賃金スケジュールを見てみよう.

　2章,3章で見たように企業内コーディネーションにはいくつかのタイプがあり,企業内での知識の共有を重視するようなコーディネーションを行う企業では文脈的技能形成が重要である.しかし,労働者の技能水準は立証が難しい.転職しても価値の下がらない機能的技能(一般的技能)の場

はじめから仕事をさぼり，低い賃金を受け取る．したがってこのゲームでの両者の行動は（さぼる，低賃金）であり，両者にとって望ましい協調的関係（まじめに働く，高賃金）は得られない．

このような予想形成の方法を後方帰納法（backword induction）と呼ぶ．またこれに基づく両者の戦略の均衡を部分ゲーム完全均衡という．実はこの議論は同じゲームが3回，4回，……n回と繰り返される場合でも当てはまり，協調は得られない．

しかしこのゲームが無限に繰り返される場合には，ゲームに終わりがないため後ろ向きの推理は使えず，つねに従業員はまじめに働き，企業は高い賃金を支払うという均衡があり得る．たとえば，従業員が「最初はまじめに働くが，企業が一度でも高い賃金を支払わなかったら二度とまじめに働かない」という戦略（これをトリガー（引き金）戦略と呼ぶ）を使う場合を考えてみよう．このとき企業が賃金を支払わないとその期には10の利得が得られるが，来期以降の利得はずっと0になる．賃金を支払う場合は毎期5の利得が得られる．企業の将来の利得の割引率をδとすると，今期企業が高い賃金を支払うときの総利得が，支払わない時のそれを上回るのは，

$$10 < 5 + \delta \cdot 5 + \delta^2 \cdot 5 + \delta^3 \cdot 5 + \cdots \iff 10 < \frac{5}{1-\delta} \iff \delta > \frac{1}{2}$$

のときである．よって企業が将来を十分考慮し，ゲームが無限に続く場合，立証不可能性があってもトリガー戦略により従業員はつねにまじめに働き，企業はつねに高い賃金を支払うという協調的関係が実現できる．

合，技能を習得したあと企業がそれに見合った賃金を支払わなければ従業員は転職すればよい．しかし特定の組織のなかでのみ有用な技能の場合，転職すると賃金は下がる[15]．このため文脈的技能を習得しても企業がそれに見合った賃金を払わない可能性が問題になる．

---

15) これは機能的技能は従業員の留保効用（外部オプション）を上げるが，文脈的技能は留保効用を上げないことを示している．

昇進とそれに依存した賃金スケジュールは，従業員にそのような技能を習得させるためのインセンティブ・スキームとして捉えることができる．企業が賃金を直接短期のシグナルには依存させず，昇進により従業員の企業内での地位に依存させる場合，企業は事後的に賃金を低く抑えることは難しい．地位と賃金の関係は検証が比較的容易だからである[16]．また職種や技能習得の度合いに応じて賃金を決める方法もある．地位による賃金の場合，1人がその地位を獲得することが明らかになれば他の人はそれをあきらめるためインセンティブが失われることがあるが，職種の場合そのようなインセンティブのロスを防ぐことができる[17]．これらの方法により企業は短期の賃金スケジュールに比べ立証しやすい変数に賃金を依存させることで従業員が安心して努力できる環境を作り出している．

4.3　日本の企業における協調と競争

　日本の大企業はヘルプを利用して，従業員間の協調を重視する傾向がある．しかし企業は共同責任を負うチーム全体(企業全体の場合も部課ごとの場合もある)のシグナルの合計のみをモニターするのではなく，個人の業績の査定にも力を注いでいる．これらはどのような関係にあるのだろうか．
　次章で見るように，共同責任制ではフリー・ライダーの問題が生じやすいが，企業は個々の従業員をモニターし，"さぼり"を見つければ解雇するという脅し(解雇 threat)によりこれを防ぐ努力を行っている．日本の企業の特徴として「終身雇用」が挙げられることが多いが，これは明確な制度ではなく，また「終身」雇用を保証するものではない．それは従業員に問題がないかぎり，景気変動などの企業側の要因によりレイ・オフするこ

---

16) 裁判所などで立証できない場合でも，労働市場で「あの企業はきちんと賃金を支払わない．」という評判につながるため，企業は賃金を事後的に抑えにくい．このような評判の役割については5章で論じる．

17) 文脈的技能の立証可能性と昇進については Kanemoto and MacLeod(1989,92)により分析されている．他に賃金の立証可能性については Malcomson(1984)，Carmichael(1983)を見よ．また Prendergast(1993)は職種と賃金の関係が立証可能な場合を分析している．

とはないという慣習を指している．解雇するときは勤続年数の少ない従業員から行う，という先任権があるアメリカなどと比べ，従業員側の問題による解雇は日本の方が行いやすく，また解雇された場合，転職が容易には行えない日本の方が一般に解雇による脅しが有効であるといえよう．

しかし，経営者が直接モニターすることは情報の不完全性やコストの問題を考えると困難である．モニターを雇ってもそのモニターが公正に観察しているのかをチェックするのは難しく，モニターと特定の従業員が結託し，モニターの公正さが失われる危険がある．不公正な査定は従業員のインセンティブに歪みを生じさせる．このため企業は頻繁に人事異動を行うことで従業員間の結託を防いだり，従業員による相互モニターや，上司によるモニターと上司の査定に対する部下や人事部による査定を組み合わせることでモニターをうまく機能させる努力を行っている（査定の公正さについては5章でさらに論じる）[18]．

トーナメント方式の昇進により文脈的技能習得のインセンティブを与えると，先に見たように従業員間に強い競争のインセンティブがはたらく．これによりフリー・ライダーの問題は防げるが，従業員間の協調を阻害する可能性がある．これについてItoh(1994)は昇進による競争のインセンティブは主に"同期"の間で機能するため，企業は協調のインセンティブが必要な職場には同期を配属しない傾向があると指摘している．またトーナメントの場合，敗者（出向や左遷を含む）のインセンティブがなくなるという問題が生じる．このため年功賃金により同期の昇進による格差は小さくし，幹部への選抜の時期を遅くすることでインセンティブのロスを抑える一方，選抜時期が遅くても退職金などにより生涯賃金の差を大きくすることで競争のインセンティブを保っていると考えられる．

これらは個々の従業員のシグナルに基づくインセンティブ・スキームであるが，年功賃金による賃金上昇率，昇進の可能性（ポストの数）やポストに対応する賃金は，企業全体や企業内の部課の業績に依存しており，それ

---

[18] モニターなど従業員の結託による非効率性の問題についてはTirole(1986)，従業員の相互モニターについてはOkuno(1984)を見よ．

らの業績の向上のために必要な場合には従業員はヘルプのインセンティブを持つ．

このように企業は全体の業績(シグナルの合計)と個々の従業員のシグナルに基づく評価を組み合わせることでインセンティブをコントロールしている．

そこで次章では雇用に関する日本の大企業の特徴といわれるいわゆる「終身雇用」「年功賃金」「昇進」「文脈的技能(企業特殊技能)」などの関係と企業の戦略について考察しよう．

Note

この章で見てきた労働契約，エージェンシー理論についてさらに理解を深めたい人には次のような文献が有益である．

Milgrom, P. and J. Roberts (1992), *Economics, Organizations and Management*, Prentice-Hall, Englewood Cliffs, New Jersey.(伊藤秀史・今井晴雄・奥野(藤原)正寛訳『組織の経済学』NTT 出版(近刊))．この本はアメリカのビジネス・スクールのテキストであり，エージェンシー理論を用いた労働契約，企業組織の分析が豊富な事例と共にまとめられている．また日本における労働契約とその特徴については青木・ドーア編『国際・学際研究 システムとしての日本企業』NTT 出版，1995 年がある．なかでも伊藤秀史「インセンティブ理論からみた日本企業の人的資源のマネジメント」は昇進についての詳しい分析を行っている．

契約の理論的分析については，Hart, O. and B. Holmstrom (1987), "The Theory of Contract," T. Bewley, ed., *Advances in Economic Theory : Fifth World Congress*, Cambridge University Press.

労働契約の最新の研究については Econometric Society の第 7 回世界大会(1995)で Gibbons がレクチャーを行っており，そこでのレクチャーをまとめたものが "Advances in Economic Theory : 7 th World Congress," D. M. Kreps and K. F. Wallis, eds. として Cambridge University Press から近く出版される予定である．

参考文献

Carmichael, L.(1983), "Firm-specific Human Capital and Promotion Ladders," *The Bell Journal of Economics* **14**: 251-258.
Holmstrom, B. and P. Milgrom(1987), "Aggregation and Linearity in the Provision of Intertemporal Incentives," *Econometrica* **55**: 303-328.
────・────(1991), "Multitask Principal-Agent Analyses: Incentive contracts, Asset Ownership, and Job Design," *The Journal of Law, Economics, and Organization* **7**(Special Issue): 24-52.
Itoh, H.(1991), "Incentives to Help in Multi-Agent situations," *Econometrica* **59**: 611-636.
────(1992), "Cooperation in Hierarchical Organizations: An Incentive Perspective," *The Journal of Law, Economics, and Organization* **8**: 321-345.
────(1994), "Japanese Human Resource Management from the Viewpoint of Incentive Theory," Aoki, M. and Dore, R. eds., *The Japanese Firm: Sources of Competitive Strength*, Oxford University Press.(邦訳:青木昌彦・R.ドーア編『国際・学際研究 システムとしての日本企業』NTT出版, 1995年).
伊藤元重・松井彰彦(1989),「企業:日本的取引形態」,伊藤元重・西村和雄編『応用ミクロ経済学』東京大学出版会.
Kanemoto, Y. and W. B. MacLeod(1989), "Optimal Labor Contracts with Non-contractible Human Capital," *Journal of the Japanese and International Economies* **3**: 385-402.
────・────(1992), "Firm Reputation and Self-Enforcing Labor Contracts," *Journal of the Japanese and International Economies* **6**: 144-162.
Lazear, E. and S. Rosen(1981), "Rank-order Tournament as Optimum Labor Contracts," *Journal of Political Economy* **89**: 814-864.
MacLeod, W. B. and J. M. Malcomson(1988), "Reputation and Hierarchy in Dynamic Models of Employment," *Journal of Political Economy* **96**: 832-854.
Malcomson, J. M.(1984), "Work Incentives, Hierarchy, and Internal Labor Markets," *Journal of Political Economy* **92**: 486-507.
Okuno, M.(1984), "Corporate Loyalty and Bonus Payment: an Analysis of Work Incentive in Japan," Aoki, M. eds., *The Economic Analysis of*

the Japanese Firm, North-Holland, Amsterdam.

Prendergast, C. (1993), "The Role of Promotion in Inducing Specific Human Capital Acquisition," *Quarterly Journal of Economics* **108**: 523-534.

Tirole, J. (1986), "Hierarchies and Bureaucracies: On the Role of Collusion in Organizations," *Journal of Law, Economics, and Organizations* **2**: 181-214.

5 企業の雇用システムと戦略的補完性

　日本の企業と労働者の雇用関係にはいわゆる「終身雇用」「昇進」「年功賃金」「企業特殊技能」などの諸慣行が見られ，それらは互いに依存関係にあると思われる．本章では相互依存関係にあるこれらの慣行をまとめて1つの雇用システムとしてとらえる．一企業の採りうる雇用システムには複数のタイプがあるが，それぞれの企業の雇用システムの選択は他の企業のそれと戦略的補完関係にあるため，多くの企業が同じタイプの雇用システムを採り，一国経済全体での雇用システムは企業と労働者の戦略の複数均衡としてとらえられる．

1　雇用慣行と人的資本

　日本企業の雇用，組織構造には情報とインセンティブの問題に関連して，以下に挙げるようないくつかの特徴があるといわれている．もちろん企業の雇用，組織構造といっても大企業と中小企業，常用雇用者と臨時雇用者の間には大きな違いがあるが，ここでの説明はホワイトカラー，ブルーカラーを含めた大企業の常用男子雇用者を念頭においている．

1.1　長期雇用関係（終身雇用）

　いわゆる「終身雇用」とは，大企業常用男子に新卒で入社してから定年に至るまで同一企業で働く人の比率が相対的に高いことを指している．これは強固な制度として明文化されているのではなく，事実上の習慣・慣行である．この慣行は日本の企業に特有のものといわれることが多いが，実際には他の先進国にも見られる[1]．小池(1991)によると日本の長期勤続者の割合はアメリカより高いが，ヨーロッパ先進国とは大きな違いはない．

ただし日本では大企業の生産労働者の定着率がホワイトカラー並に高い点に特徴がある．また雇用調整の方法については，日本はアメリカに比べ短期では雇用者数よりも労働時間による調整が多い．

「終身雇用」においても実際には「終身」雇用は法的には保証されておらず，解雇される可能性があることは，雇用関係や報酬を考える上で重要である．慣行としての終身雇用は労働者と企業の次のようなインセンティブと行動により支えられている．

① 労働者の大部分が，定年まで同じ企業にとどまる方が有利と考える．
② 企業は労働者の大部分を新卒者から採用し，途中でレイ・オフする比率が低い．

4章では労働者側の"さぼり"による解雇のみを論じたが，この章では景気変動などの外部要因を含む企業側の都合による解雇の問題も含めて考える．以下では前者を解雇，後者をレイ・オフ(lay off)として区別し(ただしこの章ではレイ・オフの一時帰休，すなわち景気が良くなれば復職できるという側面は考えない)，また労働者側の誘因で問題になる自発的転職とも区別して考える．これに関連した特徴として，4章で見たようにアメリカでは工場労働者を中心に「先任権」があるため，日本と比べ労働者側に要因がある場合でも解雇は難しく，逆にレイ・オフは行いやすいといわれている．

なお，ここでは企業と労働者の長期雇用関係を労働者側から見る場合は長期就業，企業側から見る場合は長期雇用とする．また4章では企業内の経営者と従業員の関係を見たが，この章では特定の企業と雇用契約を結んだ「従業員」だけでなく，外部労働市場における新卒労働者や転職者の問題も考察するため，4章の「従業員」と区別して「労働者」と呼ぶ．

---

1) 日本の労働市場の特徴やその実証分析については，たとえば小池(1981, 1991)，伊丹・加護野・伊藤編(1993)，鶴(1994)，猪木・樋口編(1995)などを見よ．

1.2 報酬（年功賃金）

　日本の企業に特徴的といわれる「年功賃金」では，労働者への報酬はその労働者の企業における地位に大きく依存し，その地位を規定する昇進は勤続年数と査定に依存する．また日本では労働者の生涯賃金に占める退職金の比率が他の先進国に比べて非常に大きい．ボーナスも報酬の中で大きな割合を占めるが，これは多くの場合，企業全体の業績にも依存している[2]．これらの特徴はいずれも賃金プロファイル[3]と労働の限界生産性の短期の直接的つながりの弱さを示している．日本における賃金プロファイルの実証分析や国際比較は Hashimoto and Raisian(1985, 92)，Mincer and Higuchi(1988)等の優れた研究がある．一方，労働者の限界生産性は計測が難しい[4]．特に日本のように個々の労働者の職務権限が曖昧な場合には非常にわかりにくいが，ここでは賃金と限界生産性はおおよそ図1のような関係にあると考える．

　「年功賃金」とは，同一企業での勤続年数が長くなるほどその労働者の受け取る賃金が増加するような賃金体系，すなわち右上がりの賃金プロファイルをさす．多くの場合，技能の蓄積による限界生産性の上昇のために賃金プロファイルは年齢や経験年数について右上がりになるが，これは「同一」企業での経験に応じて賃金が上がる年功賃金と区別して考える必要がある．一般的技能を中心とする欧米では賃金はトータル年功，すなわち，過去の職歴すべてに依存するケースが多いといわれており，トータル年功は限界生産性のシグナルとしての性格が強いと思われる．一方，日本

---

[2] Freeman and Weitzman(1987)はボーナスの従業員への利潤分配の機能と，景気変動による雇用の変動を抑える効果を実証分析している．なお以下ではボーナスも含めた意味で賃金と呼ぶ．

[3] ここでは実際に支払われる賃金の年齢別構成を賃金プロファイルと呼び，4章の賃金スケジュール，すなわち企業が従業員に事前に示す賃金とシグナル(生産性)の関係と区別する．

[4] アメリカでは，Medoff and Abraham(1980)等による限界生産性の実証研究がある(脚注10)参照)．

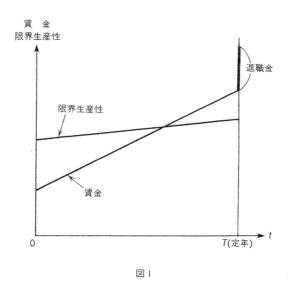

図1

では企業内年功が多い．

　この章では，年功賃金について賃金プロファイルと限界生産性の乖離が労働者のインセンティブや他の雇用慣行に与える影響と，年功の基準が同一企業内の経験に限られることの影響について考える．

1.3　昇　進

　4章では昇進が従業員に競争と文脈的技能習得のインセンティブを与え，賃金変動のリスクを抑えることを契約理論の立場から見たが，この章では以下に示すような昇進と日本の企業の他の諸特徴の関係を考える．

　昇進は査定基準による評価によって決まるが，この査定基準が主観的にならないよう熟練の度合いを評価する客観的，公正な基準を作る努力がなされている．この点も日本企業の特徴である．また昇進の過程でより多くの種類の職務を経験するいわゆる"ローテーション"も文脈的技能習得を促す効果を持っている．さらに日本の若年労働者では同期入社の間で昇進の差が少なく，勤続年数が昇進の重要な要素となっている．

日本の企業における幹部への選抜は一般にアメリカなどの他の先進国と比べ時期が遅い．これはアメリカの，能力によって一部の労働者だけがすぐに幹部に選抜されるスター・システムと呼ばれる方法とは対照的である．一部幹部の早い選抜は選抜後の選ばれた者の地位の保証と集中した専門的訓練を，遅い選抜は選抜前の従業員間の競争のインセンティブを重視したものと考えられる[5]．

1.4　組　織

　日本の大企業では労働者一人一人の仕事の責任，権限があまりはっきりしていない．仕事の分担，責任が明確に区別され，与えられた仕事をきちんとこなすことが重要視されるアメリカとは対照的である．職務上の権限のうち実質的にヒエラルキーの下層部分に委ねられているものが多いことも日本の大企業の特徴といえよう．たとえば，Lincoln, et al.(1986)の調査によると，大手製造業における工場労働者の職務の分類を見たとき，日本ではアメリカと比較して職務の区分が少なく，専門家に任されている職務が少ない．また小池(1989, 91)は，日本では工場労働者のOJT (On the Job Training)の幅が広い点に特徴があり，職場での「異常と変化への対応」の多くが現場の労働者に任されていることを示し，そのための労働者の知的熟練が日本の企業組織を分析する上で重要であることを指摘した．

　職務区分が曖昧な場合，労働者に適切なインセンティブを与えるには，先に述べたような恣意性の少ない評価方法を作ることが重要であり，これと関連して人事部門の権限が非常に大きいことも日本の企業組織の特徴である．Aoki(1988)は，企業の情報構造の分権性と人事管理の集権性の双対性という視点から企業組織を分析している．

1.5　人的資本，知的熟練

　このような諸特徴を分析する上で労働者の技能や質の問題を考える必要

---

[5] 昇進と選抜についてはアメリカではRosenbaum(1984)が実証研究を行っている．昇進の実証分析のサーベイとしては中村(1991)などがある．

がある．労働の質に関する分析である人的資本の理論はシカゴ大学のベッカー(Becker(1964))らによって研究が始められ，それ以降の労働契約の理論に大きな影響を与えた．労働を投入量という量的側面からしか見ていなかった新古典派の企業理論と違い，人的資本の理論では労働者の努力水準，適性，能力，獲得した技術や熟練等の労働の質を分析にとり入れ，技術，能力を身につけるための努力コストを人的資本への投資と捉える．

　小池(1989, 91)によると，生産労働者の作業を「通常の作業」と「異常と変化への対応」に分けて考えたとき，日本では後者が重要視されている．「通常の作業」とはルール化，マニュアル化された作業(ルーティーン)であり，テイラー・システムにおける個々の労働者の作業がその典型である．一方，マニュアル化されない作業は労働者の現場で蓄積された経験，知的熟練を必要とし，「変化への対応」と「異常への対応」に分けて考えることができる．生産ラインの労働者による「変化への対応」とは製品構成の変化，生産量の変化，新製品の出現，生産方法の変化，労働者構成の変化などへの対応であり，これは工具の取り替えのノウハウや多くの持ち場をこなせる能力などを必要とする．「異常への対応」には機械の故障，不良品の発見と排除，不良品の原因の推定，その原因への対処，などがある．これらは現場での経験を必要とし，かつ機械の構造，生産の仕組みの知識という技術者に近い能力(知的熟練)を必要とする．

1.6　一般的技能と企業特殊技能

　「異常への対応」には，使っている特定の機械に対する知識や技術，問題が生じたときにどこで誰に聞けばよいかといった企業内組織についての知識などの文脈的知識が広く必要であるが，これらの知識は他の企業，他の工場では役に立たないことが多い．このような特定の相手に対してのみ価値があり，取引相手を変えると価値の下がる技能を企業(関係)特殊技能(firm(relation)-spesific skill)と呼ぶ．

　企業(関係)特殊技能の習得のための人的投資の費用はサンクされるため，一度投資するとその費用を回収するには同一の企業との関係を継続する方

が有利である．そのような技能には，先に挙げた文脈的知識のような企業特殊技能と，たとえば部品メーカーが特定の組立メーカー専用であるため他社の車には使えない部品製造技術を蓄積する，といった企業間取引における関係特殊技能がある(後者については次章で検討する)．これに対し一般的技能(機能的技能)は他の企業に移っても価値が変わらず，外部労働市場で価値が決まる技能であり，サンク・コストはかからない．

ところで製品によってはどの国のどの企業でも同じ方法，同じ技術を用いて作られるものもあるかも知れないが，たとえば自動車の場合，ほぼ同じ製品を作るのに，専門家が一般的技能で「異常」に対処しようとするケースが多いアメリカなどと比べ，日本では個々の生産労働者に企業特殊技能を用いたその場での対処と原因の究明が求められている点が特徴的である．この章では，企業特殊技能(文脈的技能)も日本の大企業の特徴と捉え，長期雇用関係，年功賃金や昇進などの他の諸慣行との関係から考えていく．

2　企業内資源配分としての雇用システム

4章でも述べたように，企業の生産性は企業内資源配分の方法に大きく依存する．この節ではそれを企業内の資源配分メカニズムとして見たとき，先に示した雇用慣行は表1のような相互依存関係にあり，全体を1つの雇用システムとして捉えられることを見る[6]．またそれと新古典派の企業理論が想定する理論的諸特徴(雇用システム)とを比較する．ただしもちろん両者とも現実の企業の特徴を抽象化，極端化していることはいうまでもない．ここでの目的は，企業行動を説明する理論的枠組みが従来の新古典派経済学が想定するもの以外にもあり得ることを示すことである．またこの節では一社のみを対象にしており，他企業の行動を考慮した雇用システムの選択の問題については次節で論じる．

---

6) ここでの"相互依存関係"とは，資源配分方法まで含めて企業の生産関数を考えた場合の技術的補完性のことである．新古典派の要素投入量のみに依存した生産関数と区別するためこのように呼ぶ．

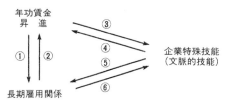

表 1　雇用システムの相互依存性

2.1　昇進・年功賃金と長期雇用関係

"人質（hostage）"としての年功賃金と長期就業

　新古典派の企業理論では，労働配分(job allocation)はすべて競争的な外部労働市場との裁定関係によって決まると考えられている．企業は毎期初に労働者に仕事の内容と賃金を示し，労働者は気に入らなければ別の企業に移る．その場合，毎期の賃金はつねに労働者の限界生産性，すなわちその労働者が1単位労働供給を増やした時の生産性上昇分に等しくなる．

　これに対し Doeringer and Piore(1971)などにより始められた内部労働市場の理論では，企業内の資源配分，すなわち誰がどのような仕事をしてどれだけの賃金を得るかは，企業内部(内部労働市場)で決まると考える．この場合，企業と労働者に市場原理による競争が働くのは転職を抑えるための賃金プロファイルの下限と外部労働市場から企業に入る新卒・転職時点(Port of Entry: POE)のみであり，POE において労働者が問題にするのは毎期ごとの賃金ではなく，定年までの賃金の合計である．それは POE における企業間の競争により，定年までの限界生産性の合計(生涯賃金)に等しくなるように決定され，したがって賃金と限界生産性は短期的には乖離しうる(内部労働市場での賃金決定は数学的には $\int_0^T W(t)dt = \int_0^T MP(t)dt$ と表される．$W(t)$，$MP(t)$ は時点 t の賃金，限界生産性の POE 時点 ($t=0$) での割引現在価値である．新古典派的な賃金決定ではすべての t について $W(t) = MP(t)$ となることに注意せよ)．

　内部労働市場が，ちょうど図1のような賃金プロファイルを提示したと

しよう．定年までの賃金の合計は図2①の縦線部の面積，定年までの限界生産性の合計は横線部の面積に対応し，両者の面積は等しい($\int_0^T W(t)dt = \int_0^T MP(t)dt$)．このとき労働者は図2②のように企業に対し貯蓄をしていることになる．しかしこの貯蓄は法的に保証されたものではなく，途中で転職する場合にもすべては返ってこない．これは Williamson (1983) が "人質(hostage)" モデルと呼んだものに等しい．

このような給与体系の下では人質の大きさに応じて労働者の同一企業への長期就業のインセンティブが強まる(表1①)．逆に人質がなければ労働者は容易に移動できる．またつねに労働者に同一企業にとどまるインセンティブを持たせるには，定年までつねに人質が必要であり，退職金にはそのような人質としての効果がある．先に述べたように，特に日本では限界生産性の計測は困難であり，賃金プロファイルとの関係も議論がある(脚注10)参照)．しかし退職金の存在と，内部労働市場における賃金決定を考えれば人質の存在は間違いないと思われる[7]．

出資金としての"人質"：長期雇用関係と年功賃金・昇進

長期就業のインセンティブを与える"人質"，すなわち賃金の未払い分は労働者から企業への出資金としての性格を持っており，退職金引当金などは企業の資本形成にも重要な役割を果たしている(Aoki(1988))．一方，労働者にとって"人質"の出資は企業に対するリスク投資であり，その還付金の大きさは企業の業績に依存する[8]．したがって"人質"のある企業の利益の一部はそれを出資している労働者のものであり，企業の業績に依存した賃金は企業のリスクと労働者のリスクを一体化させ，労働者間の相互モニターとそれによる労働のインセンティブを強める機能を持つ．また

---

[7] Lazear(1979)は賃金プロファイルの傾き，労働のインセンティブと定年の関係について先駆的研究を行っている．

[8] 労働者にとっては"人質"は転売できないという点で不利な投資であるが，ここでは金融市場の不完全性から資金は外部からの調達より，内部からの方が行いやすいと考える．企業の業績に依存した賃金と労働者のインセンティブについては Okuno(1984)を見よ．

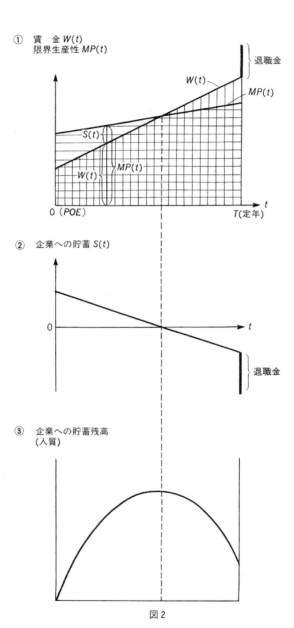

図2

他の労働者との関係で考えると，"人質"は労働者の世代間の所得移転とみることができ，若年労働者比率が高いほど企業内の世代間所得移転を行いやすい．そのため年功賃金を採用し，労働者も出資している企業は限界生産性賃金を払う株主利益最大化企業より成長のインセンティブが強く，成長率が高い企業ほど賃金は累進的になる傾向がある[9]．

年功賃金のみでは賃金は個人の能力，個人の業績にあまり依存せず，それだけではインセンティブ・スキームとしての機能は弱い．しかし，年功賃金と昇進を組み合わせると個々の労働者の出資(人質)に対する還付金の額は昇進の程度に依存し，労働者間の競争のインセンティブを強めることができる．このため長期雇用を行う企業は年功賃金と昇進を併用することで労働者に労働のインセンティブを与えている(表1②)．

2.2 昇進と企業特殊技能形成

先に見たように，日本では企業特殊技能(文脈的技能)の熟練が重要視される傾向があり，労働者に熟練のインセンティブを与えているのはトーナメントとしての昇進による賃金体系である(表1③)．また評価を直接短期の賃金につなげると立証不可能性による問題が生じやすいが，昇進に基づく賃金支払いでは地位(ポスト)と賃金の関係は比較的容易に分かり，企業は事後的に賃金を低くする可能性がないことを労働者に示すことができる．これらの理由から昇進による賃金制度を採る企業が多い(表1④)(なお後で見るように労働市場を考慮すると，さらにこのような賃金支払いの明確さが重要になる)．しかし昇進を有効なインセンティブ・スキームにするためには賃金支払いの明確さだけではなく，評価の公正さも重要である．

企業特殊技能の形成は長期にわたり，広範囲の経験を必要とするため評価が難しいが，多くの日本の大企業では人事部の管理下で客観的で公正な査定基準を作る努力がなされている．日本における査定基準の1つとして小池(1989, 91)は「仕事表」と呼ばれる生産労働者の知的熟練の評価法を

---

9) 世代間所得移転の視点からの分析には加護野・小林(1988)，岩井(1988)などがある．

分析している．仕事表には経験の広さを見るものと「異常と変化への対応」，すなわち経験の深さを見るものの2つがあり，個々の労働者について，持ち場，作業の種類ごとにその能力のレベルを数段階の評価で示してある．評価は職長など仕事内容に通じた者が行い，これが昇進につながるが，恣意性が入る危険があるため，仕事表は職場に張り出され，職長の評価能力自体が職場の全員から評価されるなどの方法で公平性を保っている．日本ではこのような公正な評価が労働者に企業特殊技能形成のインセンティブを与えている．逆にアメリカなどでは綿密な評価基準はあまり作られておらず，人事面での決定は各上司に任される傾向が強い．

2.3　企業特殊技能形成と長期雇用関係

　企業特殊技能は現在勤務している企業のみで価値を持ち，他の企業に移るとその価値が減るため，企業特殊技能を持つ労働者は収入面で補填されない限り転職しない方が有利であるという長期就業のインセンティブを持つ（表1⑤）．一方，企業側から見た場合，一般的技能を持つ労働者はいつでも同じ技能を持つ人を外部市場から雇うことができる．しかし労働者が企業特殊技能を身につければ，その人をレイ・オフすると別の人のトレーニングには時間がかかり，企業にコストがかかる．このため企業には企業特殊技能を持つ労働者を長期雇用するインセンティブがある（表1⑤）．

　労働者にとって企業特殊技能はレイ・オフされれば価値の下がる技能であり，労働者が自ら進んで企業特殊技能を身につけようと思うには，長期雇用関係が前提となっている必要がある（表1⑥）．また技能の価値に見合った賃金を後で必ず支払うことに企業がコミットできない場合には，トレーニングのコストを企業が事前にある程度負担する必要がある．ところが企業が先に企業特殊技能のトレーニング・コストを負担すると，後から労働者がトレーニングをさぼるというインセンティブの問題が生じる．このため企業はトレーニング・コストを後払いにしたいが，そのためにはレイ・オフせず，適切な賃金を支払うことに強くコミットする必要がある．そのコミットの役割をするのが昇進による賃金のポストへの依存と「評

判」である．

　レイ・オフに関する評判について考えよう．労働者が企業特殊技能を習得するとき問題になるのは「あの企業は(不況になれば)レイ・オフする」という評判である．そのような評判が労働者の間で広まると，労働者は企業特殊技能を習得しようとはせず，また企業は新卒労働市場で有能な労働者を獲得しにくくなる．このため一度でも労働者をレイ・オフするとそのような評判が労働者に広まる場合，企業特殊技能を用いようとする企業はできる限り労働者をレイ・オフしない(このような評判のメカニズムについてはコラムを参照)．たとえば，日本では労働者が自発的に転職する場合よりも，1990年代に見られるように企業による希望退職者の募集などのかたちでレイ・オフされる場合の方が退職金が高いことがある．これはレイ・オフする場合でも，その企業内の労働者のインセンティブと新卒労働市場での期待生涯賃金が大きく下がらないように配慮したためと考えられる．

　これを図1との関係で見ると，トレーニング・コストの一部を企業が事前に負担する場合，トレーニングの成果の一部は企業のものになる．このため図1とは逆に賃金プロファイルより限界生産性の方が傾きが急になると考えられる．しかし昇進と「評判」により立証不可能性の問題を回避できれば，トレーニング・コストは後払いでよく，従業員がさぼるのを防ぐため，両者の関係は図1のようになる[10]．

2.4　Aタイプ，Jタイプ

　以上の考察から，年功賃金・昇進，長期雇用関係と企業特殊技能は一企業内の資源配分メカニズムとして先の表1に示したような相互依存的関係にあることが分かる．次に新古典派の企業理論によって想定される雇用慣

---

[10]　日本における限界生産性と賃金プロファイルの関係についてはOkazaki(1993)による実証研究などがある．また伊藤・照山(1995)は，アンケート調査に基づき賃金と生産性の乖離とその影響を分析し，どちらか一方の理論のみで説明できるものではなく複合的要因によるとしている．賃金プロファイルに関する理論のサーベイとしてはHutchens(1989)などを見よ．

> **Column**
>
> # 評判の役割*
>
> 　図のような求人求職ゲームを考える．まず新卒労働者がある企業に就職するか他の企業に就職するかを決定する．次に企業が定年以前に労働者をレイ・オフするか，定年までレイ・オフせずかつ退職金を払うかを決定する．それぞれの場合の利得が(労働者，企業)として示されている．実はこの利得は4章のコラム「繰り返しゲームと協調」と同じである．4章と同様に考えると，このゲームが1回の場合，両者にとって望ましい協調解(労働者は企業に就職，企業はレイ・オフしない)は実現しないが，実際には1人の労働者はゲームを1回しか行わない場合でも協調解が得られることもある．その理由を説明するのが評判(reputation)である．
>
> 　企業が一度でもレイ・オフすると，多くの労働者の間で「あの企業はレイ・オフしたことがある」という評判が伝わる場合を考える．すべての労働者が「一度でもレイ・オフしたことのある企業には就職しない」という戦略を採ると，企業はそのような労働者のグループをトリガー戦略を採る1人のプレーヤーと見なし，無限回繰り返しゲームをしていることになる**．評判が広まることを恐れる企業はレイ・オフせず，協調解が得られる．
>
> 　ただし評判がうまく機能するためには次のような条件が必要である．
>
> ・評判の担い手(この場合，企業)の行動が観察可能(第三者に立証不可能であっても良い)であり，かつ情報が明確に伝達されること：たとえば，労働者が転職した時に，それが従業員側の問題により解雇されたり，自発的に転職したのか，それとも企業側の都合でレイ・オフされたのかが分からない場合には評判はうまく機能しない．

行について簡単にふれておきたい．

　新古典派の企業理論では企業内の資源配分はつねに開かれている外部労働市場との裁定関係で決まり，毎期ごとに限界生産性賃金が成立する．したがって限界生産性と賃金の乖離(人質)は小さく，これを利用した年功賃金や昇進は見られない．このため労働者に長期就業のインセンティブはな

・良い評判を保つ経済主体への余剰配分：この場合，企業は労働者をレイ・オフしないことで5の利得を得ており，企業―労働者の関係で生じた余剰は企業にも配分されている．このような余剰の配分がないと企業には良い評判を保つインセンティブがなくなる．

・割引率，取引の頻度：同じ種類の契約，取引の頻度が高く，割引率が1に近くないと(この場合，4章コラムと同様に1/2以上)，企業は評判を保つことによる長期的利益より，短期的利益を重視する．

社会には評判を機能させるためのさまざまな仕組みがある．格付け機関や調査会社がその典型であるが，金融機関も情報収集，伝達の重要な役割を担っていると考えられる．

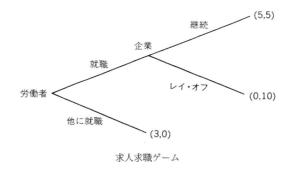

求人求職ゲーム

* このような評判の役割を重視した企業の理論的分析としてはKreps(1990)，Milgrom and Roberts(1992, 8章)を見よ．
** 企業は無限につづくとは限らないがいつ倒産(解散)するか事前には分からないため後方帰納法(backward induction)が使えず，その意味で無限回ゲームをしていると見なすことができる．

く，外部労働市場でも価値を持つ一般的技能を身につけようとする．一方，労働者が企業特殊技能を持たない場合，企業側にも長期雇用のインセンティブはなく，レイ・オフを行う可能性がある(ここでは実際の労働者の転職回数や勤続年数ではなく，従業員に長期就業のインセンティブが弱く，企業によるレイ・オフの可能性が十分にあるような雇用関係を短期雇用関係と呼ぶ)．

短期雇用の場合，労働者へのインセンティブ・スキームとしては昇進を利用した競争のインセンティブではなく，モニタリングと直接的金銭的なインセンティブを用いる．短期的評価と短期的賃金を等しくするため明確な職務区分があり，職務間の調整は垂直的ヒエラルキーで行われる．一方，評価は各上司によって行われ，一般的技能は外部労働市場との関係で評価されるため人事部による集中的人事管理は必要ない[11]．

このような限界生産性賃金，短期雇用，一般的技能も一企業の慣行として相互依存的であるといえる．以下では，相互依存関係にある企業内の諸慣行を合わせて雇用システムと呼ぶ．また表1のような雇用システムをJタイプ，それを持つ企業をJ企業とし，新古典派的雇用システムをAタイプ（A企業）とする．まとめると両者の次のような理論的特徴を持つ[12]．

Jタイプ
・賃金は昇進に依存．短期的には限界生産性と賃金は乖離する．
・"人質"がある．
・長期雇用：企業内の資源配分は企業内部で決まり，外部労働市場との関係はほぼPOEのみである．
・企業特殊技能を多く用いる．

Aタイプ
・限界生産性賃金：賃金は個人の業績，能力に直接依存する．
・"人質"は小さい．
・短期雇用：企業内の資源配分は外部労働市場との裁定関係で決まる．
・一般的技能を用いる．

---

11) 情報構造と人事管理の関係についてはAoki(1988), 2, 3章を見よ．
12) これらの諸慣行はその相互依存性から，一部だけを止めたり取り替えたりすると他の部分にも影響がでるという意味で"システム"と呼ぶが，ここに示したものがありうべき雇用システムのすべてではなく，またここでの議論は，慣行の一部が変化し，他の新しい慣行に置き換わるケースや，そのほうが効率的になる可能性を排除するものではない．

本節では1つの企業について，企業内の諸慣行が相互依存的な雇用システムとして機能することを示したが，次節では他の企業の存在を考慮した上でAタイプ，Jタイプという雇用システム間の関係について考察する．

3　雇用戦略の補完性と複数均衡

　一企業だけを考えた場合，企業は雇用システムとしてAタイプでもJタイプでも自由に選ぶことができる．しかし，現実の経済には多数の企業が存在する．ある企業の雇用システムの選択は他の企業の選択にどのように影響されるのだろうか？　この節では各企業の雇用システムの選択を企業の雇用戦略として捉え，3.2項ではそれに戦略的補完性があること，すなわち他の企業の多くがJタイプを選ぶ場合は自社もJタイプを選ぶ方が利得が大きいことを示す．3.3項では雇用戦略に補完性があるとき，経済全体で多くの企業がJタイプになる場合とAタイプになる場合の2つの均衡があり得ることをモデルを使って示し，3.4項以降では複数均衡の意味をモデルに即して考える．

　ある企業の雇用戦略はさまざまな形で他の企業のそれに影響されるが，この節では主に外部労働市場を通じた影響を考える．各企業は外部労働市場で労働者の獲得競争を行っている．労働者の企業選択で問題になるのは，ある企業における期待生涯賃金と外部オプション(留保効用)としての他の企業での期待生涯賃金であり，後者は他の企業が転職者に支払う賃金の大きさや再就職先を探すコストに依存する．他の企業の行動の影響を考えるため，まず企業の転職者への対応を見てみよう．

3.1　転職者への対応

　日本では，外部労働市場での価値の高い特別な技能を持つ労働者以外は一度大企業を辞めると他の大企業への再就職は困難であり，転職先の賃金はかなり下がる場合が多いといわれている．J企業では企業特殊技能(文脈的技能)が重視されるが，その技能の習得には時間がかかるため，J企業

にとっては転職者より若い労働者を雇う方が望ましい．転職者はその企業で用いる企業特殊技能を持っていないため，新卒に近い扱いになり，中高年労働者の転職後の賃金はかなり低くなる場合がある．入社後数年間は転職による技能習得に関するロスが小さく，実際，労働者の転職も少なくないが，年齢が上がるにつれて転職者の割合は減少する[13]．また企業特殊技能を用いる生産方法は共同生産的側面が強く，チーム内の協調の重視から転職者を受け入れないという側面もあり，受け入れても転職者のみを別の賃金体系にすることは難しい．

昇進に依存した賃金決定を行うJ企業が昇進における高いポストに転職者を受け入れた場合，既存の労働者にとっては昇進の可能性が減少し，期待生涯賃金が低下する．このため新卒労働市場で「あの企業は転職者を受け入れる」という評判が広まれば，労働者はその企業での期待生涯賃金を低く見積もる．その結果，有能な労働者の獲得が難しくなり，J企業にとって不利である．一方，企業がレイ・オフしないと思われている場合，転職は労働者側の問題によるものと捉えられ，労働者の悪い評判につながるため，企業の転職者への待遇が悪くなる．

これらの理由から，低い賃金でしか受け入れないという転職者への対応はJ企業の雇用システムと相互依存関係にあるといえる．しかしA企業の場合，限界生産性賃金を採っているため他の労働者への賃金は期待生涯賃金には影響せず，転職者を区別する誘因はない．このためA企業では，転職者の受け入れやレイ・オフなどの労働者の企業間の移動の問題は大きくない．

3.2 雇用システムの戦略的補完性と効率賃金

Jタイプの雇用システムにはこのような転職者への対応が含まれるため，他の企業の雇用戦略が自社の労働者の外部オプションに影響する．そこで，

---

[13] さらに年齢が上がると出向などの影響から転職者の割合は再び増加する（小池，1991）が，これは親会社―子会社関係など別の要因が問題になるためここでは扱わない．

次に企業の雇用戦略間の関係を効率賃金仮説の視点から考えてみよう．

効率賃金仮説では，実質賃金の水準が労働者の努力水準に影響する．企業が努力水準を直接観察できない場合，企業は労働者をモニターし，さぼった労働者を解雇する．このとき労働者を働かせるには，企業は外部オプションより高い賃金を支払い，解雇が労働者にとって損失になることで労働者にインセンティブを与える必要がある．解雇が労働者にとって損失にならない場合にはモニターしても労働者は働かないためである．

効率賃金仮説に基づく研究から，労働者の努力水準が高くなるのは次のような場合であることが知られている．

① 外部オプション：賃金と外部オプションとの差が大きいほど解雇されたときの損失が大きい．このため企業が賃金に比べ高い努力水準を要求しても労働者はさぼらず，努力水準は高くなる．
② モニタリングの頻度：モニタリングが頻繁に行われると，さぼった場合に解雇される可能性が高く，さぼることの期待損失が大きいため，努力水準は高くなる．
③ レイ・オフの可能性：労働者がさぼらなくても企業がレイ・オフする可能性がある場合，レイ・オフの可能性が小さいほど，さぼることの期待損失が大きいため，努力水準は高くなる．

（コラム「外部オプションと効率賃金」では簡単なモデルを使って効率賃金による努力水準の決定を説明する．）

このうち外部オプションと企業の雇用戦略の関係を詳しく見てみよう．図3は転職による生涯賃金への影響を示している．$W^J(t)$ は J 企業の賃金プロファイル，$W^A(t)$ $(=MP(t))$ は A 企業の賃金プロファイル（＝限界生産性賃金）である．$W^J(t-t_1)$，$W^A(t-t_1)$ は t_1 時点で J 企業から転職した場合の労働者の賃金プロファイルである．J 企業から J 企業に転職する場合，転職先を見つけるのが難しく，また転職しても新卒扱いになるとすると，それ以降の賃金プロファイルは転職した時点の新卒者と同じ

Column

外部オプションと効率賃金*

　外部オプションの変化の影響を，4章で見た企業による労働者のモニターという視点も含めて簡単な効率賃金モデルを使って考えてみよう．

　労働者1人当たりの生産性 y は労働者の努力水準 e によって決まる ($y = f(e)$ $(f' > 0, f'' < 0)$). 企業が労働者に示す契約は賃金と努力水準のセット $(\hat{w}, \hat{e})$ である．労働者の努力水準を企業は直接は観察できないが，モニタリング・コスト M をかけると観察可能であるとする．企業は労働者の一部をモニターし，労働者の努力水準が $\hat{e}$ より小さければ解雇し，$\hat{e}$ 以上なら次期も契約を続ける．労働者1人当たりのモニタリング・コストはモニタリングの頻度 $p(0 \leq p \leq 1)$ に依存する ($M(p)$ $(M' > 0)$). 労働者の効用は賃金と努力水準に依存する $U(w, e)$ ($U_w > 0, U_e < 0$). 外部オプション(留保効用)を $\bar{U}$ とすると，労働者がさぼらない条件(誘因制約)と参加制約は次のように表される．

$$U(\hat{w}, 0) - U(\hat{w}, \hat{e}) \leq p\delta[U(\hat{w}, \hat{e}) - \bar{U}] \quad (1)：誘因制約$$
$$U(\hat{w}, \hat{e}) \geq \bar{U} \quad (2)：参加制約$$

　(1)式の左辺は今期さぼった場合に得られる(契約どおり働いた場合と比べての)追加的利得である．δ はレイ・オフされる確率と労働者の時間選好率による割引ファクター*，$[U(\hat{w}, \hat{e}) - \bar{U}]$ は解雇による1期当たりの損失である．したがって，右辺は今期さぼることの期待損失を示している．

　企業は制約条件(1),(2)の下で利潤：

$$\pi = f(e) - \hat{w} - M(p) \quad (3)$$

を最大化するような契約を示す．(2)式で等号が成立する場合，(1)式の右辺が0になり，$U(\hat{w}, 0) > U(\hat{w}, e)$ より(1)式を満たさない．このことから労働者を働かせるためには外部オプションより高い賃金を支払い，解雇が労働者にとって損失になる必要があることがわかる．

　次に努力水準 $\hat{e}$ について考えてみよう．簡単化のため効用関数を $U(w, e) = u(w) - C(e)$ ($u' > 0, u'' < 0$), ($C' > 0, C'' > 0$) とする

と(1)式は，
$$u(\hat{w}) - [u(\hat{w}) - C(\hat{e})] \leq p\delta[u(\hat{w}) - C(\hat{e}) - \bar{U}]$$
$$\iff (1 + p\delta)C(\hat{e}) \leq p\delta(u(\hat{w}) - \bar{U})$$
$$\iff u(\hat{w}) \geq \frac{1 + p\delta}{p\delta}C(\hat{e}) + \bar{U}$$
$$\iff \hat{w} \geq u^{-1}\left[\frac{1 + p\delta}{p\delta}C(e) + \bar{U}\right]\left(\text{割引ファクター}\delta = \frac{\beta l}{1 - \beta l}\right) \quad (1')$$
(ただし $u^{-1}[\cdot]$ は $u(w)$ の逆関数であり，増加関数である．)
となる．利潤最大化のため企業は賃金をできるだけ低く抑え，$(1')$ が等式になる水準で賃金が決まる．この式を企業の利潤関数(3)に代入すると利潤最大化から努力水準 $\hat{e}$，賃金 $\hat{w}$ が決まる．

両者の関係を見ると，外部オプション $\bar{U}$ が小さい，モニタリングの頻度 p が高い，レイ・オフのされない可能性 l が高い，労働者の割引率 β が1に近いほどさぼることの期待損失が大きいため努力水準 $\hat{e}$ が高くなることがわかる**．

* δ はつぎの要因によって決まる．
  ・労働者の割引率 $\beta = \frac{1}{1 + r}$（r は時間選好率）．
  ・レイオフされない確率 l．
  ・さぼらない場合の将来の賃金の割引現在価値：
  $$\delta\hat{w} = \beta l\hat{w} + \beta^2 l^2 \hat{w} + \cdots\cdots \iff \delta = \frac{\beta l}{1 - \beta l}.$$
  したがって，β, l が大きいほど δ は大きくなる．
** 効率賃金仮説について，Shapiro and Stiglitz(1984)は効率賃金と失業の関係を論じ，どの企業も外部オプションより高い賃金を支払うため，経済全体では非自発的失業が存在することを示した．奥野(1981)，Okuno-Fujiwara(1987)は，さぼらなければ次期も契約を続ける長期雇用関係と新古典派的短期雇用契約を比較し，外部オプションと賃金の差が大きい場合などには長期雇用関係が有利になり，長期雇用関係を採る企業が転職者の賃金を低くする場合には非自発的失業が生じないことを論じている．MacLeod and Malcomson(1989)は，賃金契約が立証不可能な場合の，企業と労働者の暗黙の自己拘束的契約と失業との関係を考察している．効率賃金仮説を解説したテキストとしては，たとえば Milgrom and Roberts(1992, 8章)，大橋勇雄(1990, 6章)などがある．

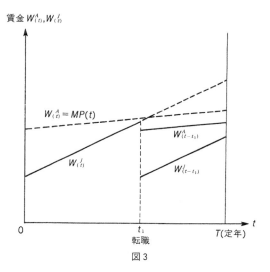

図3

$W^J(t - t_1)$ になる．J 企業から A 企業に転職した場合，A 企業は転職者を区別しないが，J 企業で身につけた技能は価値が無くなるとすると，転職以降の賃金は $W^A(t - t_1)$ になる[14]．"人質"が返ってこないため J 企業からの転職は労働者にとって必ず不利になるが，A 企業への転職は J 企業への転職に比べて損失は少ない．

　他の企業の多くが A タイプである場合，転職先を探すのが比較的容易であり，また転職先が A 企業になる可能性が高く，転職による労働者の損失は少ない．このため労働者はあまり転職を厭わず，J 企業の労働者の長期雇用へのインセンティブ，企業特殊技能へのインセンティブが弱くなる．逆に外部市場に J 企業が多いほど転職による損失が大きくなり，労働者に強いインセンティブが働くため J 企業にとっては有利である．このように企業の戦略は労働者の行動を通じて他の企業の戦略に影響し，多くの企業が J タイプの雇用システムを採用しているほど，J タイプを採用することが有利になる．つまり J 企業の雇用戦略には補完性があるといえる[15]

---

14)　企業特殊技能でも転職したときにまったく価値が無くなるとは限らないが，ここでは比較のため極端なケースで示している．

(戦略的補完性については1章コラム参照).

3.3 労働者の技能選択と雇用システムの戦略的補完性

ここでは雇用システムにおける労働者の行動として技能選択の問題を取り上げ,企業と労働者の関係から見た雇用システムの戦略的補完性とその複数均衡を簡単なモデルを使って考察してみよう.

労働供給

これまでと同様に労働者の技能としては企業特殊技能(firm-specific skill)と,一般的技能(general skill)の2種類を考える.簡単化のため企業特殊技能の習得にはコストはかからないとし,一般的技能のコストのみとする.毎期一定割合の労働者が生まれ,同じ割合で確率的に死ぬ.また労働者は就職前に技能を習得しなければならない.技能の種類によって賃金が違い,企業特殊技能を持つ労働者の期待生涯賃金を W_f,一般的技能を持つ労働者の期待生涯賃金を W_g とする.労働者は企業特殊技能を持つと W_f が得られ,一般的技能を持つと技能習得コスト α を引いた $W_g - \alpha$ が得られる.労働者は労働市場に参入する時点の賃金を見て $W_f > W_g - \alpha$ ならば企業特殊技能を選ぶとする.したがって企業特殊技能を持つ労働者の比率,すなわち労働供給関数 $S = x(\Delta W), (\Delta W = W_f - W_g)$ は図4のように $0 < x < 1$ で水平になる.

労働需要

企業は雇用システムA,Jを選択し,A企業は一般的技能を持つ労働者のみを,J企業は企業特殊技能を持つ労働者のみを雇うとする(ただし1企業当たりの労働者数は同じと考えている).A企業の労働者1人当たりの期待生涯生産性を1とし,これを基準にJ企業の労働者1人当たりの期待生涯生産性を $Y(x)$ と表す.ただし図1でみたようにJ企業の賃金プロファ

---

15) 外部オプションと雇用システムの複数均衡を論じた理論的分析としてはAbe (1994),雇用慣行の補完性については奥野(藤原)(1993)を見よ.

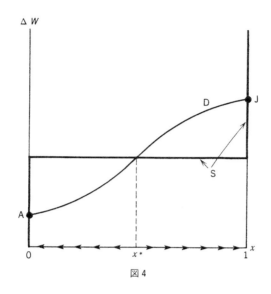

図4

イルは右上がりであり,またJ企業への転職者は新卒扱いとする.企業はレイ・オフは行わないが,労働者がさぼった場合は解雇する.転職する場合,職探しにコストがかかり,このため労働者はさぼらないとする(労働者の努力コストは全員同じとし,簡単化のため0とする).外部オプションとの関係で他にJ企業の数が多いほど労働者に強い労働のインセンティブを与えられるため,J企業の生産性 $Y(x)$ は企業特殊技能を持つ労働者の数が多いほど生産性が高いという補完性($Y'(x) > 0$)がある.

労働市場が完全競争的であるとすると,労働需要は賃金と労働の限界生産性(この場合期待生涯生産性と同じ)が一致するように決まる($W_g = 1$, $W_f = Y(x)$, $\Delta W = Y(x)-1$).その補完性から企業特殊技能を持つ労働者が多いほど W_f は上昇し,その労働需要曲線(限界生産性曲線)D は図4のように右上がりになる[16].

---

16) $\Delta W = Y(x) - 1$ は通常の労働需要関数を逆関数の形で示しており,企業特殊技能を持つ労働者の数が与えられたときの企業が支払う賃金を示している.

労働市場の均衡

図4のような労働供給,労働需要のもとでは,労働市場の安定的な均衡は図のA,Jの2つである.x^* でも労働の需給は一致しているが,この均衡は不安定であり,企業特殊技能を持つ労働者の比率が x^* から少しでもずれるとAまたはJ均衡に移る.

このように複数の均衡が存在するための必要条件は,労働者の生産性に補完性があること($Y'(x) > 0$)である.ただし,補完性があっても必ずしも均衡が複数あるとは限らない.たとえば企業特殊技能の方がつねに生産性が高く,労働需要(限界生産性)曲線がつねに労働供給曲線の水平部分より上にある場合には均衡はJのみである.

3.4 労働者の異質性と多元主義

すべての労働者が同質ならば,均衡では労働者はみな同じ期待生涯賃金を得る.このためA,Jの2つの均衡はパレート比較可能であり,仮にある労働者にとってA均衡の方が期待生涯賃金が大きいならば,A均衡はJ均衡に比べてパレート効率的であるといえる.

しかし労働者の技能に関する適性の違いを考慮すると,パレート比較は難しい.労働者は技能の種類によって適性が違い,それに応じて技能習得にかかるコスト(人的資本への投資費用)が違うと,ΔW が大きくなるにつれて企業特殊技能を持つ労働者の比率が徐々に増える.この場合,労働供給曲線が右上がりになっている[17].また技能習得コストに補完性があり,他の人と同じ技能を身につける方がコストが低いとしよう.このとき,技能習得コストの違う2人の労働者の均衡におけるそれぞれの利得(期待生涯賃金から技能習得コストを引いたもの)が次のようになることがある.

A均衡:労働者1は利得2,労働者2は利得1.
J均衡:労働者1は利得1,労働者2は利得2.

---

17) 技能習得コストの違いが非常に大きい場合には,労働供給曲線の傾きが労働需要曲線より急になり,安定な均衡は x^* のみになるが,ここではコストの違いはそれほど大きくなくA,Jの2つの均衡が安定な場合を考えている.

労働者1はコストが小さいため一般的技能に比較優位があり，A均衡の方が効用が高く，労働者2はコストが大きくJ均衡の方が効用が高い．同様に企業についても産業によって，どの技能を用いた生産が良いかという適性に違いがあり，均衡のパレート比較ができるとは限らない(1章コラム参照)．

本書ではパレート基準に代わる他の基準を考えるより，均衡が複数存在する場合に，それらが存在する条件やそれぞれの均衡の意味を共通の理論的枠組みの上で検討するという多元主義的見方に立って分析を進める[18]．この場合でもどちらが良いかはいえないが，多元主義的見地から，たとえばJ均衡からA均衡に移行すれば，誰が得をし，誰が損になるかといった影響が分析できる．

3.5　スイッチング・コストと履歴（ヒステレシス）効果

最後に，このような複数均衡の動学的側面に触れておきたい．ここまで，労働者は就職前に一度技能を習得すると変更できない場合を想定していた．ここでは少し設定を変えて，労働者はコストをかければ別の技能に変更できる場合を考える．このようなコストをスイッチング・コストと呼ぶ．

スイッチング・コストがある場合，一般的技能を持つ労働者が，企業特殊技能に変えようと思うのはJ企業の賃金が技能習得のコストを考えても十分高い場合であり，その逆の場合にはJ企業の賃金は十分安い必要がある．図5は，そのような賃金水準を示している(ただし簡単化のため労働者の技能適性の違いは考慮せず，水平な労働供給曲線で考える)．図の x^* と $\tilde{x}$ に注目してもらいたい．x の値が0から x^* の間にあるとき，雇用システムはA均衡になり，$\tilde{x}$ から1のときにはJ均衡になる．しかし x の値が

---

[18]　複数均衡の分析，比較静学の手法はMilgrom and Roberts (1994)やMilgrom and Shannon (1994)などにより，Monotone Method (Monotone Comparative Statics)として近年盛んに研究されている．従来の均衡分析の手法では制約条件や目的関数の凸性や微分可能性が仮定されてきたが，比較制度分析ではそれらを満たさないケースを多く扱う．そのような場合でも，この手法を用いると弱い仮定の下でも外生パラメーターの変化が均衡に与える影響が分析できる．

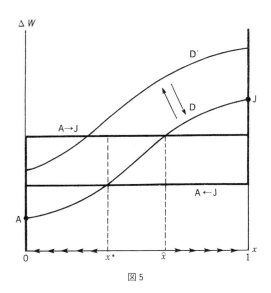

図 5

x^* と $\hat{x}$ の間にある場合には,スイッチング・コストがあるために,一度一般的技能を身につけた労働者はわざわざ企業特殊技能を習得しようとは思わず,またその逆の変更も行われない.このため x がこのような初期値をとる場合,どちらの均衡にも収束しない可能性があり,また収束する場合でもどちらの均衡になるかは分からない.

次に外部要因(環境要因)の影響を考えてみよう.x が x^* と $\hat{x}$ の間にあるときに,一時的に J 企業の景気が良くなり,企業特殊技能を持つ労働者への労働需要曲線が上にシフトしたとする($D \to D'$).この場合,一般的技能を持つ労働者が企業特殊技能にチェンジし,J 均衡に向かう.その後景気が回復しても($D' \to D$)J 均衡のままである.逆に需要曲線が下にシフトした場合には,A 均衡になる.また経済が J 均衡にあっても一時的に需要曲線が非常に大きく下にシフトすれば,J 均衡はなくなり,A 均衡に移行する.このように一時的ショックにより均衡が決まり(移動し),その影響がなくならないことを履歴(ヒステレシス)効果という.

これは,歴史が現在の制度に影響を与えることの一例として見ることができる.制度の分析にはこのような履歴効果の視点も重要であり,そのた

めには現在の制度だけでなく,過去の歴史も視野に入れた分析を行う必要がある.制度の動学的側面と歴史の役割については第Ⅲ部で論じる.

参考文献

Abe, Y.(1994), "Specific Capital, Adverse Selection, and Turnover: A Comparison of the United States and Japan," *Journal of the Japanese and International Economies* 8: 272-292.

Aoki, M.(1988), *Information, Incentives, and Bargaining in the Japanese Economy*, Cambridge University Press.(永易浩一訳『日本経済の制度分析―情報・インセンティブ・交渉ゲーム』筑摩書房,1992年).

Becker, G. S.(1964), *Human Capital: A Theoretical and Empirical Analysis, with Special Reference to Education*, Columbia University Press, New York.(佐野陽子訳『人的資本―教育を中心とした理論的・経験的分析』東洋経済新報社,1976年).

Doeringer, P. and M. Piore(1971), *Internal Labor Markets and Manpower Analysis*, Lexington, Mass.: D. C. Heath.

Freeman, R. B. and M. L. Weitzman(1987), "Bonuses and Employment in Japan," *Journal of the Japanese and International Economies* 1: 168-194.

Hashimoto, M. and J. Raisian(1985), "Employment Tenure and Earning Profiles in Japan and United States," *The American Economic Review* 75: 721-735.

―――(1992), "Employment Tenure and Earning Profiles in Japan and United States: Reply," *The American Economic Review* 81: 346-354.

Hutchens, R. M.(1989), "Seniority, Wages and Productivity: A Turbulent Decade," *Journal of Economic Perspectives* 3: 49-64.

猪木武徳・樋口美雄編(1995),『日本の雇用システムと労働市場』日本経済新聞社.

伊丹敬之・加護野忠男・伊藤元重編(1993),『日本の企業システム』有斐閣.

伊藤秀史・照山博司(1995),「ホワイトカラーの努力インセンティブ」,橘木俊詔・連合総合生活開発研究所編『「昇進」の経済学』東洋経済新報社.

岩井克人(1988),「従業員管理企業としての日本企業」,岩田規久夫・石川経夫編『日本経済研究』東京大学出版会.

加護野忠男・小林孝雄(1988),「見えざる出資:従業員持分と企業成長」,伊丹

敬之・加護野忠男・小林孝雄・榊原清則・伊藤元重『競争と革新—自動車産業の企業成長』東洋経済新報社.

小池和男(1981),『日本の熟練』有斐閣.

———(1989),「知的熟練と長期の競争」,今井賢一・小宮隆太郎編『日本の企業』東京大学出版会.

———(1991),『仕事の経済学』東洋経済新報社.

Kreps, D. M. (1990), "Corporate Culture and Economic Theory," Alt, J. E. and Shepsle, K. A., eds., *Perspectives on Positive Political Economy*, Cambridge University Press, Cambridge, UK.

Lazear, E. P. (1979), "Why is there Mandatory Retirement?" *Journal of Political Economy* **87**: 1261-1284.

Lincoln, J., M. Hanada and K. McBride (1986), "Organizational Structures in Japanese and U. S. Manufacturing," *Administrative Science Quarterly* **31**: 334-364.

MacLeod, W. B. and J. M. Malcomson (1989), "Implicit Contracts, Incentive Compatibility, and Involuntary Unemployment," *Econometrica* **57**: 447-480.

Medoff, J. L. and K. G. Abraham (1980), "Experience, Performance, and Earnings," *Quarterly Journal of Economics* **97**: 703-736.

Milgrom, P. and J. Roberts (1992), *Economics, Organizations and Management*, Prentice-Hall, Englewood Cliffs, New Jersey.

———・———(1994), "Comparing Equilibria," *American Economic Review* **88**: 441-459.

Milgrom, P. and C. Shannon (1994), "Monotone Comparative Statics," *Econometrica* **62**: 157-180.

Mincer, J. and Y. Higuchi (1988), "Wage Structures and Labor Turnover in the United States and Japan," *Journal of the Japanese and International Economies* **2**: 97-133.

中村恵(1991),「昇進とキャリアの幅—日本とアメリカの文献研究」,小池和男編『大卒ホワイトカラーの人材開発』東洋経済新報社.

Okazaki, K. (1993), "Why is the Earnings Upward-Sloping? The Sharing vs. The Shirking Model," *Journal of the Japanese and International Economies* **7**: 297-314.

Okuno, M. (1984), "Corporate Loyalty and Bonus Payment: an Analysis of Work Incentive in Japan," Aoki, M. eds., *The Economic Analysis of the Japanese Firm*, North-Holland.

Okuno-Fujiwara, M.(1987), "Monitoring Cost, Agency Relationships, and Equilibrium Modes of Labor Contracts," *Journal of the Japanese and International Economies* **1**: 147-167.

奥野(藤原)正寛(1993),「現代日本の経済システム:その構造と変革の可能性」,岡崎哲二・奥野正寛編『現代日本経済システムの源流』日本経済新聞社.

大橋勇雄(1990),『労働市場の理論』東洋経済新報社.

Rosenbaum, J. E.(1984), *Career Mobility in a Corporate Hierarchy*, Academic Press, Orlando.

Shapiro, C. and J. Stiglitz(1984), "Equilibrium Unemployment as a Worker Discipline Device," *American Economic Review* **74**: 433-444.

鶴光太郎(1994),『日本的市場経済システム』講談社現代新書.

Williamson, O. E.(1983), "Credible Commitments: Using Hostages to Support Exchange," *American Economic Review* **73**: 519-540.

II 企業をとりまく制度的補完の構造

6 企業間の垂直的関係
競争と合併

　本章では企業間の取引関係として，原料，中間財に関する企業の垂直的関係とそこでの競争を，1980年代における日本の自動車産業を例にとり考察する．日米の自動車産業では部品内製化率に大きな違いがある．これはアメリカでは部品メーカーの合併が進んだのに対し，日本では長期取引関係による部品供給が行われてきたことを示している．ここではこのような企業の合併と分離を中心課題として近年のエージェンシー理論の発展の成果をふまえて説明する．

1　垂直的関係と競争

　企業間の取引はさまざまな形態をとる．それらは新古典派経済学の想定する市場取引とは違い，契約と長期的関係に基づくものが多い．また同じ業種間の同じ製品取引でも，国や企業によって取引方法が違う場合が見られる．そのような企業間の垂直的関係としては次のようなものがある．1つは，自動車産業や電気・電子機器産業にみられる中間財を供給する部品メーカーとそれらの中間財から最終生産物を作る組立産業(製品メーカー)との関係であり，ここでは主にこの関係を取りあげる．これら自動車や電機産業は1980年代における日本の国際競争力の源泉といわれ，近年その経済学的分析が実証，理論の両面から盛んに行われている．また自動車とその部品取引はしばしば日米間で貿易問題になり，日本の自動車部品取引の閉鎖性が問題視されるなどその企業間関係が注目されている．もう1つは，製造業とその製品を消費者に販売する流通業との関係である．日本における製造業と流通業の関係は，たとえば三輪・西村編(1991)などにより分析がなされている．

2節以降では，そのような企業間取引をエージェンシー関係とエージェント間のランク競争という視点から分析する．理論的分析の前にまず，日本の自動車産業における企業間取引を例にとり，どのような現象がそこで見られるのか，どこがアメリカなどの自動車産業と違うのか，それがどのように変化しているのかを検討しよう．

1.1 自動車産業における企業間関係

自動車産業では1970，80年代に製品差別化が急速に進行し，多様化した需要と供給のマッチングのためディーラーと組立メーカー，メーカー内の各部門，部品メーカーと組立メーカーなどの間で緊密なコーディネーションが図られた．特に1つのラインで多種多様な製品をフレキシブルかつ効率的に作るためにカンバン方式，ジャスト・イン・タイム方式などの部品供給システムが導入された．これらは「リーン生産方式」，つまり贅肉のない生産方式と呼ばれ，日本の自動車産業の特徴といわれている．そのもとになるのが部品メーカーと組立メーカーの垂直的関係である．

比較のために部品メーカーの数を見ると，たとえばトヨタに部品を供給する企業は1984年では270社しかない．これに対しアメリカのGMは，同じ年に約12,500社から部品の供給を受けている．一方，労働者と売上高の比較では1988年にGMは労働者約58.3万人で売上高が約1,236億ドルであるのに対し，トヨタは約6.5万人で約477億ドルになる．これらの数字は一見生産性の大きな違いを示しているように思えるが，その最大の要因は組立メーカーが本社で部品から作るか，部品の生産を他の部品メーカーに任せるかの違いである．日本の自動車組立メーカーは部品の多くを外注し，シャーシやエンジンなど主要部分の生産とその組立に特化している．大まかにいって80年代後半でアメリカの組立メーカーの部品内製化率は50-60%，日本では20-30%である．このため日本では組立メーカーの労働者数が少ない．しかし部品生産段階から自動車生産にかかわる労働者数で見ると，1人当たりの生産台数は日本が約17台，アメリカが約13台となる．また日本では加工度の高い部品の形で納入されるために部

品を納入する企業数が少なく，アメリカでは加工度の低い部品や原料の形で納入されるためその数が多くなる．

このように80年代には日米の自動車産業の組織とその競争力に違いが見られたが，80年代後半からアメリカに自動車業界は「リーン生産方式」などを取り入れ，変革を遂げつつあり，近年両者の差は減ってきたといわれている[1]．もともとトヨタ・システムもフォード・システムを日本に適した形で受け入れ，それを発展させてきたものである．このような自動車産業におけるシステムの発展は，それが固定されたものではなく，模倣と変革により進化していくことを示しているといえよう．

1.2　1980年代における部品メーカーとの関係

自動車産業における部品取引などの企業間関係は急速に変わりつつあるが，ここではその1980年代における特徴を，浅沼の一連の研究(1989, 93)やClark and Fujimoto(1991)，藤本(1995)による研究に即して説明する．

長期関係

自動車産業の部品メーカーと組立メーカーの取引関係は長期にわたるある程度固定的なものであり，当事者間でもそれは半永続的なものとして認識されている．以前，部品メーカーは，組立メーカーに直接部品を納入する1次下請けと，それに部品を卸す2次下請け，さらにその下の3次下請けとはっきり階層化され，それぞれ特定の組立メーカーの下にピラミッド構造をなしており，そのような下請け関係は搾取的構造と認識されてきた．しかし，1980年代には，複数の組立メーカーに部品を供給する部品メーカーも数多くあらわれ，部品メーカーの強さが認識されるようになってきた．浅沼(1989)によると，日本の自動車産業では部品メーカーを能力バッファーとして利用する，すなわち不景気になればすぐに部品を内製化し，

---

[1]　自動車産業における国際比較については下川(1992)，1980，90年代の自動車産業とその変革については藤本・武石(1994)などを見よ．

下請けを切り捨てるといった現象はあまり見られず，組立メーカーと部品メーカーの契約期間はモデル・チェンジがあるまで通常4年間(または2年間)つづき，この間に契約を打ち切ることはほとんどない．また多くの部品メーカーは1回の契約期間だけでなく持続的に部品を供給しており，両者は長期的関係にある[2]．

承認図，貸与図

両者の関係を浅沼(1989,93)の製品の設計図のあり方による分類(貸与図，承認図，市販品)と藤本(1995)の契約方法による分類(入札，開発コンペ，1社特命)を用いて考える．そのうち多く見られるのは次の3つである．

A 入札，貸与図：部品の設計図を組立メーカーが描き，部品メーカーにその図面を貸与して製造させる．誰がそれをつくるかは入札で決定する．部品メーカーには独自の技術等は必要なく，製造能力のみを提供する．いわゆる下請けのイメージに近い．

B 開発コンペ，承認図：設計図を数社の部品メーカーが描き，組立メーカーはそのうち1社を採用して部品を製造させる．部品メーカーは製造能力だけでなく開発，設計能力も提供する．

C 1社特命：組立メーカーは最初から1社を指名し部品の開発，設計，製造に当たらせる．設計を部品メーカーが行う点はBと同じであるが開発コンペはなく，開発段階から独占的契約である．

藤本(1995)によると，モデル・チェンジ時には入札が16%，開発コンペが38%，1社特命が45%，新規モデルの場合，入札が18%，開発コンペが49%，1社特命が32%を占める．モデル・チェンジ時には1社特命が多いが，これは以前からそのモデルの部品を作っていた場合であり，

---

[2] Asanuma(1989)は自動車産業だけでなく，電気・電子機器産業における企業間関係の研究を行い，両者の比較から承認図，貸与図や，関係特殊技能，部品メーカーの評価方法などについての分析の視点を示している．

表 1

設計外注方式 競争形態	モデル・チェンジの場合			新規モデルの場合		
	貸与図方式	承認図方式	市販品	貸与図方式	承認図方式	市販品
入札	<u>45%</u>	9%	8%	<u>53%</u>	11%	0%
開発コンペ	5	<u>49</u>	33	7	<u>64</u>	50
1 社特命	48	48	42	38	31	33
その他	10	5	25	10	6	25

ただし重複解答のため合計は 100% に一致しない．下線部は A，B のケースを示している．市販品とは特定の買い手の意思に関係なく一般の買い手を対象として売り出され，買い手はカタログから選ぶだけで購入可能な財である．

新車，モデル・チェンジともに開発コンペの比率が多いことが日本の特徴である．表 1 は藤本 (1995, p. 54) によるそれぞれの比率を示している．

デザイン・イン

　新車の設計段階の初期から部品メーカーと共同で開発を行う方式をデザイン・インという．日本の自動車産業ではこの方式が多く見られる．先の分類では主に B, C がこれにあたり，組立メーカーは新車の基本概念を決めた時点で部品メーカーにもそれを伝え，自社が設計を完成し生産ラインを整えるのと並行して部品メーカーにも部品の開発，設計にあたらせる．デザイン・インには開発コンペの場合，通常 2〜3 社の部品メーカーが参加する．そのうちの 1 つが組立メーカーの部品製造部門である場合も多い．コンペでは両者は区別されないが，組立メーカー自身が部品開発に参加するのには，部品製造のノウハウ，コストを知ることで契約時の交渉力を強める目的があると思われる．

　このようなデザイン・インでは，組立メーカーと部品メーカーの長期関係に基づく信頼関係が重要である．部品メーカーが新車の情報を他社に流さないことや，組立メーカーが部品メーカーの開発した技術やアイデアを流用したり，部品を作った後でそれを買いたたいたりしないという信頼が密接な情報交換を必要とするデザイン・インには不可欠なためである．

1.3 「顔の見える競争」

ではなぜ組立メーカーは自社内のみで部品を作らず2～3社に競争させるのだろうか．その1つの理由は保険としての役割である．1社だけに部品供給を依存する場合，何らかの事情で納入が停止すれば組立メーカーはそのモデルの生産が不可能になる．そのような場合が生じてもすぐにそのモデルに合った部品を供給できる部品メーカーを確保するため，複数の部品メーカーに部品の開発をさせている．もう1つの理由は，部品メーカー間での競争により，1社を指名する場合よりも価格や品質面で組立メーカーに有利になることである．このような少数の参加者による，お互いの行動に関するある程度の情報の共有に基づく競争は「顔の見える競争」(伊藤・松井(1989))と呼ばれる．一方，新古典派経済学の想定する完全競争では財に関する情報は完全であり，売り手，買い手とも多数が参加する．市場参加者は価格支配力を持たず，市場価格のみに基づいて行動を決定する．完全競争と「顔の見える競争」を比較すると，後者には次のような特徴がある．

第1の特徴は，ランク競争(ランク・オーダー・トーナメント)としての性格である．完全競争では個々の参加者の行動は他の参加者の利得に影響しないが，トーナメントでは利得は競争相手の行動に依存する．また「顔の見える競争」においては参加者はお互いの行動がある程度観察可能である．3節ではこのような関係を複数エージェント間のランク競争として分析する．

第2の特徴は「管理された競争」である．自動車産業における部品メーカーの競争では，組立メーカーはある部品メーカーの作る部品が自分のニーズに合わない場合でも，その部品メーカーとの関係をすぐには切らず，どこが良くないかを伝える．また組立メーカーは，たとえばできるかぎり安く部品を手に入れたい場合にはコスト削減競争を，コストよりも高い品質を重視する場合には品質競争をさせるよう自分の評価基準を競争に参加する部品メーカーすべてに伝えることで部品メーカー間の競争を管理して

いる[3]．

2 関係特殊投資と合併

　このような「顔の見える競争」は企業間関係で多く見られ，それは完全競争に比べより厳しいものになるといわれている(伊藤・松井(1989))．以下ではそのような競争の仕組みの理論的説明を試み，どのような場合に部品メーカーによる競争が有利になるのか，1社特命の場合や部品を内製化した場合(部品メーカーを合併した場合)と比較検討したい．ただしここではランク競争の影響に分析の焦点をしぼるため，競争の管理の側面については触れず，品質が良いか悪いかという単一の価値基準で測れるとする．

　企業間の垂直的関係は理論的にはエージェンシー関係，特に複数のエージェントによる競争を含むエージェンシー関係として記述できる．4章では企業と従業員の関係を分析したが，ここではプリンシパルは組立メーカー，エージェントは部品メーカーである．ただし4章では従業員は代替的で交渉力を持たなかったが，2.1項で見るように部品メーカーは組立メーカーに対し交渉力を持つ点に違いがある．

　まずエージェントが1社の場合の両者の関係から考えてみよう．組立メーカーが部品メーカーに部品開発を依頼する．問題になるのは部品の品質である．部品メーカーは努力すなわち投資 x をすることで部品の品質を向上させ，既存の部品を使う場合と比べた追加的価値(レント) $R(x)$ を生み出す．部品メーカーの投資コストは $C(x)$ であり，そのコストは逓増す

---

[3] 伊丹(1988)はこのような競争を「見える手による競争」と呼び，それには潜在的競争の確保による競争の促進，少数者間の有効競争の促進，技術進歩の促進，の効果があるとしている．
　伊藤・松井(1989)は，新聞社と製紙メーカーの関係を考察している．日本の新聞は配達時間が決まっており，印刷時間に大きく影響する紙切れが問題になる．新聞社は製紙メーカーごとの紙切れ回数を定期的に集計し，すべてのメーカーの成績を各メーカーに伝え，評価を示すことで競争を管理している．また成績の悪いメーカーともすぐには関係を切らず，つねにメーカー間の競争にトーナメント的性格を持たせている．

る.4章では,簡単化のために生産物の価値の上昇は努力に比例するとしたが,ここではより一般的に努力(投資)に対してレントは逓減すると考える[4].この部品開発と部品取引によって生じる両者の利潤の合計は $\pi(x) = R(x) - C(x)$ である.

$\pi(x)$ を最大にする投資水準を最適(First Best)投資水準と呼ぶ.利潤最大化条件は,$\pi'(x) = \frac{\partial}{\partial x}\pi(x) = 0 \iff C'(x) = R'(x)$:限界費用=限界生産性(図1参照)であり,これを満たす最適な投資水準を x^*,そのときの部品メーカーの報酬を $W^* = W(x^*)$,利潤を $\pi^* = \pi(x^*)$ と表す(4章参照).

2.1 関係特殊投資と双方独占

図1には線形の報酬スケジュールが示してあるが,実際にはこのような方法による最適投資水準の実現は難しい.その理由は4章で見たシグナルの誤差による報酬の変動リスクと立証不可能性の問題である[5].部品メーカーの投資の多くは関係特殊投資(relation specific investment)としての性質を持ち,かつそのシグナルは立証不可能な場合が多い.このため組立メーカーが事後的に正当な報酬を払わない可能性があり,部品メーカーの投資(努力)のインセンティブが下がる.

関係特殊投資とは特定の相手に対してのみ価値を持ち,一度投資するとその費用を回収するには同じ企業との関係を継続する方が有利な投資である(5章参照).たとえば,ある組立メーカーの専用部品を作っている部品メーカーの場合,開発した部品をその組立メーカーに売るとレント $R(x)$

---

4) 4章では生産性のシグナルについて考えたが,ここでは生産物は関係が続く限りにおいて追加的価値を持つことを示すために,その価値をレントと呼ぶ.数学的には投資コストは $C'(x) > 0$, $C''(x) > 0$,レントは $R'(x) > 0$, $R''(x) < 0$ である.ただし既存の部品を作るコストは0とし,投資コスト $C(x)$ は追加的価値 $R(x)$ に対応すると考える.
5) 企業間関係におけるリスク・シェアリングとインセンティブの問題については Kawasaki and McMillan (1987), Asanuma and Kikutani (1992)を見よ. Asanuma and Kikutani (1992)によると,日本の自動車産業では組立メーカーが部品メーカーのリスクを吸収する傾向がある.

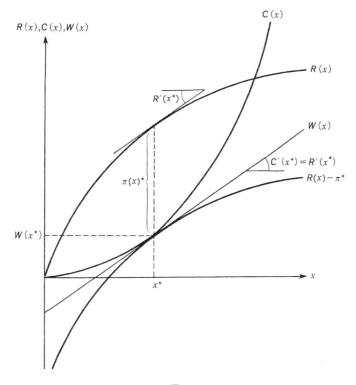

図1

が実現するが、他の組立メーカーにその部品を売ろうとしても規格に合わないため、その部品の価値は非常に低くなる（以下では簡単化のため他の組立メーカーに売る場合の価値、すなわち外部オプションは0とする）。このため専用部品を作るための特殊な機械、設備への投資コストはサンク・コストになる。また部品開発のための努力やノウハウも取引相手が変わるとその多くは価値を失う。ここでは関係特殊設備への投資と関係特殊技能への人的投資を合わせて関係特殊投資と考える。

また関係特殊投資は多くの場合、取引相手にも関係特殊投資が必要なことが多い。デザイン・インでは、部品メーカーが部品開発を行うと同時に組立メーカーもその部品を使う新車開発を行っており、その新車は部品メ

ーカーの開発した部品を必要とするため，組立メーカーの新車開発も関係特殊投資である．ただし以下では部品メーカーのみが関係特殊投資を行うケースを考える(双方による関係特殊投資についてはコラムで論じる)．

　特定の組立メーカー専用部品についてはその組立メーカーが部品の購買に独占力を持つと同時に，組立メーカーにとっては自動車を作るにはその部品が必要であり，部品メーカーはその部品の販売に独占力を持つ(以下ではその部品がないときの自動車の価値も0とする)．このため一度契約が実行されるとその契約が続く間，双方独占になる．4章で見た雇用契約では従業員(エージェント)は外部労働者と代替可能であるため交渉力を持たなかった．しかし関係特殊投資を行ったエージェントは事後的に交渉力を持つ．双方独占の状態では部品価格は市場競争ではなく交渉によって決まる．

2.2　不完備契約と再交渉

　これまでは，契約とその実行にかかる時間の問題を明示的に考慮しておらず，初期の契約にすべての条件を書くことができ，かつ両者が必ずそれを後で実行させることができると考えてきた．このような第三者による強制力のある契約を完備契約(complete contract)という．これに対し立証不可能性により第三者による強制力がない場合や，不確実性が多く，そのすべての状態には対応していない契約を不完備契約(incomplete contract)という．関係特殊投資の契約は多くの場合，次のような理由から不完備契約になる．

- 部品開発は長期にわたり，不確実性が大きいため，起こりうるすべての事態を予想し契約に書くには大きな費用がかかり，実際には不可能である．
- 品質や努力水準を言葉で正確に書くのは困難であり，しかもそれは多くの場合，立証不可能である．
- たとえ立証可能であっても，特に日本では裁判による強制に時間と費用がかかりすぎるため現実的手段として用いられない場合が多い．

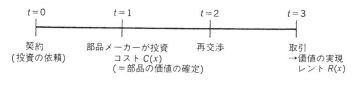

図2

　以下では部品メーカーの投資水準 x や部品の価値は立証不可能であり，このため契約が不完備になるケースを考える．図2はこのような関係特殊投資のプロセスを時間の流れに沿って示している．

　0期に組立メーカー(プリンシパル)が部品メーカー(エージェント)に部品の開発，製造を依頼し，1期に部品メーカーが投資 x を行う．そのコスト $C(x)$ はサンク・コストである．3期に完成した部品の取引(品物の受け取りと報酬の支払い)を行い，組立メーカーがレント－報酬($R(x)-W$)，部品メーカーが報酬(W)を得る．立証不可能性のため関係特殊投資を行う前(0期)には，部品の価値に応じた支払い額(報酬スケジュール)に双方がコミットするような強制力のある契約が書けない．しかし事後(2期)には部品メーカーの投資水準が決まり，部品の価値(レント $R(x)$)が確定する．あとは支払い金額のみが問題であり，これについては強制力のある契約を書くことができる．このため部品メーカーが投資した後，2期に代金の支払いについて再交渉が行われる．このような再交渉の可能性から生じる問題はホールド・アップ(Hold up)問題と呼ばれる．

2.3　ホールド・アップ問題

　2期に再交渉が行われた場合，組立メーカーと部品メーカーそれぞれの取り分はどれだけになるだろうか．4章では，エージェントは交渉力を持たず，利益はすべてプリンシパルのものになったが，関係特殊投資の後では両者とも交渉力を持つため「取引による利益」を半分ずつ分けると考える(これは交渉の規範的な解であるナッシュ交渉解に対応する．7章参照)．この「取引による利益」に注意してもらいたい．仮に0期に完備契約が書け，

そのため再交渉がない場合,「取引による利益」とは,このプロセス全体から得られる両者の利潤の合計 $\pi(x) = R(x) - C(x)$ である.この利潤を両者が半分ずつ分けるとすると部品メーカーは $\frac{1}{2}\pi(x)$ を最大化するが,これは $\pi(x)$ を最大化することと等しく,このような完備契約では最適な投資水準 x^* が達成できる(この場合,部品メーカーへの報酬は $\frac{1}{2}\pi(x) + C(x)$ である).

しかし契約は不完備であり,2期に再交渉が行われる.再交渉により取引が行われればレント $R(x)$ が生じるが,行われなければレントは 0 である[6].このため再交渉の時点での「取引による利益」はこの差 $R(x)$ であり,再交渉ではこれを二分し,部品メーカーが得る報酬は $\frac{1}{2}R(x)$ になる.このように報酬に違いが生じるのは,再交渉の時点では部品メーカーの投資コスト $C(x)$ はサンクされており,取引の有無に関係なくなっているためである.

再交渉の結果を事前に予想する部品メーカーは,その予想に基づき1期の投資水準を決定する(部品メーカーが非常に合理的で将来の交渉の結果を正しく予想すると考える必要はなく,過去の組立メーカーとの取引の経験から,交渉結果について学習してきたと考えてよい).再交渉を含む図2のような関係特殊投資のプロセスから部品メーカーが得られる利潤は $\frac{1}{2}R(x) - C(x)$ であり,部品メーカーはこの利潤が最大になるような投資水準 $\bar{x}$ を選ぶ.この時の利潤最大化の条件は $\frac{1}{2}R'(x) = C'(x)$ である.

先に見たように,最適投資水準 x^* の条件は $R'(x) = C'(x)$ である.これと部品メーカーが実際にとる投資水準 $\bar{x}$ の条件 $\frac{1}{2}R'(x) = C'(x)$ の関係は図3のようになる.図1で見たように投資水準が1単位増えるごとに,レントの増加率は減少し,コストの増加率は増加することを示すため図3では縦軸にレントの増加率 $R'(x)$ とコストの増加率 $C'(x)$ をとってある.図3を見ると,$\bar{x}$ は最適投資水準 x^* に比べて必ず小さく,部品メーカーの投資水準は非効率になっている.

---

[6] この差は Klein et al. (1978)によって着服されうる準レント(appropriable quasi-rent)として分析された.

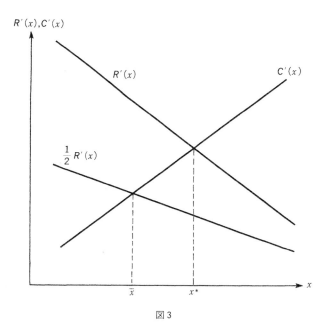

図3

まとめるとここでのホールド・アップ問題は次のようになる[7].

・関係特殊投資の契約はその不完備性のため再交渉の可能性がある.
・再交渉により部品メーカーの投資の成果であるレント $R(x)$ の半分が組立メーカーに取られるが,組立メーカーはそのコストを負担しない.
・これを予想する部品メーカーは最初から投資水準を下げ,その結果,投資水準が非効率になる.

2.4 合併による解決とその問題点

自動車産業における企業の垂直的関係のように関係特殊投資が主要な役割を果たす場合には,ホールド・アップ問題がしばしば生じ,その解決が大きな課題になる.その視点から企業の合併を考える議論が Grossman

---

[7] ホールド・アップ問題は Williamson(1975, 85), Klein et al. (1978)によって指摘され,その後 Grossman and Hart(1986), Hart and Moore(1988, 90)などにより研究されている.

and Hart(1986)などで行われている．そこで示されたホールド・アップ問題の解決法を図2に即して考えると，プリンシパルが利潤機会(経済機会)$R(x)$を$t=1$期にπ^*という金額でエージェントに売り渡す．このため投資による剰余$R(x)-\pi^*$を得る権利(residual right)がすべてエージェントに移り，再交渉でプリンシパルにレントの一部をとられる心配はなくなる．このときエージェントは$R(x)-C(x)-\pi^*$を最大化し，最適投資水準x^*になる(図1参照)．これは部品メーカーが組立メーカーの経営権をπ^*で買い取ることであり，その1つの方法として両者の合併がある．それにより実際に投資する人と剰余請求者(剰余を得る権利を持つ人：residual claimant)が一致すればエージェンシー関係そのものが消滅するため，最適な水準の投資が行われる．

　しかし，このような合併によるホールド・アップ問題の解決にもさまざまな問題がある．合併した場合，組織の巨大化により企業内の管理システムの集中による情報処理のコストやコーディネーションの困難化が問題になる．それに伴い，従業員が企業内での分配に影響を与えるための非生産的活動(influence活動)を行う余地が増える可能性がある．それによるコストはインフルエンス・コストと呼ばれる．それには非生産的活動に使われる資源，インフルエンス活動により不適切な意思決定が行われることによる損失，それを防ぐための，政策，意思決定方法，組織構造の変更による組織の効率の低下がある(Meyer et al.(1992))[8]．またコラムで見るように，合併しても実際に投資する人と剰余請求者が一致しない場合，企業間のエージェンシー関係が企業内のエージェンシー関係になるだけで，投資は効率的にはならず，逆に合併しない時よりも非効率になることもありうる．

　さらに，合併するには資金が必要だが金融市場での資金調達が難しい場合がある．部品メーカーと組立メーカーの場合，合併により関係特殊投資

---

8) Meyer et al.(1992)は，このようなインフルエンス・コストの考察から業績の伸びの悪い部門の別会社化を論じている．また伊藤・林田(1996)は合併のコストとして，人事権を持つ経営者の過剰介入による非効率性とそれへの対処としての別会社化を論じている．

の水準は効率的になるが，そのような投資計画に関する情報は金融市場に伝わりにくく，合併の資金調達の条件が不利になる．日本の自動車産業は戦後，急速に発展してきたが，その初期段階や発展中の資金調達には限界があり，その中で合併によらないホールド・アップ問題の解決法が模索され，実際，そのような解決法が80年代には有効に機能してきたと思われる．そこで次節では，解決法としての複数の部品メーカーによる競争のメカニズムを考えよう．

3 企業間の競争と情報

ここまでは部品メーカー1社と取引する場合を考えてきた．しかし現実には，日本の自動車産業では部品開発を複数の企業に依頼する開発コンペが多く見られる．ここでは複数の部品メーカーによる競争(トーナメント)が取引の効率性に与える影響と，そこで働くメカニズムを考えたい．また関係特殊投資には時間がかかり，その間に企業間で競争相手の行動についてどの程度情報が流れるのかが競争のメカニズムに大きく影響すると思われる．以下ではまずトーナメントのメカニズムを説明し，そこへの不完備契約による再交渉の可能性と競争中の情報の影響について考える．

3.1 トーナメントの理論

開発コンペのように少なくとも部品メーカー2社に競争させる状況をトーナメント(コンテスト)の理論を用いて考える[9]．最初にプリンシパル(組立メーカー)は2人のエージェント(部品メーカー a, b)に部品開発を依頼する．しかし実際に部品を製造するのはこのうち1社である．部品メーカーは部品開発のためにそれぞれ x_a, x_b の関係特殊投資を行う．その結果，レント $R(x_i)(i=a,b)$ を生み出す部品を開発する．投資コストは $C(x_i)$

---

[9] トーナメントに関する先駆的研究としては Lazear and Rosen (1981), Nalebuff and Stiglitz (1983)などがある．ただしいずれもここで見るケースと違い，プリンシパルが賞金額にコミットできるケースを考察している．

Column

ホールド・アップ問題と合併*

　本文では合併により投資が効率化する場合を述べたが，デザイン・インなど双方が関係特殊投資を行う場合には投資の効率性は，合併後の組織のあり方に依存する．ここでは合併を物的資産の所有権の変化と捉え，それによる剰余請求権と利益配分の変化の影響を見るため，合併しても関係特殊投資を行う主体は変わらず，企業間契約が企業内契約になっても相手に投資水準を強制できないケースを簡単な数値例で考えよう．

　0期に合併の有無，合併方法を決めた後，部品メーカー a と組立メーカー p の両者が関係特殊投資(コスト I_a, I_p)を行う．投資のプロセスは図2と同じである．合併した場合，2期の再交渉時の「取引による利益」はすべて合併した側，すなわち資産所有者(剰余請求者)が得る．1期の投資により a は部品の生産費 C を下げることができ，p は部品の価値 V を上げることができる．a と p は投資水準を次の3種類のうちから選択する．

a

投資コスト (I_a)	生産費 (C)
0	10
1	6
4	2

p

投資コスト (I_p)	部品の価値 (V)
0	10
4	20
10	30

　2期の再交渉での「取引による利益」は部品の価値と生産費の差($V-C$)であり，事前に合併した場合，合併した側がこれをすべてとる．合併しなかった場合には生産費に「取引による利益」の半分を上乗せした価格 $\left(C+\dfrac{V-C}{2}=\dfrac{V+C}{2}\right)$ で部品を取引し，それぞれの利益は $\left(\text{p}:\dfrac{V-C}{2}-I_p, \text{a}:\dfrac{V-C}{2}-I_a\right)$ になる．たとえば C が 6，V が 20 の場合，取引価格は 13(=(20+6)/2)，利益は p が 3，a が 6 である．

- 最適投資：どの投資計画も総便益が総費用を上回っており，a は 4，p は 10 の投資を行うことが全体の視点からは最適である．
- 合併しない場合：両者ともホールド・アップにより投資水準を抑える．右図内の**太字**は相手のそれぞれの投資水準に対する最適な投資水準を

合併しないケース					a が p を合併するケース			
p \ a	0	1	4		p \ a	0	1	4
0	0, 0	2, 1	4, 0		0	0, 0	0, 3	0, 4
4	1, 5	3, 6	5, 5		4	−4, 10	−4, 13	−4, 14
10	0, 10	2, 11	4, 10		10	−10, 20	−10, 23	−10, 24

示している．両者の最適反応が一致するところ(ナッシュ均衡)がこのときに実現する投資水準であり，図のようにaは1，pは4投資する．

- aがpを合併した場合：aが「取引による利益」をすべてとるため，利得は$(p: -I_p, a: V-C-I_a)$．このためpは投資を行わない．aは「取引による利益」をすべて得られるため，4投資する．
- pがaを合併した場合：両者の利得は$(p: V-C-I_p, a: -I_a)$となり，aの投資水準は0，pの投資水準は10になる*．

両者の利益の合計は最適投資では14，合併しない場合は9，aがpを合併する場合には4，pがaを合併する場合には10である．この場合aによるpの合併は合併しない場合より非効率であり，pによるaの合併では効率は上がるが最適水準にはならない．このような違いが生じるのはそれぞれの投資計画の効率性や投資規模の大きさが違うためである．aがpを合併した方が効率的な場合や，合併しない方が効率的な場合もありうる．

ここでは合併しても賃金スケジュールなどによるホールド・アップ問題の解決が不可能なケースを見た．もちろんこれは極端なケースであるが，ここでみたような合併による交渉力の変化，それに伴うインセンティブの変化も企業の合併と分離を考える上で重要な要素である．Hart and Moore(1990)によると企業pが企業aを合併すべきなのは，①pはaの重要なパートナー(aの外部オプションが小さい)，②aの投資に比べpの投資が重要，③両者の資産の補完性が強い，という場合である**．

* 読者は上の2つのケースと同様の方法を使って，この結論を確認してほしい．
** ただしこの例では生産費，部品の価値は自分の投資水準のみに依存し，相手の投資水準には依存しないため両者の資産に補完性はない．

であり，これまでと同様にコストは逓増（$C'>0$, $C''>0$），レントは逓減（$R'>0$, $R''<0$）する．組立メーカーは部品メーカーの投資水準を直接観察できず，シグナル $S_a = x_a + \varepsilon_a$, $S_b = x_b + \varepsilon_b$（$\varepsilon$ は誤差項）に基づき，どちらに部品製造を依頼するかを決める．トーナメントの特徴は組立メーカーの示す報酬スケジュール（＝インセンティブ・スキーム）にある．それは次のように表される[10]．

$$W_a(S_a, S_b) = \begin{cases} w+W & if\ S_a > S_b \\ w & if\ S_a < S_b \end{cases} \quad \text{（図4参照）}$$

w はトーナメント参加者の基本給（参加報酬）だが，以下では簡単化のため 0 とする．W は勝者，すなわちシグナルが大きかった者への賞金である（図4は誤差項の影響はなく，$S_i = x_i$（$i = a, b$）の場合を示している）．

賞金が得られる x の値 $\hat{x}$ は相手の投資水準によって決まる．このため部品メーカーの投資水準の決定は，相手の投資水準に依存した反応関数 (Best Response function) の形で表される（図5）．図4の x_max は賞金 W がコスト $C(x)$ を上回る最大の投資水準であり，部品メーカーはこれ以上の投資は行わない．次に図5の部品メーカーbの反応関数を見てみよう．aの投資水準が $\hat{x}_a$ のとき，bにとって最適な投資水準は $\hat{x}_a$ より少しだけ多く投資する（$BR_b(\hat{x}_a)$）ことであり，aの投資水準が x_max 以上のときは全く投資しないこと（投資水準0）が最適である[11]．

部品メーカーがこのような反応関数に基づいて行動するとき，賞金はどのように支払われるのだろうか．シグナルに誤差はなく，結果的にaの方がbよりシグナルが大きかった場合（$S_a > S_b$）を考えてみよう．契約どおり賞金がaに支払われるとするとそれぞれの利得は次のようになる．

---

10) $S_a = S_b$ の場合，$w + \frac{1}{2}W$ と考えてよいが，誤差項があるためその可能性は無視しうる．
11) 簡単化のため，図4，5ではシグナルの誤差がない場合を示しており，厳密には図5のように反応曲線が交わらないときには両者の投資水準は均衡しない．しかしシグナルの誤差を考慮すると，aとbの反応曲線の傾きは45°より少し小さく，どこかで交差することが知られている．交差した点では両者の投資水準は予想と一致し，その投資水準で均衡する．

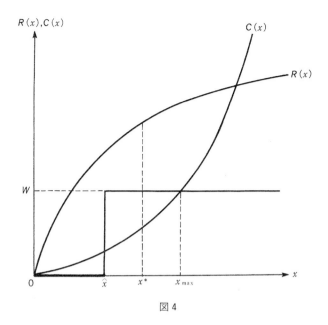

図4

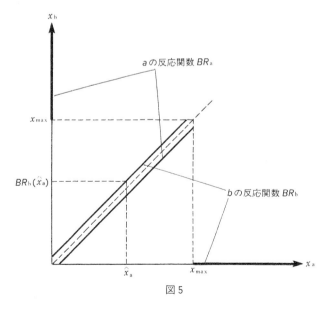

図5

組立メーカー：$R(x_a) - W$
部品メーカーa：W
部品メーカーb：0

もしbに賞金Wを払うと組立メーカーの利得は$R(x_b) - W$に下がるため，このままでは賞金はaに払われる．しかし本当に賞金はこのように支払われるのだろうか．

3.2　トーナメントの賞金と再交渉

このようなトーナメントの契約の多くは不完備であり，組立メーカーが賞金額やシグナルの大きい部品メーカーと取引することに事前にコミットすることは難しく，再交渉で賞金額や勝者の変更が可能な場合が多い[12]．そのような場合，生産能力の劣る部品メーカーbは組立メーカーに「賞金額は少なくて良いから自分に部品を製造させてほしい．」と再交渉を持ちかける．それに応じることが組立メーカーにとって得になる場合，再交渉は成立する．ただしそのような再交渉の成立はaにとっては損になるため，aは組立メーカーにさらに低い賞金額で再々交渉を持ちかける．このような再交渉のプロセスが繰り返されるため，賞金額はどんどん小さくなる．

では再交渉により最終的な利益配分はどうなるのだろうか．ホールド・アップ問題の場合と同様に再交渉の時点ではコストはサンクされており，「取引による利益」はレントと外部オプションの差である．ホールド・アップ問題のように部品メーカーが1社の場合，事後的に双方独占になり，両者とも外部オプションは0である．しかし開発コンペは買い手独占であり，組立メーカーはaと取引する必要はなく，bと取引するという外部オプションを持っている[13]．bはaと取引されるとレントは0になるため，少しでもレントが得られるなら取引に応じる(bはレントが0でも取引するとする)．このため組立メーカーにとって「bではなくaと取引すること

---

12) 契約に賞金額が明記してあっても，契約どおりの額をbに一旦支払った後，bがいくらか返すことを防ぐのは現実には困難である．

による利益」はaとの取引による利益と外部オプション(bとの取引による利益)の差 $R(x_a) - R(x_b)$ であり，組立メーカーと部品メーカーaはこれを二分する．したがってホールド・アップ問題の場合より組立メーカーの交渉力が強く，再交渉の結果それぞれへの配分は次のようになる[14]．

組立メーカー：$\frac{1}{2}[R(x_a) - R(x_b)] + R(x_b) = \frac{1}{2}[R(x_a) + R(x_b)]$
部品メーカーa：$\frac{1}{2}[R(x_a) - R(x_b)]$
部品メーカーb：0

すなわち，このようなトーナメントの契約でも不完備性による再交渉の可能性から勝者が得られる利益は小さくなり，これを予想する部品メーカーは最初から投資水準を低くし，非効率になる．

では「顔の見える競争」は本当にインセンティブを与えるのだろうか．それを考察するために，投資には時間がかかり，その間にトーナメント(開発コンペ)の参加者間で情報が伝わる場合を検討する．

3.3　投資競争と情報

ここでは時間を明示的に考えるために，投資は投資期間を通じて連続的に行われ，$x_i (i = a, b)$ を単位時間当たりの投資量と考える．投資コスト C について，$C' > 0, C'' > 0$ は単位時間当たり多くの投資をしようとするほどコストが逓増することを示している．これまでと違い，ここで問題になるのは投資のスピードであり，これまでの投資水準は，ここではストック水準に対応する．他の状況はこれまでと同じである．トーナメントでは時間を考慮しなかったため部品メーカー(エージェント)間での情報伝達は

---

13) 次章で検討する交渉の理論では外部オプションのことを，それ以下の利益しか得られない場合には交渉に応じないという意味で交渉決裂点(交渉威嚇点：threat point)と呼ぶ．ここでの議論はホールド・アップ問題の場合に比べ，トーナメントでは組立メーカーの交渉決裂点が高くなることを示している．「取引による利益」を二分するとは，交渉の結果，両者の交渉決裂点の中間で利益が配分されることを意味する．

14) この場合bが再交渉を持ちかけても組立メーカーには得にならず $\left(\frac{1}{2}[R(x_a) + R(x_b)] > R(x_b)\right)$，この配分は再交渉で崩されることはない．このような配分は renegotiation-proof であるという．

考えなかったが，投資に時間がかかる場合，投資競争中にエージェントがどのような情報を得るかがエージェントの意思決定に大きく影響する．

まず，投資競争中の部品メーカー a，b 双方が，お互いの投資水準と過去の投資の合計であるストックの水準を各時点で完全に分かる場合を考えてみよう．ある時点で部品メーカー a のストックの方が b より多かった場合，b は a のストック水準に追いつくには単位時間当たり a より多くの投資をする必要がある．一方，a は b の投資のスピードを見てそれと同じ投資スピード(投資コスト)を保てば，b に追い越される心配はなく，a は一度優位に立つと，容易に勝つことができる．このためストックの差をつけられた時点で b はそれ以上投資せず，その後は部品メーカー間の競争はなくなり，組立メーカーと部品メーカー a の 1 対 1 の契約，すなわちホールド・アップ問題と同じ状況になる．このようにつねに相手の投資スピードが分かり，それに応じて自分の投資スピードを変えられる場合，少しでも優位に立った方が必ず勝つことを ε-Preemption と呼ぶ[15]．このことは「顔の見える競争」がうまく機能するためには，その呼称にもかかわらず，つねにお互いの顔が見えてはいけないことを示している．「顔の見える競争」は，部品メーカー同士が顔を見る機会を組立メーカーがコントロールすることではじめて有効に機能するのである．

3.4 情報のコントロール

部品メーカーは開発のための投資競争を行っているが，その部品は特定の組立メーカーに対してのみ価値を持つ部品であり，また開発コンペでは並行して組立メーカー自身もその部品を使った新車を開発中である．このため組立メーカー自身が意図的に伝えないかぎり，ある部品メーカーの部品の価値，すなわち組立メーカーによるその部品の評価はライバルの部品

---

15) Preemption とは，先制攻撃やブリッジでの相手を封じるほどの高いせり上げを意味する．ε-Preemption の解説は Tirole (1988, pp. 398-399)を見よ．また Fudenberg et al. (1983)は，研究開発，特許申請の競争における ε-Preemption の問題と情報の伝達にラグがあるため一度優位に立たれても追い抜ける可能性がある場合を考察している．

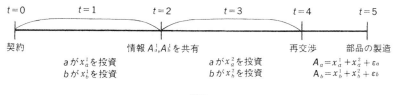

図6

メーカーには分からない.組立メーカーは部品の評価を伝えるのを制限することで部品メーカー間の情報を制限し,ε-Preemption によるホールド・アップ問題の発生を防ぐことができる.しかし情報を全く部品メーカーに伝えない場合,部品メーカーは自分の投資スピードを相手の投資スピードに応じて変化させることができず,期初にあらかじめ投資水準を決定するしかない.この場合,投資に時間がかかることの影響はなく,時間を考えない場合のトーナメントと同様に非効率な結果になる.そこで次に投資競争の途中で一度だけ組立メーカーが部品メーカー a, b に両者の開発中の部品の評価を伝える場合を考えてみよう.ここではつねに競争相手の「顔が見えて」は困るが,組立メーカーが部品メーカーの持つ情報を管理し,競争させるという意味で,この競争を「顔の見える競争」と呼ぶ.以下,このような競争のメカニズムを研究した Konishi et al. (1995) にそって説明する.

図6は「顔の見える競争」のプロセスを時間に沿って示している.0期に組立メーカーが部品メーカー a, b に新車の部品の開発を依頼する.ただしこの契約は不備であり,契約では賞金にはコミットできない.1期を通じて部品メーカー a, b がそれぞれ投資 x_a^1, x_b^1 を行う.2期に組立メーカーは開発中の部品の評価(シグナル)$A_a^1 = x_a^1 + \varepsilon_a^1, A_b^1 = x_b^1 + \varepsilon_b^1$ ($\varepsilon_a^1, \varepsilon_b^1$ は評価の誤差)を両者に伝え,そして競争相手の評価も伝える.これにより部品メーカーはお互いにどちらが先んじているかを知る.3期を通じて部品メーカーはさらに投資 x_a^2, x_b^2 を行う.4期に部品メーカーの投資に対する評価 A_a, A_b ($A_i = x_i^1 + x_i^2 + \varepsilon_i$ ($i = a, b$))に基づいて再交渉を行い,部品を製造するメーカー,レントの配分を決定する(これまでと同様に単位

時間当たりの投資コストは逓増し，レントは逓減すると考える）．

3.5　内生的「賞金」と部品メーカーの投資水準

　このような競争方法が部品メーカーの投資水準に与える影響を見るため，3期の投資水準から考える．それには複数の均衡があり得る．一方のみが投資する均衡と双方が投資する均衡である．このうち3期に投資を行うのはaのみであり，3期以降は組立メーカーと部品メーカーaの双方独占になる均衡が実現するとしよう[16]．4期の再交渉を考えると，aは3期の投資分のレントの半分は手にすることができるため，3期にはその水準(ホールド・アップ問題の水準)まで投資を行う．この利益は一種の独占レントであり，2期の投資競争の勝者への「賞金」と見ることができる．この「賞金」はトーナメントの場合のように組立メーカーによるコミットの必要はなく，内生的に決まる．1期に部品メーカーは，この「賞金」を得るためにトーナメントを行う．1期の投資水準が大きくなるのは次のようなケースである[17]．

- 割引率：将来をあまり割り引かない場合，部品メーカーは投資費用に比べ将来の「賞金」を大きく評価し，それを得るためにより多くの投資を行う．
- 3期の長さ：3期の投資期間が長いほど「賞金」が大きくなるため，1期の投資水準も大きくなる．
- 競争者数：競争の参加者が少ないほど，追加的投資が「賞金」の獲得に確実に結びつくため，投資水準が大きくなる．
- 評価の誤差：組立メーカーの評価の誤差が小さいほど追加的投資が

---

16)　この競争に3社以上が参加しても3期以降は1社のみが投資を行う双方独占になる均衡があり，また評価を伝える回数を2回以上にしても，一度評価を伝えた時点で1社になる可能性があるため2回目以降の情報はあまり投資水準には影響しない．

17)　ただしつねに1期に投資競争が生じ，投資水準がホールド・アップ問題の水準より大きくなるとは限らない．1期から他社は競争をあきらめ1社しか投資しない場合もあり，この場合投資はホールド・アップ問題の水準のままである．

「賞金」に結びつきやすいため，投資水準が大きくなる．

3.6 「顔の見える競争」における競争と情報

このような「顔の見える競争」の意味についてもう少し考えてみよう．「顔の見える競争」では内生的な「賞金」により部品メーカーを競わせることで投資水準が高くなる．しかし，この方法は社会的に見て効率的なのだろうか．「顔の見える競争」では最終的に部品を製造するのは1社であり，競争に負けた部品メーカーの投資は無駄になる．競争に参加したすべてのメーカーが組立メーカーに多少とも部品を供給する場合でも[18]，もしホールド・アップ問題がなければ1社が開発を行い，他の部品メーカーにその技術を売ればよく，同じものの開発投資を複数の会社が行う費用は無駄になる．またこれは部品メーカーがいくら投資してもその投資の成果の大部分を組立メーカーが得る構造であり，組立メーカーとしてはできる限り投資のインセンティブを強くした方がよい．このため競争によるインセンティブが強すぎ，投資水準が効率的水準(図4，x^*)以上に高くなる場合も考えられる．

ところで，この節では合併に代わるホールド・アップ問題への対処法としての「顔の見える競争」を考えてきた．それはどのような点で合併と違うのだろうか．2節で合併による解決の問題点として指摘したように，合併しても実際に投資する人と剰余請求者が一致しない場合，企業間のエージェンシー関係が企業内のエージェンシー関係になるだけで，立証不可能性の問題は残り，投資は効率的にはならない．またその問題がなくなったとしても，4章および5章で見たように，社内の一部のみに短期の強いインセンティブ・スキームを用いるのが難しいことがある．このような場合，

---

[18] Asanuma (1989)によると，たとえば新型ブレーキの開発は開発コンペで勝ったメーカーが利益の大きい車種のブレーキを製造し，負けた部品メーカーも他の車種のブレーキの製造を行う，というように組立メーカーはつねに部品メーカーに仕事を与える傾向にある．

社内でトーナメントにより部門間や個人間で競争させることがあるが，「顔の見える競争」のように競争中のエージェントの情報の制限を社内で行うことが困難な時には，合併せずに別会社として競争させた方がよい．このように企業間の「顔の見える競争」は市場取引と比較すると競争参加者間の情報伝達が特徴であるが，合併と比較するとある程度情報を制限し「顔を見えなくする」ことが1つの特徴であるといえよう．

Note

5章および6章で見た日本の企業と企業間関係の特徴については，伊丹敬之・加護野忠男・伊藤元重編(1993)『リーディングス 日本の企業システム』全4巻，有斐閣．なかでも伊藤秀史・林田修・湯本祐司「中間組織と内部組織――不完全契約と企業内取引」(第1巻「企業とは何か」)は，ホールド・アップ問題と合併について分析しており，また第3巻「人的資源」は日本の企業における人的資本についてさまざまな側面から分析している．

日本の自動車産業については，浅沼萬里「調整と革新的適応のメカニズム――自動車産業における部品取引の構造」(同第4巻「市場と企業」)．製品開発のプロセスについては，Clark, K. B. and T. Fujimoto (1991), *Product Development Performance*, Boston: Harvard Business School Press, 田村明比古訳『製品開発力』ダイヤモンド社，90年代以降の自動車産業については藤本隆宏・武石彰(1994)，『自動車産業21世紀へのシナリオ』生産性出版，を見よ．

ホールド・アップ問題や不完備契約と再交渉，それによる取引コストの問題などの企業の理論的分析は次のような文献を見よ．

Milgrom, P. and J. Roberts(1992), *Economics, Organizations and Management*, Prentice-Hall, Englewood Cliffs, New Jersey (伊藤秀史・今井晴雄・奥野(藤原)正寛訳『組織の経済学』NTT出版(近刊))．

Holmstrom, B. R. and J. Tirole(1989), "The Theory of the Firm," Schmalensee, R. and Willig, R. D., eds., *Handbook of Industrial Organization*, Vol. 1, North-Holland.

参考文献

Asanuma, B. (1989), "Manufacturer-Supplier Relationship in Japan and the Concept of Relation-specific Skill," *Journal of the Japanese and International Economies* **3**: 1-30. (浅沼萬里(1990),「日本におけるメーカーとサプライヤーとの関係——関係特殊技能の概念の抽出と定式化」,『経済論叢』第145巻第1.2号:1-45).

Asanuma, B. and T. Kikutani (1992), "Risk Absorption in Japanese Subcontracting: A Microeconometric Study of the Automobile Industry," *Journal of the Japanese and International Economies* **6**: 1-29. (浅沼萬里・菊谷達弥(1993),「中核企業によるサプライヤーのリスクの吸収」,『経済論叢』第151巻 第4.5.6号:1-41).

Fudenberg, D. and R. Gilbert, J. Stiglitz, J. Tirole (1983), "Preemption, Leapfrogging and Competition in Patent Races," *European Economic Review* **22**: 3-31.

藤本隆宏(1995),「部品取引と企業間関係——自動車産業の事例を中心に」, 植草益編『日本の産業組織——理論と実証のフロンティア』有斐閣.

Grossman, S. and O. Hart (1986), "The Costs and Benefits of Ownership: A Theory of Vertical and Lateral Integration," *Journal of Political Economy* **94**: 691-719.

Hart, O. and J. Moore (1988), "Incomplete Contracts and Renegotiation," *Econometrica* **56**: 755-785.

―――・―――(1990), "Property Rights and the Nature of the Firm," *Journal of Political Economy* **98**: 1119-1158.

伊丹敬之(1988),「見える手による競争: 部品供給体制の効率性」, 伊丹敬之・加護野忠男・小林孝雄・榊原清則・伊藤元重『競争と革新——自動車産業の企業成長』東洋経済新報社.

伊藤秀史・林田修(1996),「企業の境界:分社化と権限委譲」, 伊藤秀史編『日本の企業システム』東京大学出版会.

伊藤元重・松井彰彦(1989),「企業:日本的取引形態」, 伊藤元重・西村和雄編『応用ミクロ経済学』東京大学出版会.

Kawasaki, S. and J. McMillan (1987), "The Design of Contracts: Evidence from Japanese Subcontracting," *Journal of the Japanese and International Economies* **1**: 327-349.

Klein, B., R. G. Crawford and A. A. Alchian (1978), "Vertical Integration, Appropriable Rents, and the Competitive Contracting Process," *The*

Journal of Law and Economics **21**: 297-326.

Konishi, H., M. Okuno-Fujiwara and Y. Suzuki (1996), "Competition through Endogenized Tournaments: an Interpretation of the 'face-to-face' Competition," *Journal of Japanese and International Economies*, forthcoming.

Lazear, E. and S. Rosen (1981), "Rank-order Tournament as Optimum Labor Contracts," *Journal of Political Economy* **89**: 814-864.

Meyer, M., P. Milgrom and J. Roberts (1992), "Organizational Prospects, Influence Cost, and Ownership Changes," *Journal of Economics and Management Strategy* **1**: 9-35.

三輪芳郎・西村清彦編(1991),『日本の流通』東京大学出版会.

Nalebuff, B. J. and J. E. Stiglitz (1983), "Prizes and Incentives: Towards a General Theory of Compensation and Competition," *Bell Journal of Economics* **14**: 21-43.

下川浩一(1992),『世界自動車産業の興亡』講談社現代新書.

Tirole, J. (1988), *The Theory of Industrial Organization*, MIT Press, Cambridge.

Williamson, O. E. (1975), *Market and Hierarchies: Analysis and Antitrust Implication*, Free Press, New York.

―――(1985), *The economic Institutions of Capitalism*, Free Press, New York.

7 コーポレート・ガバナンス
双対的コントロール下の企業行動

　コーポレート・ガバナンスとは，企業のコントロールにかかわる権利と責任の構造をいう．新古典派経済学では，企業の究極の支配権は株式市場で取引されると考える．日本では，株式市場が企業のコントロールの市場として不完全であるが，企業のコントロール権は株主と従業員の間で分有されていると考えることができる．本章では，その含意を交渉の理論を用いて分析する．

1　コーポレート・ガバナンス

　コーポレート・ガバナンスとは，株主，貸手，従業員，関連企業，顧客などの企業のステークホルダー間の経営にかかわる権利と責任の構造を意味する．コーポレート・ガバナンスの問題は従来は法律学者や経営学者のフィールドだった．しかし，Aoki(1984)がアメリカ，日本，ドイツの3国のコーポレート・ガバナンスの構造をゲーム理論を用いて経済学的に比較分析して以来，経済学者間でも興味がもたれるようになった[1]．

1.1　コーポレート・ガバナンスの問題とは

　会社法上，企業は自然人と同様に債務，債権に関する契約を結ぶことができる，つまり契約主体になることのできる経済主体である．しかし，実際に会社を代表して契約を結ぶのは経営者(日本の会社法では代表取締役)である．つまり株式会社の場合，剰余請求者であると同時に有限とはいえ債

---

[1] 最近の文献として，鶴(1994)を挙げておく．また，日，米，独のほか，英，仏も含めて国際比較を行ったものとして，深尾・森田(1994)も見よ．

務に対する責任を負うべき株主が，会社を代表して雇用契約，販売契約等の契約を結ぶ仕事を経営者に委託していることになる．これは一種のプリンシパル・エージェント関係であり，ここではエージェントである経営者は株主の利益に反する契約を結ぶ可能性がある．これを防ぐべく株主が経営者をコントロールするためにはどのような権限，義務の体系を法律的に配置すればよいかを考察することが，伝統的なコーポレート・ガバナンスの問題であった．

この見方は，新古典派経済学が描く企業像と非常に整合的である．経営者は自分が企業を代表して結んだ契約に基づき，賃金などの諸々の支払いを行う．そして全体の収入からこれら契約的支払いを差し引いた剰余は株主に帰属する（経営者自身の報酬も，契約的支払いの一部であることに注意せよ）．新古典派の世界における株主は，いかに経営者をコントロールしてこの剰余を最大化するかという，コーポレート・ガバナンスの問題に直面しているのである．ここで重要なことは，他の生産要素に対する支払いはすべて完全競争的市場で行われると考えるので，剰余最大化は企業組織内部で生産される付加価値の最大化に帰着するということである．すなわち，経営者を適切にコントロールして剰余最大化を実現することは，社会的に見た企業の価値の最大化をも意味するのである．

1.2 新古典派経済学の解決法——コーポレート・コントロールの市場

では，コーポレート・ガバナンスの問題は現実世界でどのようにして解決されるのだろうか．たとえばアメリカでは，株主総会で選出された取締役会が社長の指名権をもっているので，形式上株主は取締役会を通じて経営者をコントロールできる．ここでは，経営者が株主に対する法的義務を果たさなかったり，株主が経営者のモラル・ハザードなどのために企業が効率的に運営されていないと考えるならば，取締役会を通じて経営陣の入れ替えを行うことが可能である．しかし，取締役会が果たして経営者を監視する能力を備えているか，また備えていたとしてもその監視能力を正しく発揮させるにはどうするか，すなわち取締役会というモニターを誰がモ

ニターするのか，という問題が残る．そのため，これらの問題を解決できない限り取締役会の存在は必ずしも十分な解決策とはいえない．

　株主による経営者コントロールの問題に対する新古典派経済学の答えは，コーポレート・コントロールの市場(market for corporate control)の存在である．企業が効率的に経営されていない，あるいは取締役会がモニターとしての役割を果たしていないと，株価はそうでない場合に比べ低くなる．外部投資家がその原因を正しく察知できるならば，彼はその企業の株式を株式市場で買ってその企業を乗っ取り，株主としての発言権を行使して経営者または取締役会を入れ替えることで効率的な企業経営を復活させ，それがもたらす株価上昇のキャピタル・ゲインを得ることができる．そしてこのようなメカニズムが働く限り，たとえモニターがいなくとも乗っ取りを恐れる経営者は株主の利益にそった経営を自発的に行うであろう．

　ところで，コーポレート・ガバナンスの問題への関心を最初に喚起したのはバーリとミーンズの実証研究の結果である．彼らは1930年代のアメリカの株式所有の実態を調査し，大企業の株式は何万という株主に分散保有されているため，個々の株主は経営者をコントロールする力をもはや失っていると主張した．しかし大株主がいないからといって必ずしもコーポレート・コントロールがうまく機能しないわけではない．たとえば，1980年代にアメリカでレバレッジド・バイアウト(leveraged buyout)と呼ばれる，銀行や投資銀行から借金をしてテイクオーバー・ビッドを試みる手法が盛んにとられたことは，大株主でなく資金がなくともコーポレート・コントロールの市場に参加できることを示している．

1.3　コーポレート・コントロールの市場の機能についての疑問

　しかし一方で，新古典派経済学が想定するコーポレート・コントロールの市場に近いシステムを実現させているとみられるアメリカでも，1980年代に入ってその機能に疑問を抱かせる現象が生じている．それについては3つほど原因があるので，以下順に説明していこう．

毒薬 (poison pill)

「毒薬」とは，経営者がテイクオーバー・ビッドが計画されていることを察知したとき，故意に銀行から大量の借り入れをするなどして株主資産を減少させ，乗っ取りが得にならない状態を作り出すことである．1980年代のアメリカの大企業の経営者は，このような財務計画をあらかじめ作っておき，乗っ取りの動きがあるとそれを発動するようになった．

州商法改正

シュライファーとサマーズのテイクオーバーの経済効果に関する実証研究によると，テイクオーバーの後には経営是正よりはむしろ経営不振部門の整理が起こり，結果として労働者の解雇を伴うことが示された[2]．このような解雇を防ぐために，経営者は株主のみならず労働者や地域住民らのステークホルダー(stakeholder)に対しても責任を負うべきだという立場から，州商法の改正が行われるようになった．他方これは，たとえば経営者が株主に有利になるテンダー・オファーを保身のために拒否したとき，株主がそれを背任行為として訴えることを困難にした．なぜなら経営者は労働者の雇用を守るためにオファーを拒否したのだと言えば，背任行為の追及を免れることもありうるからである．経営者の力を弱めようとしたこの法改正は，皮肉なことに結果として株主の経営者をコントロールする力を弱める要因となったのである．

機関株主 (institutional stockholders)

機関株主とは，年金基金，投資基金などの基金としての株式保有である．機関株主はリスク分散の観点から，特定の銘柄よりはむしろインデックスに投資するので，その分投資先の企業の監視(モニター)を行うインセンティブが弱い．アメリカの場合正式な統計はないが，1990年代にはこうした機関株主保有が上場株式の50％を超えたとされており，このような機

---

[2] Shleifer and Summers (1988) を見よ．

関株主の存在はコーポレート・コントロールの市場が機能する際に障害となる可能性がある．

2 日本の企業のコーポレート・ガバナンスの構造

この節ではまず最初に，日本の企業のコーポレート・ガバナンスの構造を理解するための歴史的背景を確認する[3]．その結果，日本の株式市場はコーポレート・コントロールの市場としての機能を十分に果たしているとはいえないことを示す．しかし一方で，日本企業に特徴的な事実を総合して考えると，日本企業では株主も労働者と同様に企業に対するコントロール権をもつという「双対的コントロール」が働いている可能性もある．

2.1 不完全なコーポレート・コントロールの市場の形成

1947年の財閥解体により，旧財閥の所有する株式は持株整理委員会に移転された．その量は当時の日本の株式総量の40％に上ると推定されている．持株整理委員会はアメリカ式の株式市場を通じた経営者のコントロールを日本にも導入しようと試みた．その方針は移転された株式を売り出す際にその企業の従業員，あるいは企業の主要な営業所の所在地の住民に優先権を与えるというものであった．また，企業の総株式に対する個人の株式保有比率を1％に留めるように規制し，株式の民主化の実現を目指した．これらコーポレート・コントロールの市場の活性化を図る方策の結果，持株整理が終了し東京証券取引所が再開した1949年には，株式全体の70％が個人の手に帰属したのである．

しかし実際には，東京証券取引所の再開後に起こった株価暴落のため，個人株主の多数は株式を手放す結果となった．1950年代に入り，乗っ取りに対する防壁を作るという経営者の方策によって株式持ち合いが進み，それは新株発行を市場を通さずに関連会社による保有で促進するという慣

---

[3] より詳細な解説は，Aoki(1988), Chap. 4.で与えられている．

習で補強された．1950年代中頃には，個人投資家の株式保有比率は50％を切り，さらに資本の自由化直前だった1965年頃にも，アメリカ資本の乗っ取りの脅威に対抗しようと株式持ち合いが進んだため，最終的に30％にまで低下して現在に至っている．

2.2 長期雇用慣行との関係

このように，株式持ち合いの進んだ日本では，アメリカと比較して株式保有を通じたコーポレート・コントロールの市場は不完全な形でしか存在していない．一方，日本の労働市場は外部オプションが低いため労働者が他企業に移動しにくいことは5章ですでに指摘した．前節で説明した新古典派の企業像を思い出そう．そこではすべての生産要素について完全競争市場が存在するので，雇用契約は完全競争市場を通じて行われるとされたが，それは日本の企業の現実を反映していない．日本の場合，雇用関係は長期間にわたって続き，雇用者の雇用条件は市場を通じてではなく企業内部の交渉で決まるのが普通である．つまり，日本では不完全なコーポレート・コントロールの市場と長期雇用慣行の両方が双対的に存在しており，双方の間には，1章で述べた制度的補完性が存在する可能性がある．

日本企業の長期雇用慣行の背景には，現場の労働者間の情報共有が重視され，労働者はその企業に特有な文脈的技能へ投資し，結果として企業に固有の資産を作り出しているという事実がある．前節で労働者もまた株主同様に企業のステークホルダーであるという考え方を述べたが，長期雇用慣行の下ではその経済学的根拠があるといえる．

2.3 日本の企業は労働者管理企業か？

このような労働者のステークホルダーとしての側面を極端に強調した議論として，日本の企業は労働者管理企業だというものがある．労働者管理企業とは，配当支払いは，株主が資金を引き上げて他の投資機会に投資しないために最低限必要な水準に抑えたうえで，収益から，このようにして決まる配当およびその他の生産要素への支払いを差し引いた残余のすべて

を，労働者間で分配する企業形態である．実際，形骸化した株主総会や経営者を選ぶ権利をもたない取締役会，あるいは不完全なコーポレート・コントロールの市場を見れば，日本の企業では株主のコントロールは効かず，従業員が管理しているという印象を受ける[4]．しかし，日本の企業が本当に労働者管理企業であるかどうかは，検討の余地があると思われる．

　今期の収入を来期以降に備えて投資するか，あるいは剰余として分配するかという経営者の意思決定問題を考えよう．新古典派経済学における企業では，収入から契約的支払いを引いた利潤が株主に帰属し，企業の目的は利潤最大化だとされる．他方労働者管理企業では剰余は労働者間で分配され，労働者1人当たりの所得の最大化が企業の目的となる．投資が企業規模の拡大をもたらし来期以降の新規の雇用を必要とするならば，投資による来期以降の追加的剰余は，労働者管理企業では現在より多くの人数で等分されることになる．したがって，その分だけ労働者管理企業では投資のインセンティブは弱まることになる．労働者管理企業を制度化して実践した例として挙げられるユーゴスラビアの企業では，実際に投資が停滞していた．しかし，日本企業で従業員集団の勢力が企業成長を抑制するほどに強いようには見受けられない．

　また，株主によるコントロールが機能しないならば，経営者は非効率な経営をしてもモニターされ解雇されることはないので，わざわざ努力して効率的な経営を目指すこともなくなる．投資家がこのことを考慮すれば，株式投資に消極的になるだろう．投資意欲を刺激するために優先株式を発行しても，非効率な経営の下では配当が大きくないので株式投資を魅力的なものにするには至らず，解決策にはならないだろう．日本の株式市場はたしかに個人投資家のシェアが低く，株主コントロールは十分に機能していないように見える．とはいえ他国に比べてそれほど不活発ともいえまい．

　これらの事実を総合すると，日本の企業は株主による外部コントロールが効かず労働者による内部コントロールのみが機能すると考えるよりは，

---

[4]　そのような立場から書かれた論文が伊丹・加護野・伊藤(1994)に収められている．

やはり何らかの形で外部コントロールも同時に働いていると見るのが自然であろう．次節では，このような2方向からのコントロールが同時に働く状況，つまり双対的コントロールを仮定することにより，日本の企業行動をどのように説明できるかを議論する．

3 双対的コントロールと日本の企業行動

3.1 双対的コントロール

日本の企業では，経営者に対して何らかのコントロール権をもつグループが2つあり，経営者はこれら2方向からのコントロールに服していると考えられる．1つのグループは，企業の剰余請求者である株主である．日本の企業の場合，株主が個人投資家とメインバンクをはじめとした機関投資家に二分できるという事実は重要だが，それがコーポレート・ガバナンスの構造に与える影響の分析は8章に譲り，ここでは単純に株主集団は一枚岩だと仮定する．

もう1つのグループは内部労働者すなわち従業員集団である．日本の企業では，従業員集団が企業に固有な文脈的技能に投資することが不可欠であり，そのインセンティブを保証するために彼らにコントロール権を与えることは，経営者の利益に合致するのである．

株主からの一方向のみのコントロールを考慮した新古典派経済学の企業像とも，内部労働者集団のコントロールのみを考える労働者管理企業のモデルとも大きく異なる，企業のコントロール権の所在に関するこのような考え方を，双対的コントロールと呼ぶ．

3.2 交渉の状況とナッシュ交渉解

ところで，これら異質な2つのグループがそれぞれの立場からコントロール権を主張すれば，利害の対立が必然的に生じる．それは当事者間の交渉で解決されねばならない．では経済学は，交渉の結果としてどのような

状態が実現されると考えるのだろうか．この規範的な問題を分析したものに，Nash(1950)がある．

Nash(1950)は交渉を特徴づけるのは，①交渉の結果として実現可能な配分はどのようなものか，②もし交渉が決裂した場合の結果は何か，の2つであるとした．次に規範的な立場から交渉の結果が満たすべき要件を4つの「公理」にまとめ，これらの公理を同時に満たす交渉の解が1つしかないことを示した(詳細は，コラム「ナッシュ交渉解」を参照)．これがナッシュ交渉解と呼ばれる解概念であり，以下ではそれに従った双対的コントロール下の企業行動の分析(Aoki(1988)，Chap.5.)を簡単に紹介する．

3.3 モデル

ある企業に，N人の潜在的に雇用可能な同質的な労働者が存在するとしよう．N人の労働者は一枚岩の労働組合を構成し，経営者と交渉して賃金wを決める．次いで企業は，実際の雇用人数$L(\leq N)$をN人の中からランダムに決める．雇用された労働者は，職場での努力水準eを決める．努力のコストの金銭的価値は$h(e)$で与えられる．雇用されなかった労働者は，失業保険給付に相当する効用水準$\underline{u}$を受け取る．

企業の収入は雇用量と各人の努力水準に依存するが，ここでは簡単化のために各労働者がそれぞれeの努力をしたときの収入は$R(eL)$だとする．このとき，最終的に株主が獲得することになる企業の剰余は，収入から雇用者への賃金支払いを差し引いた，

$$R(eL) - wL, \ R' > 0$$

で与えられる．

雇用量が確定する前に労働者が獲得できると予想する効用は，期待効用の考え方に従い，雇用されたときとそうでないときの効用水準の期待値であるとする．雇用される人員はランダムに決まるので，雇用量がLのときの事前の雇用確率はL/Nである．したがって，事前の労働者の期待効用は，

> *Column*
>
> # ナッシュ交渉解
>
> 　ナッシュが提示したナッシュ交渉解は，2人のプレーヤーによる交渉を例として交渉の落ち着くべき結果を規範的に論じた解概念である．それは4つの公理を満たす交渉の解であり，しかもこれらの公理を満たす解が他にないという点で重要である．まずその4つの公理について説明しよう．
>
> 　**①個人合理性**　交渉の解は交渉が決裂したとき得る利得をすべての参加者に保証する．これは交渉の当事者が合理的ならば，決裂の際の自分の利得よりも低い利得をもたらす分配に合意することはないはずだと考えれば，自然に理解できる．
>
> 　**②対称性(匿名性)**　実現可能な利得の集合が対称的(座標平面で図示すると45度線について対称的になる)で，かつ決裂時の利得も対称的(両者に等しい利得を与える配分になっている)ならば，交渉の解も対称的である．これは公平性を要求しているともいえる．また，もしこの状況で解が対称的でないならば，ゲームを定式化するときに当事者のどちらを1番目のプレイヤーにするかによって交渉結果が異なり，当事者が匿名的に扱われていないことになる．したがって，この公理は匿名性の公理とも呼ばれる．
>
> 　**③一次変換に関する不変性**　交渉の当事者の効用関数を一次変換したも

$$\frac{L}{N}u(w-h(e))+\left(1-\frac{L}{N}\right)\underline{u},\ u'>0,\ h'>0$$

となる．

　労働組合は，N 人の労働者全体の効用を考慮して行動する．具体的には，雇用量が確定する以前の各労働者の効用の和を労働組合の効用関数と考える．

　株主には別の企業に投資するチャンス，すなわち外部機会があると仮定する．外部機会が与える効用水準は，労働組合との交渉が決裂してこの企業に投資できなくなったときに株主が受け取る効用水準であり，これを0

ので置き換えても，解はもとの解を同様に一次変換したものに等しい．この公理は，不確実性を伴う分配は期待効用で評価することを意味している．なぜならば，期待効用関数は一次変換しても以前と同様の選好関係を表現するからである．（ここでの公理系とは別の）ある公理系の下で，不確実性をも考慮した個人の選好関係が期待効用関数として表現できることは期待効用定理として知られている．したがってこの不変性の公理は，期待効用定理を認めることだと言ってもよい．

④無関係な選択肢からの独立性(Independence of Irrelevant Alternatives)　ある実現可能な利得ベクトルの集合から，その一部を取り除くことを考えたとき，元の集合のもとでの解が，一部を取り除いた新しい集合に含まれるなら，新しい集合でも同じ解が実現する．これは交渉解を求めるときに，最終的に実現する解以外の実現可能な利得ベクトルを考慮する必要がないという意味で，解の情報効率性を要求しているともいえる．

Nash(1950)は，これら4つの公理を満たす解は一意であり，それは，
$$\max_{(x_1,x_2)\in X, x\geq d}[(x_1-d_1)(x_2-d_2)]$$
の解に対応する分配であることを示した．ここで x_1, x_2 はプレーヤー1，2が交渉の結果獲得する利得，X は実行可能な利得ベクトルの集合，d_1, d_2 は交渉決裂時のプレーヤー1，2の利得，である．これがナッシュ交渉解と呼ばれるものである．

としよう．一方，労働者側はこの企業で働くか，失業して効用水準 $\underline{u}$ を受け取るかのどちらかなので，労働組合の交渉決裂時の効用水準は $N\underline{u}$ である．

3.4　新古典派経済学および労働者管理企業の図式

次に双対的コントロールと対照的な企業行動の図式をまとめておこう．新古典派経済学の世界では，この企業の行動は，

$$\max_{e,L,w}[R(eL)-wL],$$
$$\text{subject to } \frac{L}{N}u(w-h(e))+\left(1-\frac{L}{N}\right)\underline{u} \geq \underline{u} \quad (1)$$

で記述される．企業は，労働者が少なくとも失業した場合と同じ期待効用を獲得できることを保証しなければならないという制約のもとで利潤最大化を追求する．この制約条件付最大化問題の解 e, L, w が利潤最大化企業が雇用者に提示する労働契約である．

一方，この企業が労働者管理企業ならば，その行動は，
$$\max_{e,L,w}\left\{\frac{L}{N}u(w-h(e))+\left(1-\frac{L}{N}\right)\underline{u}\right\},$$
$$\text{subject to } R(eL)-wL \geq 0$$

で表される．上と同様の考え方により，労働者管理企業は株主が資金を引き上げないという制約の下で，労働者1人当たりの効用水準を最大化する．

3.5 ナッシュ交渉解と交渉の状況の制度的解釈

上の2つの図式では，株主または労働組合の片方のみに一方的なコントロール権が与えられており，双対的コントロールが存在する日本の企業の行動を描写するものとしては不十分である．むしろ，現実の日本の企業組織においては，株主と労働組合が交渉して e, L, w を決めると考えるのが妥当であろう．このような考え方を数学的に定式化すれば先に紹介したナッシュ交渉解に従って，両者の交渉成立時の効用水準と交渉決裂時の効用水準の差の積を最大化するような行動が実現されると考えることができる．つまり，
$$\max_{e,L,w}[R(eL)-wL][L\{u(w-h(e))-\underline{u}\}] \quad (2)$$
の解として，企業と労働者の行動が規定される（コラム「ナッシュ交渉解」参照）．

ここで，株主と労働組合の交渉の具体的な方法に触れずに，ナッシュ交渉解という抽象的解概念を使って分析することに，疑問をもつ読者も多いかもしれない．実際，株主の代表者としての経営者と労働組合が利己的，

敵対的に交渉する非協力ゲームとして状況を定式化しようとすると，ゲームのルール次第ではナッシュ交渉解とは大きく異なる結果が均衡として出現することがある(コラム「交渉のルールと交渉の結果」参照)．しかし一方で，ナッシュ交渉解が実現するような交渉形態も考えることができるのである．

その1つは，中立的な経営者が株主と労働組合の間に立って，両者を公平に扱うような調停案を出すというものである．この場合，経営者は規範的な解であるナッシュ交渉解を提示するだろう．また，非協力ゲームとして定式化できる状況でも，ゲームのルール次第では(近似的に)ナッシュ交渉解を達成できることが知られている(コラム「交渉のルールと交渉の結果」参照)．したがって，株主の代表である経営者と労働組合が敵対的に交渉することは，ナッシュ交渉解が達成されることと矛盾しないのである．

また，経営者は過去の経験から株主と労働組合のそれぞれの交渉力を知っており，これらの交渉力がバランスするように経営政策を立案する，という方式も考えられる．この場合，交渉力の定義が問題になるが，もしオーマンとクルツが定義した「大胆度」を交渉力とみなすならば，交渉当事者の大胆度が一致する点がナッシュ交渉解に一致することを，ハーサニーが明らかにした(Harsanyi(1977))．したがってこのケースでもナッシュ交渉解が実現すると考えられる．

以上のことは，ナッシュ交渉解による分析が交渉の制度的解釈には依存していないこと，つまりこの解概念の頑健性(robustness)を示している．また，近年発展している進化ゲーム理論によれば，ある種の交渉ゲームでは，ナッシュ交渉解が進化的ダイナミクスの安定的な状態であることも示されている[5]．そこで，以下ではナッシュ交渉解を用いて分析を進めることにする．

---

5) Young(1993)は，3章で説明した進化的ダイナミクスに類似したダイナミクスの下で，ナッシュ交渉ゲーム(Nash demand game，両者が同時に自分の取り分を主張し，両者にその取り分ずつを与える配分が実行可能ならばその通り配分し，不可能ならば交渉決裂とみなす，というゲーム)の長期的に安定的な均衡がナッシュ交渉解に一致することを示した．

Column

交渉のルールと交渉の結果

　ナッシュ交渉解は，交渉の落ち着くべき結果を規範的に述べたに過ぎない．現実の交渉では，自己の利益を追求する当事者が定められた手続き，すなわち交渉のルールに従って行動するから，現実の交渉結果を分析するためには，交渉のルールも含めて非協力ゲームとして定式化する方が目的に沿っている．そこで，どのような非協力ゲームを考えるとナッシュ交渉解が均衡として達成されるのかが，長い間関心を集めてきた．ナッシュ自身も手掛けたこの問題は，ナッシュ・プログラムと呼ばれる1つの研究テーマとなり，一連の研究が現れた．

　実際，交渉のルール次第では均衡がナッシュ交渉解と大きく異なることがある．最後通牒ゲーム(take it leave it offer game)と呼ばれるゲームはその典型である．これは，交渉の当事者の一方(プレーヤー1と呼ぶ)が実行可能な配分の中から1つを提案し，もう一方(プレーヤー2と呼ぶ)がそれを受け入れれば提案通りの配分をし，拒絶すれば両者に何も与えない，というゲームである．いま，100円を最後通牒ゲームに従って分けるとしよう．このゲームの唯一の部分ゲーム完全均衡では，プレーヤー1が自分に100円全部を与える提案をし，プレーヤー2がこれを受け入れる．なぜなら，プレーヤー2はどんな提案も受け入れない理由はないので(受け入れなければ何ももらえない)，プレーヤー1は自分に最大限有利な提案を

このモデルのナッシュ交渉解は以下のように与えられる．

$$w = \frac{R(eL)}{L} - f, \quad f = \frac{u(w-h(e))-u}{u'(w-h(e))} > 0 \tag{3}$$

$$R'(eL) = h'(e) \tag{4}$$

$$w = eR'(eL) + \frac{1}{2}\left\{\frac{R(eL)}{L} - eR'(eL)\right\} \tag{5}$$

ここで(3)は(2)を w で微分して得られる．(4)は(2)を e で微分したものに(3)を代入した式である．(5)は(2)を L で微分したものである．

　比較のため，新古典派経済学の企業行動を考察しよう．(1)を解くと，

できるからである.(最後通牒ゲームについては,11章も見よ.)

ナッシュ・プログラムを事実上決着させたのは,ルービンシュタインの研究(Rubinstein(1982))である.ゲームは次のように定式化される.第1期はプレーヤー1が実現可能な配分の1つを提示し,プレーヤー2がその提示を受容するか拒絶するかを決める.受容すれば交渉は成立し,提示通りの分配を行ってゲームは終了する.もし拒絶すると第2期に入り,今度はプレーヤー2が実現可能な配分の1つを提示し,プレーヤー1が受容するか拒絶するかを決める.上と同様に,受容すればゲームは終わり,拒絶すると第3期に入ってプレーヤー1が提示する番になる.以下同様に,提示が受け入れられ分配がなされるまで際限なく交互に提示が行われる.また,交渉成立の遅れにはコストがかかる.ここでは,第t期の1円は,第1期の$\delta^{t-1}(0<\delta<1)$円と同価値だと仮定する.

Rubinstein(1982)は,このゲームの部分ゲーム完全均衡は1つしかないことを証明した.100円を分ける例で説明すると,その均衡では第1期にプレーヤー1が自分に$100/(1+\delta)$円,相手に$100\delta/(1+\delta)$円を与える配分を提示し,プレーヤー2がそれを受容する.各期間の間が短い,つまり提示を拒絶してからすぐに新たな提示ができると考えると,割引率δはほぼ1と考えるべきであり,このとき最終的な配分は両者が50円ずつもらうというナッシュ交渉解にほぼ等しい.したがって,ナッシュ交渉解がこの非協力ゲームの均衡として近似的に実現することがいえる.

$$u(w-h(e)) = \underline{u} \tag{6}$$
$$R'(eL) = h'(e) \tag{7}$$
$$w = eR'(eL) \tag{8}$$

を得る.

3.6 賃金決定の論理

(3)は賃金の決定を示す.もしこの企業が労働者管理企業で株主に外部機会と同等の効用水準さえ保証すればよいのであれば,雇用された労働者は1人当たり収益$R(eL)/L$を受け取るはずである.しかし双対的コント

ロールの下では株主のコントロールを無視することができず，したがって賃金は $R(eL)/L$ よりも小さくなる．$\dfrac{u(w-h(e))-u}{u'(w-h(e))}$ はその度合いを表している．これは先ほど述べた「大胆度」の逆数であり，労働組合の交渉決裂に対する「恐れ」を示している．つまり，労働組合が交渉決裂を恐れる度合いが高いと，ナッシュ交渉解では労働組合は高い賃金を要求できないのである．

上で定義した「恐れ」の度合いは，①交渉成立時の利得と決裂時の利得の差，②交渉成立時の利得で評価した所得の限界効用，の2つに依存する．①が大きいと，交渉決裂で失うものが大きいから労働組合は大胆ではいられない．また②が小さいと，高い賃金を要求しても追加的に得られるものが小さいので，むしろ交渉決裂の可能性を避けようとする．

また，ナッシュ交渉解では(3)-(5)が同時に成立するから，(5)式の観点から賃金について論じることもできる．賃金は，新古典派経済学の式(8)のように限界生産物に等しくなるのではなく，それに平均生産物と限界生産物の差額の半分が付け加わっている．これは労働組合のコントロール権が新古典派の図式に比べ賃金を高めることを示している．

3.7 雇用と努力の贈与交換

(5)は雇用の決定を示す．$R(0)=0, R''<0$ を仮定すると，

$$\frac{R(eL)}{L} - R'(eL) > 0$$

が成立するから，賃金が限界生産物を下回るところまで雇用が進むことになる．(8)と比べると，ナッシュ交渉解では新古典派の図式に比べ雇用量は大きくなる傾向をもつ．

一方(4)は，努力水準の決定を示す式である．(4)は新古典派経済学の式(7)と全く同形であり，努力の限界効用と限界収入が一致することを述べている．

(4)と(5)の意味をより明確にするために，ここで以下のような思考実験をしてみよう．すなわち，賃金がナッシュ交渉解に決まると仮定して，株

主側が雇用量を，労働組合が努力水準を，それぞれ利己的に選ぶとどうなるだろうか．雇用量に関しては，これは新古典派経済学の企業の行動に一致するので(8)が実現する．つまりこの思考実験のケースに比べ，ナッシュ交渉解では雇用が大きくなることがわかる．いいかえれば，ナッシュ交渉解では，経営者は労働者に雇用の保証という贈与を行っているといえる．他方努力水準は，労働組合が利己的に行動すれば努力をしないことが最適になるのに対して，ナッシュ交渉解は努力の限界効用と限界収入が一致するような努力をすることを要求する．いうなれば労働者は経営者あるいは株主に努力投資という名の贈与をしているのである．

　このような贈与交換が，日本の企業における経営者と労働者の行動の1つの特徴と考えられる．もちろん贈与交換システムが正しく機能するためには，両者が上で述べた思考実験のような，短期的な利益を追求する行動をとるインセンティブがないことが必要である．詳細はAoki(1988)でも述べられているので省くが，労使関係は通常何期にもわたって長期的に継続するから，5章で考察した評判の理論がこの問題にも当てはまる．むやみにレイオフをしない企業であるという評判，あるいは勤勉な労働者であるという評判を維持することの長期的利益が逸脱の短期的利益を上回るならば，贈与交換は実現するのである．

　この結果は，厚生面でのインプリケーションももっている．つまり上で考察したような，ナッシュ交渉解水準に決まった賃金を所与として，株主側と労働者の双方が利己的に雇用量や努力水準を選ぶ非協力的状態よりも，両者がナッシュ交渉解に従う状態の方がパレート効率的である．非協力的状態では株主は労働者が全く努力しないことから不利益を受け，労働者は雇用が保証されないので損をすると考えれば，このことは直観的に理解できよう．

3.8　日本企業の成長志向的行動について

　本章のモデルでは，雇用量，賃金，努力水準の決定をナッシュ交渉解を用いて分析した．同様の手法により，企業の成長率の決定を分析するモデ

ルを考えることもできる．詳細は Aoki(1988) に委ね，ここでは結論だけ述べておこう．

　株主利益の最大化を行動原理とする新古典派経済学的な企業が選択する成長率水準に比べ，双対的コントロールの下でナッシュ交渉解として成長率を選ぶ日本型の企業の方が，高い成長率を実現させる．これは株主の利益を第 1 とする新古典派の世界では，高い成長率が株主の利益に与える影響のみが考慮されるのに対し，ナッシュ交渉解では株主と従業員双方の利益に与える影響が考慮されるからである．同様の論理により，双対的コントロール下の企業の成長率は労働者管理企業のそれより高いことが言える．この結論は，しばしば指摘される日本の企業が成長志向的であることと整合的である．

　これらの分析が明らかにしたことは，日本の企業に特徴的といえる経営者や労働者の行動は，経営者が家父長的であるとか労働者が企業に対して忠誠心をもっているなどの文化的要因ではなく，純粋に経済学的な要因だけで説明可能なことである．そしてこれらの行動を理解する上で重要な前提の 1 つが，双対的コントロールの存在なのである．

参考文献

Aoki, M. (1984), *The Co-operative Game Theory of the Firm*, Oxford University Press.

Aoki, M. (1988), *Information, Incentives, and Bargaining in the Japanese Economy*, Cambridge University Press.（永易浩一訳『日本経済の制度分析――情報・インセンティブ・交渉ゲーム――』筑摩書房，1992 年．）

深尾光洋・森田泰子(1994)，「コーポレート・ガバナンスに関する論点整理および制度の国際比較」，『金融研究』．

Harsanyi, J. (1977), *Rational Behavior and Bargaining Equilibrium in Games and Social Situations*, Cambridge University Press.

伊丹敬之・加護野忠男・伊藤元重編(1994)，『日本の企業システム』有斐閣．

Nash, J. (1950), "The Bargaining Problem," *Econometrica* 18 : 155-162．

Rubinstein, A. (1982), "Perfect Equilibrium in a Bargaining Model," *Econometrica* **50**: 97-109.
Shleifer, A. and L. Summers (1988), "Breach of Trust in Hostile Takeovers," in Alan Auerbach(ed.), *Corporate Takeovers: Causes and Consequences*, University of Chicago Press.
鶴光太郎(1994),『日本的市場経済システム』講談社現代新書.
Young, P. (1993), "An Evolutionary Model of Bargaining," *Journal of Economic Theory* **59**: 145-168.

8 状態依存型ガバナンス

　これまで日本の企業組織はチーム生産という側面を持っていることを述べてきたが，一般にチーム生産的な企業組織は固有のモラル・ハザードの問題に直面している．本章では，状態依存型ガバナンスと呼ばれる，企業の経営状態に応じて企業の支配権を移転するコーポレート・ガバナンスの形態がこの問題を解決することを説明し，状態依存型ガバナンスを有効に機能させるための条件を説明する．

1 はじめに

1.1 チーム生産をめぐる問題

　前章では，日本の企業のコーポレート・ガバナンスの構造を双対的コントロールと理解したとき，日本の企業に特徴的ないくつかの事実を経済学的に説明できることを述べた．そこでは労働者側にもコントロール権を与えることで，労働者は文脈的技能に投資するインセンティブをもち，結果としてチーム生産的な企業組織が有効に機能することが論じられた．
　一方，チーム生産的な企業組織には，各メンバーが生産性向上のための努力をせず，他のメンバーの努力にただ乗りして，その恩恵を受けようとする，いわゆるモラル・ハザードの問題が存在する．組織の各メンバーの努力水準が観測不可能あるいは立証不可能であるために企業組織内部の利益分配ルールが最終的な生産量のみに依存する場合を考えてみよう．このとき各メンバーは自分が怠けても仲間が努力すればそれなりの報酬が保証されるため，努力を怠るインセンティブがある．組織の全員がこのように

考えると，企業全体の生産量は低くなり，株主の利益あるいは社会的厚生が損われる．

　労働者側を始めとする企業内部組織のコントロール権が強いと，このようなモラル・ハザードが発生する領域が広がり，株主の利益あるいは社会的厚生の損失はより大きくなる恐れがある．これが，企業が株主の利益よりも内部組織メンバーの利益に基づいて経営されるという，インサイダー・コントロールの問題である．序章で述べたロシア経済の移行過程におけるインサイダー・コントロールの企業システムもその例である．

1.2　財務状態に依存したガバナンス形態

　チーム生産の性格を持つ企業内部組織が円滑に機能するためには，モラル・ハザードが起きないように各メンバーに生産性向上の努力のインセンティブを与えるコーポレート・ガバナンスを設計する必要がある．1つの方策は，最終的な生産量が高く財務状態がよいときには，本来株主のものである剰余請求権を与えるなどの形で内部組織に報酬を与え，逆に生産量が低く財務状態が悪いときには企業組織の解散をも含む厳しいペナルティーを課すことである．Aoki(1994)はこのような統治形態——すなわち企業の剰余請求権や企業存続の決定権などさまざまな企業運営上の権利を，企業の財務状態に応じて移転する統治形態——を状態依存型ガバナンス(Contingent Governance)と呼んだ．そこでのテーマは，状態依存型ガバナンスがチーム生産のモラル・ハザードの問題をどのように解決するかの分析である．

　状態依存型ガバナンスにおいて重要なことは，たとえば経営危機の際には，経営陣が更迭され融資銀行が代わりに管理権を獲得するというように，状態に依存してどのように対処するかが事前に規定され当事者間で合意されていることである．一方，新古典派経済学が想定するコーポレート・コントロールの市場を通じた経営者の管理も，企業経営が不振のときには乗っ取りが起こるという，状態依存的な現象を通じた統治形態である．しかしこれは，事前に誰が乗っ取りを企てるのかが経営者にわからないという

点で，状態依存型ガバナンスとは異なる．状態依存型ガバナンスでは，具体的な合意内容が事前に契約として取り決められていると考えられることが重要である．したがってこの分析にはコーポレート・ガバナンスの契約理論的アプローチが必要となる．

1.3　モニターのインセンティブ

上述した状態依存型ガバナンスは，当然のことながら企業の財務状態を観察し，それに伴う企業の運営権の移転などを行う主体を必要とする．本章ではこのような主体を「モニター」と呼ぶ．

Aoki(1994)では，分析上，モニターは状態依存型ガバナンスが規定する内容を機械的に実行する主体であると仮定した上で，同時に日本企業のコーポレート・ガバナンスの構造はメインバンクをモニターとする状態依存型ガバナンスであると主張される．しかし，メインバンクは独自の選好を持つ経済主体であるから，原理的にはメインバンクが状態依存型ガバナンスの規定どおりに行動するインセンティブをもつことを示さなければ，メインバンクをモニターと解釈できない．本章では，状態依存型ガバナンスに関する理論的解説に加えて，このモニターにどのようにしてインセンティブを与えるかという問題も考察する．

またさらに，どのような制度的枠組みの下で状態依存型ガバナンスがより有効に機能するかという問題を通じて，状態依存型ガバナンスを支える制度的補完の構造を検討する．たとえば，4節では新古典派経済学流のコーポレート・コントロールの下ではモニターの役割を果たしうる経済主体が存在しないことが示されるが，そのことは状態依存型ガバナンスが成立するためには，それと補完的な特有の制度的構造がなければならないことを示唆する．また，状態依存型ガバナンスと補完的な資金市場の下でも，その有効性が経済のその他の制度的枠組みに影響されることがある．実際，企業組織が文脈的技能に大きく投資している状態，結果として長期雇用慣行が確立している状態では，組織解散のペナルティーの効果が大きくなり，それだけ状態依存型ガバナンスがより効率的に機能することが示される．

本章では，企業の内部組織は多人数からなる1つのチームであり，各人の努力水準は直接的には観察されず，努力水準のシグナルであるチーム全体の生産量だけが観察できる状況を考える．2節では，このような状況ではチームの各メンバーが選ぶ努力水準が社会的に最適な水準より過小になり，モラル・ハザードの問題が発生することを説明する．次にこの問題の解決策を論じたホルムストロムの研究(Holmstrom, 1982)を紹介し，その問題点を指摘する．3節では，2節のモデルを修正した青木の分析(Aoki, 1994)を説明し，状態依存型ガバナンスの概念を解説する．4節では，状態依存型ガバナンスを支えるモニターのインセンティブについて考察し，次いで状態依存型ガバナンスがどのような制度的枠組みの下で有効に機能するかについて議論する．

2　チーム生産におけるモラル・ハザード

2.1　モデル

　N人の労働者がチームとして，1つの共同生産物を作る企業を考える．各労働者は与えられた賃金スケジュールの下で，それぞれ独立に自分の努力水準を決める．次いで確率ショックが発生し，その結果最終的な生産量yが実現する．確率ショックの分布は各労働者の努力水準のベクトル$e = (e_1, e_2, \cdots, e_N)$に依存し，努力すればするほど高い生産量が実現する確率が増える．実物で測った各労働者の努力のコストは労働者間で同一で，自分の努力だけに依存するとし，これを$c(\cdot)$とする．

　もちろん通常の生産プロセスは労働者の努力投入以外の生産要素(資本，原材料など)を必要とするが，ここではそれらの投入水準は固定されているとして明示的には考慮しない．したがって，社会的余剰を最大化する解すなわちファースト・ベストは，

$$\max_e \{Ey(e) - \sum_i c(e_i)\}$$

となる．ここで$Ey(e)$は，各労働者がeの努力をしたときの生産量の期

待値である．

2.2 モラル・ハザードの存在

ファースト・ベストでは，

$$\frac{\partial Ey(e)}{\partial e_i} = c'(e_i), \quad i = 1, 2, \cdots, N$$

が成立する．つまり，労働者の努力の限界費用がその限界期待生産物に等しくなるように努力水準が決まる．

チームを雇用する経営者は，生産量 y は観察できるが，各労働者の努力水準 e_i は観察できないとしよう．このため，労働者に対する賃金支払いルールは y に依存した賃金スケジュールに限られる．経営者はそのような賃金スケジュールを提示し，各労働者はこれを所与として互いに結託することなく，非協力的に自分の利益(賃金と努力費用の差)を最大化する．つまり，最終的には各労働者の努力水準を戦略変数とするナッシュ均衡が実現する．

生産物を一定の比率で労働者間で分ける(実質)賃金スケジュール，すなわち，

$$w_i(y) = \alpha_i y, \quad \alpha_i > 0, \quad \sum_i \alpha_i = 1 \qquad (1)$$

を考えよう．ここで $w_i(y)$ は，生産量が y のときの i 番目の労働者の賃金である．この場合，労働者 i の行動は，

$$\max_{e_i} \{Ew_i(y(e)) - c(e_i)\}$$

で示され，(1)を代入すると実現する努力水準は，

$$\alpha_i \frac{\partial Ey(e)}{\partial e_i} = c'(e_i), \quad i = 1, 2, \cdots, N$$

を満たすことがわかる．労働者は，追加的努力に伴う費用の増分が対応する期待賃金の増分に等しくなるように努力水準を決める．$\alpha_i < 1$ より，与えられた賃金スケジュールの下では限界期待賃金は限界期待生産物より小さく，努力水準はファースト・ベストに比べて過小になる．これは労働者の追加的努力は期待生産物を上昇させるが，労働者自身はその上昇の自分

への帰属分だけを考慮して努力水準を決めるのに対し，ファースト・ベストでは追加的努力のチーム全体への帰属分が考慮されねばならないからである．労働者が自分の努力水準を経営者が直接観察できないことを知っているので社会的に最適な努力水準に比べて怠けるという，モラル・ハザードの問題が生じている．

以上はやや特殊な賃金スケジュールを前提としたが，チーム生産である限り異なる賃金スケジュールを仮定しても，一般に限界期待賃金は限界期待生産物を下回る．上で述べた過小努力すなわちファースト・ベストからの乖離は，チーム生産につねにつきまとう問題だといえる．

2.3 罰金による解決策とその問題点

Holmstrom(1982)は上のモデルにおいて，基本的には賃金スケジュール(1)と同じだが，もし生産物がある臨界値 h を下回ったときはチームのメンバー全員に罰金 p を科すという賃金スケジュールを考えた．その結果，罰金 p を無限に大きくしながら同時に臨界値 h を低くしていくと，実現する結果はファースト・ベストに近づくことを示した．ここで h を低くするのは，たんに p だけを大きくすると罰金の期待値が高くなりすぎて，労働者がそもそもこの企業で働くことを拒否するからである．この賃金スケジュールの下では，労働者は努力水準を上げて罰金を取られる確率を減らそうとするインセンティブをもつが，そのインセンティブは罰金が高ければ高いほど大きい． h の操作が適切に行われれば，このインセンティブが努力水準をファースト・ベストに近づけるのである．

Holmstrom(1982)は，チーム生産のモラル・ハザードを理論的に解決した点で重要だが，現実的な観点からは2つ問題がある．第1に，チームのメンバーに資産上の制約があるならば，科すことのできる罰金額に事実上の上限が存在し，近似的にファースト・ベストを実現することさえできない．第2に，このような罰金制度は，生産量を観察してそれが臨界値を下回ったときに罰金を徴収するエージェントを必要とする．しかも，ファースト・ベストを近似するためには，罰金額は，目標とする期待生産物水

準をはるかに上回るかもしれない．その場合，もしエージェントがチームのメンバーの誰かと結託できるならば，メンバーを怠けさせて臨界値以下の生産量を実現させ，チーム全体から徴収した罰金を2人で分けることができる．罰金が十分大きければ，両者に得をもたらすこのような結託が必ず生じるだろう．しかもこのような結託の可能性があれば，労働者は自分が結託に参加できなければ損をするから，そもそもその企業で働くことを選ばないだろう[1]．

これら2つの理由から，上述の罰金制度が現実に機能すると考えるのは若干無理があると思われる．より現実的な分析視点は，ファースト・ベストが達成されないことを認め，より現実的な定式化の下でセカンド・ベストを考察することであろう．次節ではこのような観点からの議論(Aoki(1994))を紹介する．

3　状態依存型ガバナンス

3.1　モデル

Aoki(1994)は，前節と同様，N人の労働者が1つのチームとして共同生産物を作る状況を仮定する．ただし，企業は労働者に最低限の生活水準を保証するために，生産量の如何を問わず少なくとも$w_{\min}$以上の賃金を各労働者に支払わなければならない．この仮定により，ホルムストロムが考えた，必要に応じていくらでも大きくできる罰金のシステムは不可能である．その代わり，チームは解散させられる可能性がある．チームがその企業に固有な文脈的技能をもつならば，チームが解散させられ来期以降は別の企業で働くことになるとその技能は生かされない．各労働者が被るこの経済的損失はチームの解散のコストと考えられるが，その1人当たりコストをpで表す．pはチームの文脈的技能への依存度または外部オプショ

---

[1] この第2の論点は，Eswaran and Kotwal(1984)によって指摘された．

ンの乏しさのインデックスとも解釈できる．

次に外部投資家を明示的に考慮し，外部投資家は期待投資収益として R を要求するとする．また，外部投資家自身はチームの生産量は観察できないが，チームが解散するか否かは観察できるとする．つまり，外部投資家の所得 $I_{\mathrm{inv}}(y)$ は解散が起こったか否かに依存する．

また，外部投資家は自分の代わりにチームの生産量を観察するモニターを雇うとする．モニターはチームの生産量を観察し，生産量次第ではチームを解散する権限をもち，そのために期待所得として M を要求する．モニターの所得 $I_{\mathrm{mon}}(y)$ はチームの生産量に依存させることができる．もちろんモニターは本来的には独自の選好を持つ経済主体であるが，当面は期待所得として M を保証しさえすれば生産量観測，所得配分あるいはチーム解散などの処置をあらかじめ定めたルールに基づいて機械的に行う主体であると仮定しよう．このとき，社会的総余剰最大化問題は，

$$\max\{Ey(e)-\sum_i c(e_i)-NEp\}$$
$$\text{subject to } w(y) = y - I_{\mathrm{inv}}(y) - I_{\mathrm{mon}}(y) \geq N \cdot w_{\min}$$
$$E[I_{\mathrm{inv}}(y)] = R$$
$$E[I_{\mathrm{mon}}(y)] = M$$
$$\frac{\partial E\left(\frac{w(y)}{N}\right)}{\partial e_i} - \frac{\partial Ep}{\partial e_i} = c'(e_i)$$

で与えられる．目的関数は，期待生産物からチームの努力費用およびチームの解散コストの期待値 NEp を引いたものである．Ep は具体的には，チームの努力水準と，モニターがチーム解散となる生産量の範囲をどう事前に定めるかによって決まる．最初の制約式は，生産物全体が最低賃金制約を満たしつつ当事者間で過不足なく配分されることを要求する．$w(y)$ はチーム全体の賃金の受け取りで，これはメンバー間で等分されるとする．すなわち，観察された生産量が y のときの1人当たり賃金は $\frac{w(y)}{N}$ であり，これは最低賃金を上回る必要があるので上の不等式が従う．第2，第3番目の制約式は，外部投資家とモニターに対し要求どおりの所得を保証

しなければならないことを意味する．最後の制約式は，労働者が他の労働者およびモニターの行動を所与として自分にとって最適な努力水準を選択することを示す．これは労働者にとっての最大化問題，

$$\max_{ei}\left[E\left(\frac{w(y)}{N}\right)-Ep-c(e_i)\right]$$

の一階の条件である．具体的には，追加的努力による費用の増分が期待所得の増分に等しくなることだが，ここでの期待所得の増分は賃金の増分とチーム解散に伴う不利益の期待値の増分の差である．

3.2 最適解の特徴づけ

上の最大化問題の最適解は，以下に示す図で表現される[2]．細い実線はチーム全体の所得を示し，太線は外部投資家の所得とチーム全体の所得の和である．つまり，外部投資家の所得は両者の差になる．また，破線は45度線を表しており，モニターの所得は45度線と太線の差で表される．

最適解では，生産量の範囲は $\overline{b}$ を上回る領域，$\underline{b}$ を下回る領域，$\overline{b}$ と $\underline{b}$ の中間部分の3つに分割される．$\overline{b}$ はチームとモニターのどちらが剰余請求者になるかを決定する生産量である．生産量が $\overline{b}$ を上回るとモニターは所得を受け取らず，チームが剰余請求者になる．つまり，外部投資家に一定の支払い $\overline{s}$ をした後の残りすべてがチームの所得になる．一方，生産量が $\overline{b}$ と $\underline{b}$ の間になるとチームは剰余請求者の立場をモニターに譲り最低賃金 $w_{\min}$ を受け取り，モニターが賃金支払いおよび外部投資家への支払い $\overline{s}$ をした残りを受け取る．この $\overline{b}$ と $\underline{b}$ の中間部分では，外部投資家とチームの所得の和が生産量を上回る領域が存在する．ここではモニターが赤字分を補填する．$\underline{b}$ はチーム解散を決定する生産量で，これを下回るとチームは最低賃金を受け取った後に解散させられ，外部投資家の所得は解散しないときに比べ低くなる（$\underline{s}$ になる）．$\underline{b}$ を下回る領域でもモニターは赤字補填をすることになる．

---

2) 導出は，Aoki(1994)を参照せよ．

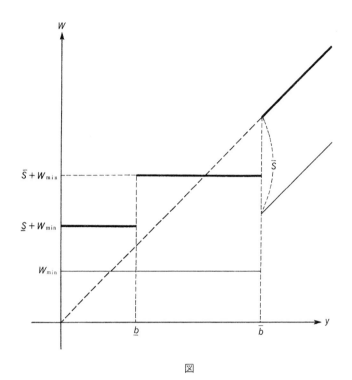

図

　ここでは，チームの業績がよいときはチームが剰余請求者となる一方，そうでないときはモニターが剰余請求者となり，しかも業績が非常に悪いときはチームの解散までありうる．チームの業績に依存して剰余請求権の移動やチームの解散があるという意味で，ここで起こっていることは状態依存型ガバナンスにほかならない．

　チームは解散すると自分の文脈的技能を生かせず損失を被る．これはチームが実質的に罰金を取られていることを意味する．しかし，その罰金はホルムストロムの罰金制度とは異なり，誰かが受け取ることができるものではない．モニターが解散によって得をする可能性はなく，ホルムストロムのモデルで生じた結託の問題は起こらない．

　最適解ではチームが解散するか否かに依存して外部投資家の所得が変化するが，その理由は以下のとおりである．解散はチームに不利益をもたら

すので，生産量が b を下回るとチームが解散を避けるためにモニターと再交渉する可能性がある．つまり必要ならばモニターに賄賂を贈って，外部投資家には生産量はチーム存続領域に入っていたと偽りの報告をさせ，解散を避けさせるインセンティブが生じる．しかし解散した場合の外部投資家の所得が解散しない場合より低ければ，解散すべきチームを存続させるには外部投資家にチーム存続時の所得を与えねばならず，その分モニターに費用がかかる．チームが最大限支払える賄賂の額は解散に伴ってチーム全体が被る利益の減少分だから，外部投資家の状態間の所得の差をそれより大きく設定できればこのような再交渉は成立しなくなる．実際，ある条件の下では上で示した解がこのような再交渉を防止できる(renegotiation-proofness)ことが示される(Aoki, 1994 を見よ)．

4 状態依存型ガバナンスを支える制度的構造

4.1 モニターのインセンティブの問題

前節で考察した状態依存型ガバナンスは，企業の内部組織のモラル・ハザード的行動を防ぐのに有効である．だからこそそれは，日本のようにチーム生産の性格が強い企業組織をもつ経済や移行経済におけるインサイダー・コントロール企業の分析に重要なのである．日本企業のコーポレート・ガバナンスの構造がメインバンクをモニターとする状態依存型ガバナンスとして理解できることについては，9章で個別に考察する．また，移行経済におけるコーポレート・ガバナンスの構造はどうあるべきかはコラムで解説する．

ところで前節では，モニターは機械的に生産物の観測と利益の配分，そして必要ならばチームの解散を行う存在と仮定することにより，モニター自身のインセンティブを無視して状態依存型ガバナンスの分析を行った．しかし現実の経済においては，自分の利益を追求する何らかの経済主体がモニターを引き受けねばならない．したがって，この型のガバナンスの構

造全体を理解するためには,モニターのインセンティブを明示的に考慮することが不可欠である.

4.2 救済と解散のインセンティブ

状態依存型ガバナンスにおいてモニターのインセンティブが問題になるのは,チームの生産物が外部投資家への支払額を下回るときである.生産量が $\bar{b}$ と $\underline{b}$ の中間でモニターの所得が負になる領域にあったとしよう.この場合,モニターはチームが支払うことができない分を肩代わりすることになるが,もし生産量が $\underline{b}$ より低かったと偽ってチームを解散してしまえば,チームへの支払いは変わらない一方で,外部投資家への支払いが $\bar{s}$ から $\underline{s}$ に低下するので補填分が少なくなる.したがってモニターがチームを救済するためには,モニターがチームを存続させることで何らかのレントを得ること,さらに,そのレントはチームを解散してしまうと得られないことが必要である.

しかし,もしこのようなレントが存在すると,モニターは生産量が $\underline{b}$ を下回ったとき,すなわちチームを解散すべき時に,チームを救済するインセンティブをもつ.つまり外部投資家に,生産量は $\bar{b}$ と $\underline{b}$ の中間だったと偽りの報告をすれば,外部投資家への支払いは $\underline{s}$ から $\bar{s}$ に上がるが,チームは存続してその支払は $Nw_{\min}$ のままである.一方,チームを存続させることになると,モニターは本来得られないはずのレントが得られる.したがってレントが高すぎると,今度は解散すべきチームを存続させるインセンティブが生まれてしまう.

4.3 長期的関係とレント

ところで現実の経済では,前節で定式化した状況が,チームが存続する限り繰り返される.つまり,各期毎に,チームの各メンバーはチームが存続する限りその期の努力水準を決定して共同生産物を作り,モニターはその期の生産量を観測してチームと外部投資家に支払いをし,必要に応じてチーム解散の措置をとる.

このような状況では，モニターはチームを存続させれば来期以降もそのチームとの関係を保つことになるが，それは先に考察したレントの1つの源泉となりうる．たとえば，モニターはチームとの継続的取引関係において利益を得ているかもしれない．この利益も，一度チームを解散すると失われてしまうだろう．また，チームを解散をすると，このモニターと長期的取引関係にある他の経済主体が，モニターとの今後の関係に不安を抱いて取引関係を終了させ，その結果モニターが損をするかもしれない．これらのレントが十分に大きい限り，モニターには救済すべきチームを救済しようとするインセンティブが生まれる．

　このようなレントがモニターに存在するとしよう．もし解散すべきチームを救済すると，チームはモニターが今後も生産量の如何を問わず救済してくれるという期待を抱くかもしれない．チームは来期以降努力を怠り，結果としてモニターは，3節で考察した解に比べより高い確率で救済や解散をしなければならない．それはすべきではない救済を行ったモニターに対するペナルティーになる．したがって，救済に伴う外部投資家への支払い増加とそのペナルティーの和がレントを上回れば，モニターは解散すべきチームを解散させるインセンティブをもつ．先ほどはレントがある程度大きくなければならないと述べたが，ここでの議論はそのレントの大きさに上限が課されることを示している．

　まとめると，モニターが状態依存型ガバナンスに従うインセンティブ，特に救済と解散のインセンティブは，基本的にはチームとモニターの長期的関係から生じるレントを通じて保証される．しかしそのレントは大きすぎても小さすぎてもいけないため，レントを適正な水準にコントロールするメカニズムが必要になる．そのようなメカニズムにはさまざまなものがあるが，特にメインバンクをモニターと解釈する文脈においては，政府による規制がその1つである．9章では，このような観点から金融規制の枠組みを理解しようと試みる[3]．

---

3) ここでの長期的関係に基づくレントの議論については，青木(1995)も参照せよ．

> **Column**
> ## 移行経済と状態依存型ガバナンス
>
> 　移行経済における企業では，その内部組織のメンバー(インサイダー)で株式の過半数を所有することで，インサイダーが企業の支配権をもつ(インサイダー・コントロール)傾向が見られる．これは社会主義時代に計画当局が企業を効率的に経営させるべく，多くの権限を企業内部組織に与えた結果であり，程度の違いこそあれ中欧，東欧の経済に共通してみられる．したがって，これらインサイダーが自分たちの利益だけに基づいた企業経営をするというモラル・ハザードの問題がおこっている．そこで，本文で考察した状態依存型ガバナンスが移行経済においても有効なコーポレート・ガバナンスの形態となることが期待される．
> 　もちろん，異なる経済は異なる歴史的諸条件に制約されるから，たとえば日本のメインバンク制度がそのまま移行経済に移転可能なわけではない．実際，移行経済下にある銀行が日本のメインバンクのように状態依存型ガバナンスを支える中心的存在になるのは難しいと思われる．1つの理由は，共産主義経済に存在した，国有銀行が財務困難に陥った企業をつねに救済する傾向(ソフト・バジェッティング，Soft Budgeting)が移行経済の銀行に引き継がれている可能性である．この傾向が続けば，状態依存型ガバナンスを支える1つの重要な要因であるところの，モニター側のチーム解散のインセンティブに悪影響を与える．

4.4　コーポレート・コントロールの市場との非整合性

　ここまでは，モニターが状態依存型ガバナンスに従って行動するインセンティブをもつための条件について述べてきた．次に，経済をとりまく制度がどのような条件を満たすときに状態依存型ガバナンスが有効に機能するのか，という問題を考えよう．

　ある経済において新古典派経済学が想定するような株式市場，すなわちコーポレート・コントロールの市場としても機能する株式市場が成立して

インサイダー・コントロールを銀行制度を通じてコントロールする1つの可能なシナリオは，次のようなものであろう．企業への貸出は複数の銀行のシンジケートとして行われ，その中の1つが幹事行として本文のモデルにおけるモニターの役割を果たす．残りのシンジケート参加銀行は，モデルの外部投資家のように一定の期待所得のみを要求する．

　企業の財務状態が悪化したときは，幹事行は他の銀行に対する債務を引き受ける義務をもつことをあらかじめ取り決める．もしこの債務を株式にスワップできるならば，幹事行は債務引き受けの結果，企業の株式の多くを保有できる．その後幹事行は株式を外部投資家に売却するか，あるいは自分で株主としての権限を行使して経営者交替，余剰人員整理などのリストラクチャリングをする．前者は企業を外部投資家のコントロール下におき，後者はチーム解散に相当する．いずれにせよ，財務状態が悪化するとインサンダー・コントロールは消滅し，企業側はチーム解散と同等のペナルティーを受けることが保証される．

　このメカニズムは，銀行がさまざまな貸出シンジケートに参加することで特定の企業の業績に大きく影響されることを避け，ソフト・バジェッティングの誘惑を弱めている．ここでの議論は，状態依存型ガバナンスがインサイダー・コントロールの問題を抱える経済一般について，制度化の違いこそあれ有効に機能する可能性を示唆するものである（より詳しい議論については，Aoki(1995)，青木(1995)を参照せよ）．

いたとしよう．この経済で状態依存型ガバナンスを採用しようとすると，モニターの候補者は株主ということになる．状態依存型ガバナンスが企業内部組織のモラル・ハザードの問題を解決するための一方策である以上，モニターの候補者は企業の内部組織に参加していないステークホルダーに求められねばならないからである．

　では果たして，株主はモニターとして状態依存型ガバナンスの規定どおりに行動できるだろうか．新古典派経済学的な参入と退出が自由な株式市場の下では，企業が経営危機に陥ったときも株主であり続けて状態依存型

ガバナンスを執行することに株主がコミットするとは考えられない．経営危機を察知すれば，株式を売り払った方がはるかに安上がりだと考えられるからである．また，もともと株式というスポット市場を通じての関係であるため，企業の内部組織，すなわちチームと長期的関係を結ぶことも難しい．このように考えると，新古典派経済学的な株式市場の下では，適当なモニターがいないため状態依存型ガバナンスは機能できないといえる．

このことは，状態依存型ガバナンスと両立できる資金市場の形態とそうでないものが存在する，つまり状態依存型ガバナンスと資金市場の制度的形態の間に制度的補完性の論点があることを示している．特に新古典派経済学的な株式市場は，状態依存型ガバナンスとは全く両立不可能である．状態依存型ガバナンスの応用が日本あるいは移行経済という非新古典派的な経済に集中して向けられていることは，たんなる偶然ではない．

4.5 長期雇用慣行との制度的補完性

次に，状態依存型ガバナンスをより有効に機能させるような労働市場サイドの要因について考えてみよう．前節のモデルでは，チーム解散の損失 p が上昇すると，対応する状態依存型ガバナンスにおいて努力水準 e は増加することがいえる[4]．e が大きいと生産性が向上しチーム解散の可能性が小さくなるので，この結果はきわめて直観に合致している．

p が高いということはチームに固有な技能の度合いが大きい，つまりチームが文脈的技能に大量に投資している状態に対応する．したがって，p が高い状態は長期雇用慣行が成立している状態と解釈できる．この比較静学の結果は，長期雇用慣行が成立している経済では状態依存型ガバナンスがチームの努力投資を促進する効果が大きく，より有効であることを示している．したがって，本節の冒頭で述べたメインバンクをモニターと見る解釈によれば，メインバンク制度と長期雇用慣行という日本経済に特徴的な2つの制度は制度的補完の関係にあるといえる．

---

4) Aoki(1994)を参照せよ．

逆に，完全競争市場に近い労働市場が確立されている経済では，pが小さく状態依存型ガバナンスの効果が小さいため，新古典派的な株式市場を通じたコーポレート・ガバナンスがより効率的であろう．つまり，ここでも制度的補完関係があるのである．つまり，効率的なコーポレート・ガバナンスの形態と労働市場の組合せは主に2通りである．それは，新古典派経済学が想定するようなコーポレート・コントロールの市場と完全競争的な労働市場の組合せと，非新古典派的ともいうべき状態依存型ガバナンスと長期雇用慣行の組合せである．

4.6 モニターの交渉力

状態依存型ガバナンスの有効性は，モニターをとりまく状況にも影響される．本章のモデルではモニターはチームの生産物を観測して，必要ならばチームを解散させることの対価として期待所得Mを要求すると考えてきた．本項ではこのMの効果について考えよう．

まず，Mを動かしたときの状態依存型ガバナンスの有効性の比較静学を考えてみよう．Aoki(1994)によれば，その結果は以下の2点に集約される．

(1) もともとのMが高い場合は，モニターが剰余請求者となる領域が広く，チームは努力してもなかなか剰余請求者になれないのでチームのインセンティブに悪影響が生まれる．この場合，Mの下落はモニターが剰余請求者となる領域を狭め，インセンティブ面の悪影響が減ってチームの生産性向上のための努力投資が促進される．

(2) もともとのMが低い状態では，チームが剰余請求者となる領域が広すぎて，チームが剰余請求権を失う確率が低い．つまりチーム解散のペナルティー効果が弱く，努力するインセンティブも弱い．したがってこのときは，Mが下落することはさらにチームの努力水準を低下させる．

これらの結果から，モニターの所得Mは高すぎても低すぎても状態依存型ガバナンスの効率的な機能に十分ではなく，状態依存型ガバナンスを

効率的に機能させる適当な M の値が存在することが重要である，といえよう．

このことは，日本の企業のコーポレート・ガバナンスの構造をメインバンクをモニターとする状態依存型ガバナンスとして理解しようとするときに特に示唆的である．たとえば，高度成長期には貸手であるメインバンクは企業に対して大きな交渉力をもっており，結果として比較的高い M を要求できた．この時期はメインバンク制度が非常に円滑に機能した時期と考えられるが，先の比較静学の結果は企業の業績向上に伴って対銀行交渉力がゆるやかに上昇し，M の下落がより高い企業側の努力を生むという好循環の関係にあったことを示唆している．しかしオイル・ショック以後，企業は銀行融資への依存を避けるようになり，メインバンクの企業に対する交渉力を弱めたといえよう．これに伴って M は低くなったと考えられるが，上の議論によれば M の下落が大きいと状態依存型ガバナンスの効力は弱まることになる．バブル崩壊の結果多くの金融機関が不良債権を抱えることになったのは，メインバンクが大企業に対し交渉力を失い投機的な土地投資融資に走った結果といえるかもしれない．

参考文献

Aoki, M. (1994), "The Contingent Governance of Teams: Analysis of Institutional Complementarity," *International Economic Review* **35**: 657-676.

Aoki, M. (1995), "Controlling the Insider Control," in M. Aoki and H. Kim (eds.), *Corporate Governance in Transitional Economies: Insider Control and the Role of Banks,* EDI Developmental Studies, the World Bank.

青木昌彦(1995)，『経済システムの進化と多元性』東洋経済新報社.

Eswaran, M. and A. Kotwal (1984), "The Moral Hazard of Budget-Breaking," *Rand Journal of Economics* **15**: 578-581.

Holmstrom, B. (1982), "Moral Hazard in Teams," *Bell Journal of Economics* **13**: 324-340.

9 メインバンク・システムと金融規制

　本章では，日本の金融システムの大きな特徴であるメインバンク・システムに対して考察を加える．企業モニタリング・システムとして金融制度をとらえた場合，多くの専門機関に機能が分散している市場中心のアングロ・アメリカ型と，銀行に多様なモニタリング機能を集約したドイツ・日本型のシステムとに大別できる．ここでは，ドイツ・日本型のメインバンク・システムに代表される銀行中心の金融システムが十全に機能するには，銀行や企業に望ましいインセンティブを与うべき適切なレントの体系(規制体系)が重要になる．

1　メインバンクへの関心

　日本の金融市場の特徴を最も端的に表現するとしたら，それは間接金融優位ということになるであろう．そして，日本の間接金融システムにおいて中心的な役割を担ってきたのが，いわゆる「メインバンク」ということになる．ところで，最近では日本の高度成長期にメインバンクが果たした役割が多くの注意を集めている．これは，現在市場経済への移行途上にある旧共産圏の国々や中国にとって，どのような金融システムを採用すべきかが経済改革の最重要テーマとなっており，いきおい高度成長を実現した日本において，その重要なファクターの1つと考えられるメインバンク・システムに対する評価が高まっているためでもある．

　比較制度分析の立場からも，メインバンク・システムは重要な研究対象の1つである．比較制度分析の関心は，特に，メインバンクがこれまで日本のガバナンス・システムの要であったという点に向けられる．また各国の経済システムを比較した場合，最も顕著な相違が現れるのも金融システ

ムの領域であり,さらにそのような差異を生み出す大きな要因の1つとして,各国の金融規制の枠組みの違いが存在するため,望ましいシステムの選択という規範的な視点からも,日本のメインバンク・システムと今後のその変貌は興味深い考察の対象となるのである.

2 メインバンク・システム

Aoki, Patrick and Sheard(1994)は,「メインバンク・システム」は次の3つの関係の束として理解されるべきと主張する.

(1) 企業・銀行間での金融・情報・経営における多元的な関係.
(2) 都市銀行間の相互的関係.
(3) 規制当局(大蔵省と日本銀行)と銀行産業との関係.

通常(1)が「メインバンク関係」と呼ばれ,特に日本の金融システムを間接金融中心のシステムと特徴づける場合に,長らくその端的な表現として用いられてきたものである.ただし,メインバンク関係が意味する実質的な内容については以下のような注意が必要である.

2.1 メインバンク関係とは

メインバンクについての従来の議論では,メインバンクとは,企業の借入残高のうちで最も高いシェアをもつ銀行,つまり最大貸出銀行のことであるとされてきた.しかしメインバンク関係を貸出―借入の側面に限ってしまうと,メインバンク・システムのもつ本質的な意味を見失ってしまうことになる.また,現に日本の大企業の中には,トヨタ,松下のように,銀行に対する借入依存度は低下していても,依然として「メインバンク」と一定の関係を保っている企業も存在しており,一概に「最大貸出」をもってしてメインバンクを定義するのは問題である.

Aoki, Patrick and Sheard(1994)によると,メインバンク関係は以下の

ような定型化された事実の分類によって理解すべきとされる．それは企業とメインバンクの間の主要な5つの側面に注目し，それぞれ企業の財務状況に応じて，どのような相違が現れるかを整理し，メインバンク関係を企業と銀行との多元的関係において定義したものである．

2.2 メインバンク関係の5つの側面

Aoki, Patrick and Sheard(1994)は，企業とメインバンクの関係として，「貸出」だけでなく，その他に「決済口座」，「株式保有」，「社債発行」，「経営」といった4つの側面にも注目する．以下ではそのひとつひとつについて，メインバンクの果たす役割を簡単に解説しよう．

決済口座

企業は日々の取引の決済のために，銀行に当座預金を保有するが，一般的に企業は決済口座をそのメインバンクに集中させる．また約束手形の割引もメインバンクを通じて行われることが多い．決済口座の出入りを日々観察することによって，メインバンクは企業の資金ポジションの変化をある程度把握することができる．メインバンクには，決済口座を保有することにより，その企業について他の金融機関には手に入らない情報を得る機会が与えられる．

株式保有

日本の独占禁止法では，銀行は5％のシェアを上限として，特定企業の株式を保有してよいことになっている(独占禁止法11条)[1)2)]．メインバンクは通常，その企業の上位5位までの株式保有者に名をつらね，銀行の間では最大の株式保有者である．メインバンクは，めったなことではその保有する株式を市場で売却したりはしない．メインバンクの保有する株式のシェア自体は小さいが，メインバンクはその他の安定株主として機能する系列金融機関やノンバンク(信託銀行，生命保険会社，総合商社など)をとりまとめる立場にあり，敵対的な企業買収から顧客企業を守る中心的な役割を

果たすことになる．

社債発行

企業が国内市場で社債を発行するときにはメインバンクは受託業務を行う．ここで，メインバンクは大きな手数料収入を獲得することになる[3]．また，企業が海外で社債を発行する場合もメインバンクは海外の証券子会社を通じて企業の保証など重要な役割を果たす．

経営参加

最後は経営参加という側面である．具体的には役員派遣，および監査役の派遣がこれに相当する．企業が外部から取締役または監査役を選任する場合には，メインバンクから人材を受け入れるのが通例となっている．

2.3 企業の財務状況とメインバンク

次に企業の財務状況の違いに従って，メインバンクと企業の関係のさまざまな側面で，両者の立場がどのように変化するかを説明する．

---

1) アメリカでは，銀行は他の企業の株式を保有することはできない．これに対し，ドイツでは他の企業の発行株式に対する株式保有のシェアについての制限はない．また，多くの株式が銀行に預託され，銀行がそれらの株式の議決権を代理行使するため，有力銀行が大企業の議決権の大半を保有している．銀行の株式保有，コーポレート・ガバナンスに対する銀行の関与の大きさという点では，ドイツとアメリカは両極にあり，日本の金融システムは両者の中間に位置しているといえる．詳しくは貝塚(1995)，深尾・森田(1994)を参照．
2) 銀行の株式保有については，市場経済移行途上国の経済制度の整備という観点からも注目に値する．たとえば，コーポレート・ガバナンス・システムの構築段階にある中国では，これまでの各種産業金融を普通銀行に転換するにあたって，それらの銀行に一般企業の株式の保有を認めるか否かが重要な論点であったが，最近設定された商業銀行法は株式保有を認めないことになった．
3) 受託業務は，企業が社債発行にあたって実際に社債申込書を作成し，投資家の社債購入資金を企業に払い込むという募集受託業務と，社債の担保を返済完了まで債権者の代理人として管理する担保受託業務とに分けられる．このような受託業務が行えるのはこれまで銀行に限定されており，現在では，受託手数料の水準が欧米に比べて高すぎることが日本の社債発行市場の空洞化を招いている一因と考えられている．

通 常

大部分の企業がここに該当する．正常な経営状態の企業の場合でも，貸出でメインバンクが突出しているというわけではない．上場企業の場合，銀行からの借入のうちメインバンクの占める割合は，長期資金で7%程度とそう高くない．しかし短期資金ではメインバンクのシェアは高くなり，約30%を占める．長期資金では都市銀行以外に長期信用銀行や生命保険などからの借入比率が高くなる．これも日本の金融システムの大きな特徴の1つといえよう．このような企業は，内部資金が乏しく，債券を発行しようとしても，国内では大蔵省の規制が厳しく，ユーロ・マーケットでも十分な評判を築いていないため，資金調達は自ずと銀行借入に大きく依存することになる．経営面では銀行から役員を受け入れることもある．

良 好

財務状態がよくなると，企業は銀行貸出にあまり頼らなくて済むようになる．特に1980年代後半には，製造業の大企業を中心にいわゆる「銀行離れ」が加速し，エクイティ・ファイナンスが活発化した．しかし，だからといって，メインバンクとの関係が希薄になったわけではない．企業が国内で債券を発行する場合には，メインバンクが受託業務を担い，またユーロ市場での債券発行の場合でも，メインバンクの海外子会社がシンジケートの幹事となり，債券を実際に購入するのも日本の銀行であるといった具合である．また企業の海外進出が進むにつれ，メインバンクも外為業務で多額の手数料収入を獲得するようになっている．このように一見銀行離れが進んでいるようにみえても，企業とメインバンクとの多面的な関係は依然として重要である．ただし経営状態が良好な企業では，経営面での銀行とのつながりはほとんど見られなくなりつつある．

優 良

経営状態が優良な大企業の場合，銀行にとってこのような企業の株式を購入し，決済口座を保有していることは重要な意味をもつ．そして優良企

表1 メインバンク関係の定型化された事実

財務状況	悪 化	正 常	良 好	優 良
決済口座	○	○	○	○
株　式	○	○	○	○
貸　出	◎	○	(○)	○
社　債			○	(○)
経　営	◎	○	○	((○))

注　○はメインバンクと企業に明白な取引関係がある場合を示す．また，（　）がつくほど，関係は希薄になる．◎は，企業の存続上決定的に重要な要件となり，メインバンクが積極的に企業コントロール権を発動する状況である．

業のメインバンクの地位をめぐって，今度は銀行間の競争が発生する．優良企業の決済口座を保有すれば，その企業の従業員口座まで獲得できることのほかに，多くの関連企業との取引まで把握することができ，そのような関連企業に対して新たに融資を広げることができる．また経営面では，メインバンクの頭取が優良企業の監査役になるというケースも出てくる．

悪　化

以上の場合に対して，財務状況が極度に悪くなった企業の場合が特に興味深い．メインバンク・システムのガバナンス・システムとしての特性も，このような経営状況が悪化した企業との関係に特に顕著に現れる．

メインバンクは企業の決済口座を通じて，企業の財務状況が悪化したことをチェックできる．ある企業がメインバンクの再融資の決定がないと企業としては存続し得ない状態に陥ると，メインバンクは企業に対して株主（残余請求者）としての権利を行使して，経営者の解任など積極的な行動に出る．そして最終的に企業を清算すべきか，救済すべきかを判断する．つまり経営の重要な部分が直接メインバンクによって担われ，メインバンクは企業の生殺与奪の権限を握るのである．これは後に説明するように，メインバンクが，前章で説明した状態依存型ガバナンスにおけるモニターの役割を担うことを示している．

以上の結果を簡単にまとめたのが表1である．企業とメインバンクとの関係はこのように多面的に理解すべきである．従来からいわれてきた「最大貸出」という定義だけでは，メインバンクがこれまでに果たしてきた役割の重要な側面を見逃してしまう．

3　企業モニタリングの3段階

　前節で説明したメインバンク・企業関係の定型化された事実は，日本の金融システム，および企業システムの重要な制度的特徴の1つに数え上げられる．そしてメインバンク・システムのさまざまな側面に対しては，これまでに数多くの理論的な説明・解釈が試みられてきた[4]．ここではまず，メインバンク・システムを比較制度分析の対象として考察するにあたって，そもそも企業モニタリング・システムという概念を理解するために有効な一定のフレームワークを提示しておこう．

　投資には情報の非対称性と不完全性の問題がつきまとう．このような問題を解決するために資金の供給者やその代理人が企業に向けて行う活動を「モニタリング」と呼ぶにあたっては，3つの種類のモニタリングを概念的に区別する必要がある．根本的な区別は，投資家から企業への資金の移転に対応して，モニタリング活動の行われるタイミングに従うものである．

3.1　事前的モニタリング (ex ante monitoring)

　最初の段階のモニタリング(事前的モニタリング)は，企業が保有する投

---

[4] メインバンクと企業間の継続的取引関係(メインバンク・システムの3つの束のうちの(1))に対しては，後述の情報の非対称性(たとえば企業の投資プロジェクトの真の価値)の問題を情報の生産によって直接的に解決し，メインバンク関係の意義を情報生産に付随するフリーライド問題と信頼性の問題に対処する点に見出す研究として，シェーンホルツ・武田(1985)等が挙げられる．また，「(2)都市銀行間の相互的関係」に注目している研究では，Sheard(1994)や，加藤・パッカー・堀内(1992)が挙げられる．両者ともに，メインバンクを中心とする複数の銀行の融資を「暗黙的協調融資」ととらえている．「メインバンク論」についての包括的な議論については，堀内・随(1992)や，藪下(1995)を参照のこと．

> **Column**
>
> # 逆淘汰(adverse selection)問題
>
> 　4章で企業組織を分析するにあたって定式化されたエージェンシー関係は，情報の経済学や契約理論において，プレーヤー(プリンシパルとエージェンシー)間で，契約成立後の行動についての情報の非対称性が存在する状況を定式化したものであった．そしてこのような情報の非対称性から生じる問題をモラル・ハザード問題として説明した(4章のコラム「私的情報とエージェンシー問題」を参照)．これに対して，逆淘汰(adverse selection)問題はプレーヤー(エージェント)の属性(タイプ)についての情報の非対称性に起因する問題である．
>
> 　逆淘汰問題は Akerlof(1970)によって初めて明示的に分析された．その後，属性についての非対称情報問題は労働市場や教育を中心に分析され，Spence(1973)によるシグナリングの理論や自己選抜モデルの分析へと発展した．さらに金融市場への応用としては，Rothschild and Stiglitz (1976)による保険市場における逆淘汰問題の分析が重要である．

資プロジェクトの収益性の評価および選別に相当する．このタイプのモニタリングはいわゆる逆淘汰(adverse selection)問題を回避する意味で重要である．逆淘汰は，外部投資家が，提案されたプロジェクトの潜在的収益性やリスク，さらには企業の経営能力・組織能力などについて，企業内部の経営者ほど事前に情報を保有しているわけではないことに由来する問題である(コラム参照)．しかし，投資における情報の非対称性では，つねに投資家(資金供給)側に情報が不足するわけではない．一企業の投資プロジェクトの将来収益は，他企業の補完的プロジェクトの成否如何に依存するというケースも考えられる．このような場合には複数の投資プロジェクト間のコーディネーションが必要となる．たとえば，鉄鋼工場が将来高収益を確保できるかは，エネルギーが安定的に供給されるかにかかってくるが，電力業の資本蓄積が低い段階では，それは翻って新しいダムの建設がスムーズに進捗するかに依存することになろう．このような世界では，産業間

> 　保険市場で発生する逆淘汰現象のエッセンスを簡単に紹介すると以下のようになる．まず潜在的にリスクの異なる保険需要者がいるが，保険会社は一人ひとりの加入者の異なるリスクを区別することはできないという状況を想定する．この場合保険会社は加入者の平均的なリスクに応じた保険料を設定する．するとリスクの低い安全な加入者は割高な保険料を不服としてもはや保険契約に参加しなくなる可能性がある．優良な(リスクの低い)顧客が去ると保険会社はより高い保険料を設定せざるをえないが，これによって安全な顧客が徐々に去っていくという悪循環が続いた結果，最終的に保険の市場そのものが存在しなくなる可能性があるというものである．
>
> 　このような問題は通常の金融貸出契約においても生じうる．たとえばStiglitz and Weiss(1981)は，金融機関が貸出金利を一定以上上昇させると，貸し倒れリスクが小さい安全なプロジェクトの保有者が淘汰され，期待収益率はかえって低くなり，そしてこのような場合には市場に超過資金需要が存在したとしても貸出金利は硬直的となり，その結果信用割当が発生する可能性があることを示したのである．

にまたがった広範囲の情報を集めることのできる投資家(貸し手)の方が，投資プロジェクトの判断にあたっては，個々の企業(借り手)よりも事前には優れた情報収集能力をもっているということもある．

　とにかく金融システムの機能を評価するにあたっては，事前的モニタリングの段階で，逆淘汰など企業・投資家間の非対称情報の問題を回避し，優良な投資プロジェクトを保有する企業にどれだけ集中的に資金を配分することができるか重要なポイントとなるのである．

3.2　中間的モニタリング (interim monitoring)

　第2段階の中間的モニタリングは，投資プロジェクトに対して資金が提供された後に，経営状況やその他全般の企業活動，特に投資資金が有効に使用されているかをチェックすることである．この段階のモニタリングは典型的なモラル・ハザードの問題に対処するために必要となる．投資家の

利害と企業の経営者や労働者の利害は必ずしも一致しない．よって，もし投資家がチェックを怠るならば，経営者には自分自身のために資金を流用するインセンティブが生じる．

3.3 事後的モニタリング (ex post monitoring)

第3の事後的モニタリングは，企業の投資の結果(財務状態)を正確に識別するとともに，企業が財務困難に陥った場合には，その長期存続性などを的確に判断して，企業に対し匡正的もしくは懲罰的措置をとることである．財務状態に応じて事後的に一定の措置をとることに，投資家がクレディブルなコミットメントをすることができれば，それは企業経営者の事前の投資判断や，投資実行時の行動に実質的に影響を与えることになる．投資結果が思わしくない場合，投資家側が経営者を確実に罰すると信じられるならば，経営者はそうした結果に及ぶような事前もしくは中間期の非効率な行動を控えるであろうし，もし投資家側がクレディブルなコミットができない場合には，経営者には投資計画のリスクを過少に報告したり，投資実行時にモラル・ハザード的行動をとるインセンティブが生じることになろう．

3段階のモニタリングの区別は表2にまとめられている．このような3つの区分はあくまで概念的なもので，本来これらは分かちがたく結びついている．たとえば，もし投資家と企業の間に長期的関係が存在するのであれば，新しい投資プロジェクトへの資金供与の決定においても，前回の投資プロジェクトの中間的モニタリングで得られた情報が利用されることに

表2 3段階のモニタリング

	機能	関連する問題
事前的モニタリング	投資プロジェクトの評価 信用分析	逆淘汰 コーディネーションの失敗
中間的モニタリング	経営活動の監視	モラル・ハザード
事後的モニタリング	財務状況の識別 状況に応じた懲罰的・匡正的活動の適用	コミットメント

なろう．よってこの場合，事前的モニタリングと中間的モニタリングを実質的に区別するのは困難となる．また企業の財務状況が比較的良好で，つねに安定した業績をあげているのであれば，そもそも中間的モニタリングと事後的モニタリングは区別できない．にもかかわらず，これら3つの概念区分は，異なった金融システムの機能と成果を比較するにあたって，非常に有用なツールとなるのである．

4　メインバンクによる統合されたモニタリング

通常，企業に対するモニタリング活動は，3つのモニタリングのそれぞれの段階で，多くの個人投資家からさまざまな金融機関や代理人へ委任される．これにより，一人ひとりの投資家がそれぞれモニタリングを行う場合の情報コストおよび重複コストが節約される．ただし，このような金融機関の制度的配置は経済システムごとに異なる．

4.1　アングロ・アメリカ型のモニタリング・システム

アングロ・アメリカ型のシステムでは，各段階のモニタリング活動が，それぞれ特定のモニタリング機能に特化した多様な金融機関に分散されている．以下簡単に要約しよう．

事前的モニタリング

事前的モニタリングでは，大企業—投資銀行(債券引受)，ベンチャー企業—ベンチャー・キャピタル，中小企業—商業銀行，といった対応関係が見られる．これに対し債券格付機関は，企業の財務状態を継続的に評価している意味では，中間的モニタリングの機能を果たしていることになる．しかし格付機関による格付は，めぐりめぐって企業の資本市場での起債能力に影響を及ぼすので，直接金融中心の金融システムにおいては，債券格付機関は重要な事前的モニタリング装置であるといえる．

中間的モニタリング

企業経営者に対して中間的モニタリングを遂行する最も直接的な機関は取締役会である．そして取締役会自体が，大株主やファンド・マネージャー・ディーラー，さらには企業乗っ取り屋の存在によって，資本市場を通じた直接・間接のモニタリング圧力に服している．

事後的モニタリング

破産裁判所を通じた破産・更正・清算の手続きは，いかなる金融システムにおいても重要な事後的モニタリングの仕組みとなっている．しかし，制度化された「企業乗っ取り（会社コントロール）市場」の存在は，アングロ・アメリカ型システムに最も顕著な事後的モニタリングの仕組みとなっており，他のシステムでは類を見ないものである．

4.2 メインバンクの機能

3段階のモニタリングが専門化した別個の機関に委任され，モニタリング機能が高度に分散化したアングロ・アメリカ型システムと比較して，日本のメインバンク・システムは，その最盛期（高度成長期）において，企業モニタリングの3段階が「統合」され，その企業のメインバンクに「専属的に委任」されるシステムであったと特徴づけることができる．

事前的モニタリング

事前的モニタリングの段階では，企業のさまざまな資金調達手段に対して，メインバンクはそれぞれの場面で重要な役割を担ってきた．長期資金の貸出では，確かにメインバンクの占める比率は10%に満たない程度である．しかし広範囲の金融機関から資金を調達しなければならない企業にとっては，まずメインバンクによる融資決定の判断が必要となる．これはメインバンクによる融資決定があってはじめて他の金融機関も融資に踏み切るからである．メインバンクは事実上，協調融資シンジケート団の幹事の立場にあった．

また企業が債券を発行する場合，メインバンクは引受はできないが，受託業務はメインバンクが専属的に行うことになる．さらに企業が海外での起債にあたっても，企業が国際金融市場で十分な「評判」を獲得するまでには，メインバンクの存在がそれを代替していたのである．

中間的モニタリング

中間的モニタリングでは，メインバンクによる企業の決済口座を通じた情報収集が重要であった[5]．ただし1980年代に入って日本企業が決済口座を次第に多様な銀行に分散させるようになって，メインバンクが個々の企業のトータルな財務状態を把握しづらい状況が現出しているのも事実である．

事後的モニタリング

最後に事後的モニタリングであるが，メインバンクは前章で確認した状態依存型ガバナンス(contingent governance)におけるモニターの役割を果たしている．企業の財務状況が順調な場合には，メインバンクは企業内のインサイダー・コントロールを認めるが，財務状況が悪化するとコントロール権を行使し，企業に対して剰余請求者として行動する．

メインバンクを中核とする日本の企業モニタリング・システムは，実のところユニヴァーサル・バンクを中心としたドイツのモニタリング・システムに類似している．金融システムについて国際比較を行うと，資金供給が資本市場を中心とし，各段階の企業モニタリング機能がさまざまな金融機関に分散されるアングロ・アメリカ型を典型とする市場中心システムと，

---

5) メインバンクが中間的モニタリングの主体となっている背景には，日本の場合には企業会計の情報開示があまり進んでいないという状況を指摘する必要がある．アングロ・アメリカ型システムの場合には，アナリスト，ファンド・マネージャーなどが，証券取引委員会(Securities and Exchange Commission：SEC)を通じて開示された企業の財務データを分析する形で中間的モニタリングが機能しているといえる．

ドイツや日本などのように，銀行を通じた資金供給が主体で，インサイダーと銀行間で状況に応じて企業コントロール権がシフトする銀行中心システムとに大別されるのである．

5　メインバンク・システムの社会的便益

1990年代以降のバブル崩壊以後，日本の金融システムは転換点を迎えているようにも見える．しかしメインバンク・システムには以下のような潜在的便益が内在し，特に高度成長期の日本経済に都合のよい仕組みであったということが確認できる．

5.1　モニタリング費用の節約

第1に，経済発展の視点から，高度成長期に企業に対するモニタリング活動がメインバンクに「委任」され，「統合」されていたことそのものに重要な意味を見出すことができる．アングロ・アメリカ型システムのように高度な分業を達成したシステムでは，モニタリングの各段階に応じて，さまざまな金融機関の内部に高度な専門知識を備えた人材が配置されねばならない．しかし戦中・戦後の日本のように，企業モニタリングで必要とする専門的知識を備えた人材が根本的に不足していた経済では，希少なモニタリング資源を多くの金融機関に展開させるよりは，銀行セクターに集中させる方が現実的で，確かにその方が効率的であった．

しかしより重要なのは，事前的モニタリングと中間的モニタリングがメインバンクに統合されていたことが，以下のような高度成長期の日本経済の特殊事情によくマッチしていたということである．それは事前的モニタリングが本来解決すべき，プロジェクトを保有する企業と資金を提供する投資家(メインバンク)間の情報の非対称性が，当時の日本経済では本質的に重要な問題となっていなかったことによる．1950年代から60年代にかけて，特に鉄鋼・石油化学といった重厚長大型の装置産業がセット・アップする場合に，資金供給側には純粋な意味での事前的モニタリングの必要

性は乏しかったはずである．なぜなら，これら重化学工業の設備投資にあたって，各企業が採用しようとした技術はすでに欧米を中心に確立されていたものであり，銀行側が投資プロジェクトの収益性を測るにあたっては，企業がこれから導入する生産技術自体が重大な審査対象となることはなかった．むしろ，欧米で独自に発展してきた生産技術が短期間に次々と輸入されるため，更新テンポの速い生産技術を迅速・着実に企業化できるかといった組織・経営能力が問われるケースの方が圧倒的だったのである．このような企業の組織・経営能力に関する情報は，その企業に対する中間的モニタリングの繰り返しによって蓄積されるものである．つまり，中間的モニタリングが実質的に事前的モニタリングを兼ねることになるわけで，メインバンクによる事前的モニタリングと中間的モニタリングの統合は，高度成長期の日本経済に重要な意義をもっていたことになるのである．

5.2 企業救済

また銀行中心の金融システム一般に対しては，最近，これまで新古典派経済学があまり注目してこなかった積極的意義が強調されはじめている．それは，企業が一時的に財務困難に陥った場合，救済を含めたその後の処理方法をあらかじめ定めることが可能になるという点である．アングロ・アメリカ型のシステムでは，そもそもモニタリングの各ステージで企業に対するステークホルダーが変化し，破産しかけた企業を救済しようとする機関は現れにくい．また「公平な劣後(equitable subordination)」[6]という原則が金融機関の企業救済のインセンティブを一層阻害しているといえる．この結果，長期的には存続した方が社会的に望ましい優良企業が，一時的要因の財務困難で消滅し，有形無形の貴重な企業資産が失われるという問題が容易に生じうる．これに対して，銀行が個々の企業へコミットする度合いが高いドイツや日本の金融システムでは，このような社会的コストを回避しやすいというわけである[7]．

---

6) 「公平な劣後」とは，企業経営に積極的に関与した債権者は，当該企業の破産にあたって債権の優先権を失うというルールである．

5.3 状態依存型ガバナンス

　第3は，メインバンクによる事後的モニタリングが実質的に前章で紹介した企業に対する状態依存型ガバナンスとして機能したということである．状態依存型ガバナンスは，企業内の生産活動が労働者のチームとしての性格を帯び，さらに労働者の技能が企業特殊的なもので，労働市場の機能が不完全なものとなりがちなほど，有効なモニタリング・システムとして機能する．つまり，メインバンク・システムは状態依存型ガバナンスという特性を通じて，日本の企業システムと制度的な補完関係にあったといえるのである．

　ただし状態依存型ガバナンスの円滑な機能のためには，主として以下の2点に注意しておく必要があろう．まず第1に，状態依存型ガバナンスでは，財務困難に陥った企業に対して銀行が確実にそれを救済することにコミットしているわけではないということである．むしろ銀行が事後的モニタリングでとりうる行動の種類が多様であることにこそ重要な意味がある．

　第2に，前章でも確認したように，メインバンクがしかるべき場合に企業を救済し，そうでない場合に救済しないためには，メインバンクに救済に伴う適当な範囲のレントが発生している必要がある．これは大き過ぎても小さ過ぎてもいけない．また企業(チーム)の適切な努力水準を導き出すために，企業側にも適当な範囲のレントが発生している必要があるが，このような望ましいレントの組合せを実現するには，当時の金融規制体系の果たした役割が注目に値する．特に最近金融規制と金融システムの機能の関係については，開発経済の立場からその重要性が指摘されている．この点について，以下で節を改めて解説することにしよう．

---

7) Hoshi, Kashyap and Scharfstein(1990)は，日本のデータを用い，財務状況が悪化した企業のその後のパフォーマンスを，メインバンク関係を持っている企業とそうでない企業とで比較した場合，メインバンク関係を持っている企業ではその後の投資率が低下しないことを報告している．

6　メインバンク・レントと規制枠組み

　メインバンクに委任され，統合化された企業モニタリング・システムは，特にその全盛時代(高度成長期)に，日本の経済システムの効率性を支える重要な役割を果たしてきた．しかしここまでの説明では，メインバンクに適切な統合モニタリングのインセンティブがどのように確保されるのかという点が曖昧にされたままであった．状態依存型ガバナンスの説明で指摘されたように，メインバンクが適切な事後的モニタリングに事前にコミットできるためには，メインバンクに「適当な」範囲のレントが生じている必要がある．

　この節では，高度成長期に日本の金融当局によって行われたさまざまな金融規制が，銀行部門にこれまでに確認したような効率的なモニタリング活動を行うにあたっての適切なインセンティブを与えたのかという可能性について考えてみたい．

　高度成長期の日本の金融規制体系は簡単に次のように要約できる．
① 　預金金利を低位に抑制するが，同時に実質預金金利を正に保つ．
② 　債券発行を特定の企業に限定し，債券の第二次市場の発展を抑制する．
③ 　銀行産業への参入を抑制する．一方で銀行を証券の引受や仲介業務から閉め出す．
④ 　支店開設許可権や天下りによる経営者の派遣など，銀行のパフォーマンスに応じた報酬・ペナルティ制度を運用する．

以下ではこれらの金融規制の中身が，それぞれの銀行が行うさまざまな活動にどのようなインセンティブを与えることになるのかを開発経済学の視点から理論的に整理する．

6.1 金融抑制 (financial restraint)

　証券市場が未整備な開発途上国では，資金供給の多くの部分を銀行による金融仲介に頼らざるをえない．そして開発途上国の政府は，低金利政策や差別的な金利の適用によって，政府がターゲットとする産業へ優遇的に資金を配分するという経済発展政策を行ってきた．

　伝統的な開発経済学では，政府による金融市場への介入，特に名目金利の低位抑制については，経済成長に望ましくない効果をもつ可能性が指摘されてきた．政府によるマクロ経済運営の安定性や金融節度が保たれておらず，高インフレが発生している場合は実質預金金利がマイナスになってしまう．これは一般に「金融抑圧(financial repression)」と呼ばれる状況に相応する．金融抑圧のもとでは，まず経済全体の貯蓄率自体が低下する．さらに，マイナスの実質預金金利は，民間部門から政府への富の移転(インフレ課税)であり，それを政府が恣意的な方法で分配すると，レント・シーキング活動が盛んになり，生産的活動が阻害されてしまう．

　これに対して最近，Hellmann, Murdock and Stiglitz (1994)は，金融抑圧に対して，政府が民間の銀行部門と企業部門にレントを発生させる一連の金融政策を「金融抑制(financial restraint)」と呼んで区別し，金融抑制は金融抑圧と異なり，金融の安定性や経済成長に大きく貢献すると主張している．そして先に挙げた①のような正の実質預金金利を確保したままの預金金利の低位抑制は，まさしくこの「金融抑制」の中心的な手段となるのである．

　図1は金融市場での資金需給を表したものである．政府が実質預金金利を自由競争下の均衡金利 r_0 よりも低位に規制すると(r_D)金融仲介機関にレントが発生する．また，貸出金利規制を並行して行うことによって(r_L)レントの一部を企業部門へ帰属させることもできる．そして Hellmann, Murdock and Stiglitz は，競争的な金融市場では市場の失敗によって十分に行われない活動(投資機会の調査，企業モニタリング，預金収集など)が，金融機関にこのようなレントを獲得する機会が与えられることによって，

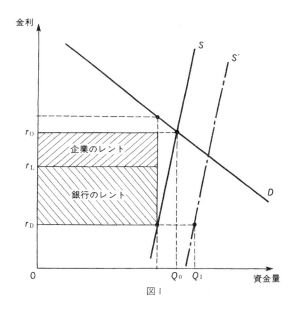

図1

適切に行われるようになると考える.ただし,民間部門内にレントを生み出すためには,あくまで正の実質金利を確保する必要がある.よって安定的なマクロ経済運営によって低インフレを実現しなければならない.

6.2 フランチャイズ・バリュー

金融市場に特有の情報の非対称性の問題としては,中間的モニタリングの説明で言及した企業の金融機関に対するモラル・ハザードが挙げられる.たとえば預金者をプリンシパル,金融機関をエージェントと考えた場合,銀行が預金者にリスクを転嫁する形で,危険の高すぎる投資プロジェクトに融資したり,企業に対する適切なモニタリングを怠るといった問題も,銀行の預金者に対するモラル・ハザードと考えることができる.

しかし金融抑制のもとで,健全な銀行経営を続けることによってレントを獲得できる状態では,銀行が不十分な企業モニタリングで特定の企業との取引関係を失ったり,非効率な経営で銀行自体を破産させてしまうと,将来にわたって獲得できたであろうはずの莫大なレントが失われることに

なる．このような将来にわたるレントの現在価値（フランチャイズ・バリュー）は，銀行やその経営者を安定的な銀行経営へつなぎ止める重石となる．守るべきフランチャイズ・バリューが大きくなれば，それだけ効率的な資金運用や適切な企業モニタリングを行うことに対するインセンティブが高まることになる．

また金融仲介によるレントの機能は，銀行に自己の預金ベースを拡大するインセンティブをもたらし，ひいては経済全体の貯蓄率上昇につながり，経済成長に大きく貢献することになる．銀行のレントの存在による預金の拡大は，図1では，資金供給曲線の右へのシフトとして表される（$S \rightarrow S'$）．資金供給の利子弾力性があまり大きくないとすると，預金金利の低下の効果よりも供給曲線のシフトの効果の方が大きく，総資金量は結果として金融規制がある前よりも大きくなることが確認できる（$Q_0 < Q_1$）．④のように銀行のパフォーマンスが新たな支店開設に結び付くといったパフォーマンス・ベースのレントの分配は，この効果を一層大きなものにしたものと考えられる．

金利規制を行うと，市場を自由に任せた場合に比べて，確かに厚生上のロス（死荷重）も発生する．しかし，資金供給がそれほど利子弾力的でないとすると，適度の金融抑制は，市場を歪めることのデメリットよりも，レントによって金融仲介の効率性が向上するメリットの方が大きくなるであろう．

6.3 参入規制と証券市場の抑制

さらに金融部門の内部にレントを生み出すためには並行して銀行業への参入規制が必要となる（③）．戦後は都市銀行への参入は実質的にほぼ完全に抑制された．また Dinc(1995) によると，マクロ経済全体の資金循環を考慮すると，企業部門の銀行融資以外の代替的な資金調達手段が未発達であること，いわゆる"Relationship Banking"が成立する上で重要となる．戦後の復興期には証券市場の発達が遅れたことも銀行が適切な企業モニタリングを行うにあたってのレントを準備することになったのである（②）.

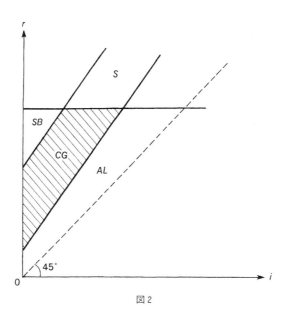

図2

また貸出金利規制などにより企業部門にレントが波及することも望ましい効果をもたらす．まず，低い貸出金利は貸出市場での逆選択の問題を回避する．また，企業の自己資本の蓄積が促され，これはモラル・ハザードの回避にも役立つ．

　そして前節で言及した状態依存型ガバナンスの有効性も，この金融抑制下の貸出金利規制の中で理解することができる．理論的には，預金金利規制と貸出金利規制を適当に組み合わせることによって，金融機関と企業の両方に，状態依存型ガバナンスを実現するために適当なレントを発生させることができるのである．

　図2は状態依存型ガバナンスを実現するために適当な貸出金利(r：縦軸)と預金金利(i：横軸)の組合せの例を表したものである．図2では，状態依存型ガバナンスが実現する両金利の組合せは CG の領域で示されている．図中の AL のような領域では貸出金利が抑制され，企業側に十分なレントが発生しているために，企業はメインバンクによる状態依存型ガバナンスのもとで，経営努力を怠るインセンティブは生じていない．しか

し，銀行にとってはレント（ひいてはフランチャイズ・バリュー）が小さすぎるために，一時的な不運で財務困難に陥り，本来であれば救済したほうが社会的に望ましい企業が，銀行によって容易に清算されてしまい，重要な有形無形の企業資産が失われるという事態が生じる．これは典型的なアームズ・レングス・バンキング（Arm's Length Banking）の状態である．

　また SB のような領域では，銀行の利鞘（レント＝フランチャイズ・バリュー）が大きすぎるために，財務状況が最悪となり，救済が社会的にみて望ましくない企業であっても銀行は救済してしまう．そして銀行がつねに救済してくれるのであれば，当然のごとく企業側にモラル・ハザードが生じ，もはや十分な経営努力を払わなくなるというソフトな予算制約の問題が発生する．

　さらに，図中の S の領域では，銀行にとっては状態依存型ガバナンスを行うのに適当な金利差であっても，貸出金利が高すぎ，よって企業が得るレントがそもそも小さすぎるために，企業側に効率的な経営を行うインセンティブが失われてしまう．

　理論的に求められる状態依存型ガバナンスに適当なレントの範囲が，過去の日本の金融規制を通じて本当に実現されていたのかどうかについては確かに異論もあろう．また規制による人為的なレントの創出機会が存在するところには，付随的な直接・間接のレント・シーキング活動が活発化する可能性があることも先に指摘したとおりである．しかし，戦後の日本の金利規制体系も，メインバンク・システムを日本企業のコーポレート・ガバナンスの中心的な役割へと押し上げるにあたって，少なからず貢献したことは疑いないものと考えられる．

7　これからのコーポレート・ガバナンス構造

　最近では，アングロ・アメリカ型の企業コントロール市場を通じた企業モニタリングの有効性に対する疑問と並行して，銀行中心金融システムに対する肯定的な評価が与えられてきた．確かに戦後日本の高度成長期にメ

インバンク・システムの果たした役割は大きく，その発展途上経済や移行経済への移植可能性も論じられている．しかし一方で，1970年代以来の部分的な金融規制緩和と1980年代後半のバブルの発生および崩壊を経て，現代日本の金融システムの抱える問題も大きな注目を集めるようになっている．

7.1 市場化環境におけるモニタリング能力の衰退

5節では，メインバンクによる統合化されたモニタリングが，高度成長期の企業の技術導入にあたって企業の経営能力をモニターする際に有効に機能したことを説明した．確かに技術革新が海外からの技術導入によってもたらされる状況では，実質的な事前的モニタリングが存在する余地がなかったといえよう．ベンチャー・キャピタルは，未だ市場に存在しない商品や技術の収益性を，適切に評価する能力を必要とするが，高度成長期の銀行はこのような専門的能力や知識を必要とせず，むしろ各企業の組織としての能力の方に関心を向けていたのである．

問題は，1980年代に入っても金融機関の事前的モニタリングに対する姿勢に変化が見られず，新たなビジネス・チャンスにアクセスする企業を適正に評価し選別する能力を培ってこなかったということにある．特に銀行は担保設定という条件のみで企業への融資を決定した．この抵当主義の陥穽が一気に噴出したのがバブルの発生と崩壊の過程だったといえよう．

また大企業は銀行離れを進め債券市場での資金調達の機会を増加させたが，かといって日本の証券会社に十分な事前的モニタリングの能力が蓄積されているとは言いがたい．これまでの間接金融中心の金融システムの中で，証券会社は事前的モニタリングの能力を蓄えるという機会もインセンティブもなく，主として一律の手数料収入に安住してきたというのが実態である．大企業は証券会社に十分な事前的モニタリングの能力がなくても，これまでのメインバンク関係によって築き上げた評判をもとに低コストで債券を発行することができたわけである．

7.2　メインバンク・システムの変化の可能性

　大企業を中心とした資金調達手段の市場化の流れが強まり，そのなかで，メインバンクを中心とした日本の金融システムのモニタリング能力に限界が見え始めたといっても，日本の金融システムをアングロ・アメリカ型の証券中心のシステムへと一気に移行させるということは決して現実的ではないし，規範的にも望ましいとはいえない．

　これまでに確認してきたように，メインバンク・システムは日本経済のその他の経済的な仕組みと補完的な関係にある．テイク・オーバーによる企業モニタリングへの急激な転換は，日本企業の組織慣習や人的資本蓄積のインセンティブ構造(現在でも多くの産業における日本企業の比較優位の源泉)と両立しない可能性が大きいのである．現実的には緩やかな規制緩和のなかで，既存のモニタリング資源を有効に利用しながら市場環境へ対応していくというコースをとることになるであろう．

　また，アングロ・アメリカ型の金融システムにも，銀行中心システムに内在する特徴をとり入れようとする動きが見られる．共済基金や年金基金といった機関投資家がこれまでのexit(退出)による圧力から取締役会を通じたvoice(告発)にもとづく影響力を高めつつある．こうした傾向を"relational governance"と呼ぶ学者もアメリカで現れている．一見世界的な金融システムの収斂が進んでいるようにも見えるが，それぞれの金融システムがこれまでの経路依存性に基づいてどのように変化していくのかは大いに注目すべき問題であり，今後比較制度分析上の最重要な研究領域の1つとなるであろう．

参考文献

Akerlof, G.(1970), "The Market for Lemons: Qualitative Uncertainty and the Market Mechanism," *Quarterly Journal of Economics* 84.

Aoki, M., H. Patrick and P. Sheard(1994), "The Japanese Main Bank System : An Introductory Overview," Aoki, M. and H. Patrick, eds., *The Japanese Main Bank System*, Oxford University Press. (青木昌彦・ヒュー，パトリック編，白鳥正喜監訳，東銀リサーチインターナショナル訳『日本のメインバンク・システム』東洋経済新報社，1996 年).

Dinc, S.(1995), "Relationship Banking : Feasibility and Path Dependency," mimeo.

深尾光洋・森田泰子(1994)，「コーポレート・ガバナンスに関する論点整理および制度の国際比較」，日本銀行金融研究所『金融研究』第13巻 第3号.

Hellmann, T., K. Murdock and J. Stiglitz(1994), "Financial Restraint : Towards A New Paradigm," mimeo.

堀内昭義・隨清遠(1992)，「メインバンク関係の経済分析：展望」，金融学会『金融経済研究』第3巻.

Hoshi, T., A. Kashyap and D. Scharfstein(1990), "The Role of Banks in Reducing the Costs of Financial Distress in Japan," *Journal of Financial Economics* **27**.

貝塚啓明(1994)，「金融規制」，貝塚啓明・植田和男編『変革期の金融システム』東京大学出版会.

加藤正昭・フランク，パッカー・堀内昭義(1992)，「メインバンクと協調融資」，東京大学『経済学論集』.

Rothschild, M. and J. E. Stiglitz(1976), "Equilibrium in Competetive Insuarance Markets : An Essay on the Economics of Inperfect Information," *Quarterly Journal of Economics* **90**.

Sheard, P.(1994), "Reciprocal Delegated Monitoring in the Japanese Main Bank System," *Journal of the Japanese and International Economies* **8**.

シェーンホルツ，K.・武田真彦(1985)，「情報活動とメインバンク制」，日本銀行金融研究所『金融研究』第4巻 第4号.

Spence, M.(1973), "Job Market Signaling," *Quarterly Journal of Economics* **87**.

Stiglitz, J. E. and A. Weiss(1981), "Credit Rationing in Markets with Imperfect Information," *American Economic Review* **73**.

藪下史郎(1995)，『金融システムと情報の理論』東京大学出版会.

10 政府と企業

　本章では政府および政府と企業の関係について分析する．不確実性のために事後的な利害調整の必要が生じうる状況での政府と企業の動学的な意思決定のモデルを考え，政府の制度的特徴が政府と企業の行動に影響を与えることを明らかにする．また，日本の官僚組織の制度的特徴の分析と併せて，日本的な政府企業関係が日本の経済システムの中で果たした役割について議論する．

1　政府企業関係と比較制度分析

1.1　政府企業関係

　これまでの各章では，企業に関するさまざまな問題を比較制度分析の視点から扱ってきた．その1つは，企業の内部組織がどのように形成されるかという，1つの経済主体としての企業の意思決定問題であった．たとえば2章では，企業内部の情報システムの選択の問題を検討した．いま1つは，企業と企業のステークホルダーの間の関係を両者のゲームとして定式化し，その均衡を分析することである．たとえば，6章では川上─川下関係にある2つの企業の関係(企業間関係)を，9章では企業とメインバンクの関係について考察した．

　この章では，企業にとってもう1つの重要なステークホルダーである政府に注目し，政府と企業の関係，すなわち政府企業関係について考察する．現実の企業の行動は，政府が事前に定めた法律等のルールに制約されている．また，そのようなルールが定まった後でも，政府はルールを変更したり，弾力的，裁量的に運用したりして企業行動に影響を与える．つまり，

政府は企業行動を完全に縛りこそしないが，ルールの設定，運用を通じて企業行動にある程度影響を与えるのである．このような政府の行動の目的は，効率的な資源配分や公平な所得分配の実現などのいわゆる公益の増進や，各省庁の権益の増大などに求められるだろう．一方，企業は政府のこのような行動に対して完全に受け身ではない．法律に違反しない限りにおいて，企業は政治的意思決定が自分に有利になるように，政府に影響を与える行動をとろうとする．ロビーイングをはじめとする企業の政治活動はまさにそのような行動として理解できる．

政府あるいは企業の行動が経済全体に大きく影響することを考えれば，両者の行動の結果何が起こるのか，またその結果，資源配分はどう変化するのか，などは重要な問題である．これらの問題を経済学的に分析するには，状況を政府と企業をプレーヤーとするゲームとして定式化することが考えられるが，それには1つの問題がある．それは，企業の目的は利潤最大化と考えられる一方，政府という経済主体の目的，選好がそれほど明確ではないことである．そこでまず，この問題について考えよう．

1.2 伝統的な政府観

社会選択理論，公共選択理論などの名で呼ばれる研究領域が，経済学の立場から民主的国家や民主的政府の役割を研究してきた．大まかにいって，これらの研究は民主的政府は何をすべきかを論じる規範的なアプローチと，現実の民主主義政府は何をするかを分析する事実解明的アプローチに二分される．

規範的なアプローチが考える政府とは，社会を構成する各個人の選好を考慮に入れつつ，社会として望ましい資源配分を実現する政治的仕組みである．もう少し詳しくいえば，民主的政府とは，社会全体にかかわる意思決定(社会的意思決定)を行う政治的制度であり，社会の各メンバーが実行可能な選択肢に対してもつ選好がどのようなものであれ，それらの選好の下で社会的に望ましい選択肢を民主的に実現させることが期待される．

しかし規範的アプローチの結論は，このような政治的制度を通じた社会

的意思決定が民主的であることと，つねに望ましい選択肢を実現するという 2 つの要請は，両立できないという悲観的なものだった．アローの不可能性定理はその一例である．アローは，社会的意思決定が実行可能なよう，民主的意思決定に必要な情報量が十分に少ないという付加的条件を満たす限り，各個人の選好関係がどんなものであっても実現する社会的意思決定が望ましい(パレート効率的な)ものであるような政治制度は，独裁制でしかないことを示したのである[1]．

アローの不可能性定理は，その情報量に関する条件が必ずしも自明ではないため，規範的なアプローチの可能性を完全に閉ざしたものとはいえない．しかしそれは，規範的アプローチの直面する困難を端的に示している．

1.3 比較制度分析的視点の重要性

一方，社会選択理論あるいは公共選択理論の事実解明的アプローチは，現実の民主的政府が直面する状況を経済学的に定式化して分析することで，政府の行動を解明しようとしてきた．このアプローチには基本的に以下のような共通点がある．それは，①主に扱われるのは立法の問題であり，一度定められた法律は以後忠実に執行されると考えられていること，②政府が民間の政治的選好を考慮に入れるのは，選挙に勝ちたいあるいは再選されたいことが理由であること，の 2 点である．たとえば，二大政党の政治的公約がともに中道的になることを主張する中位投票者定理(medium voter theorem)では，まさに上の 2 点が仮定されている[2]．また，政府による規制の決定には市場の需給法則と同じ原理が働くとしたスティグラーの研究(Stigler, 1971)も，規制を望む経済主体が投票行動を通じて政府に「対価」を支払うと考えており，上の論点が当てはまる．

したがって，一度定められた法律をめぐる事後的な利害調整や行政裁量の経済効果などの，行政面(あるいは司法面)も含めた動学的な視点からの

---

1) Arrow(1951)．アローの不可能性定理，あるいは規範的アプローチの成果の全般的な解説については，奥野・鈴村(1988)，Feldman(1979)などを見よ．
2) 中位投票者定理の解説としては，Mueller(1979)，奥野・鈴村(1988)などを見よ．

分析は十分に行われてこなかった．その意味で，日本のように官僚組織を中心とする行政サイドの力が強い政府の経済学的分析は，不十分だったといわざるをえない．また，立法府と大統領府が国家を主導するアメリカや，行政府の力が強い日本など，政府形態の違いが一国の最終的な資源配分にどう影響するかについての分析は，立法，行政，司法の三権を総合的に取り扱う分析の下ではじめて可能になる．これらの分析を通じて，政府または政府企業関係の比較制度分析も可能になるだろう．

第2節では，このような観点から政府企業関係を分析する奥野(藤原)(1994)あるいはOkuno-Fujiwara(1995)の試みを簡単に紹介する．事後的な利害調整の可能性を導入したときの行政活動が，政府企業関係の一般的な制度的枠組みの下で議論され，行政だけでなく，立法，司法部門の制度的構造にも大きく依存することが指摘される．第3節ではこの分析に基づき，日本に特徴的な政府あるいは政府企業関係が日本経済に果たしてきた役割や，現状の問題点などについて議論する．

2 政府企業関係のモデル

2.1 大店法に見る政府企業関係

現実の政府(特に行政府)と企業の関係は，次のような形態をとると考えられる．まず政府が明文化された法律や長年の慣行という形で，企業が守らなければならないルールを定め，次に企業がそのルールを前提として事業活動を行う．しかし一度定められた法律や慣行は長期間継続するため，ルールの設定時点では将来に何が起こるかわからないという不確実性が存在する．このため，不確実な事象が明らかになった後で見ると，当初設定されたルールが不適切になる可能性がある．この場合，ルールを定めそれを執行する責任をもつ行政府と，利害関係をもつ民間当事者との間で利害の調整が行われ，状況に合ったルールに変更される．また，ルールの変更をめぐって関係者間で紛争が生じ，さらにルールが変更されることもある．

企業はこのような調整を経て作られた新しいルールの下で事業活動を選択し，最終的な資源配分が実現する．

読者は，以上のような政府企業関係の時間的流れの一般性に疑問をもつかもしれない．そこで具体例として，大規模小売店舗法(大店法)に関する政府と民間利害関係者の利害調整や利害対立の歴史を要約しておこう[3]．

（1）百貨店，スーパーなどの大規模小売店舗の新・増設を，従来の許可制に代わり届出制にする大規模小売店舗法(大店法)が1973年に制定された．この法は，大型店を出店したいと考える事業者に政府への届け出を義務づけたが，条文どおり法が運用されれば，届け出後7カ月経過すれば営業活動が可能であった．

（2）大手スーパーなどの大規模小売事業者は，首都圏や各地方の拠点都市への出店を計画し，そのための土地やビルの購入，経営計画の策定，人員や組織の手配を行った．

（3）消費者のライフスタイルが変化し，日常品の購入先が地元の商店街から大規模なスーパーや百貨店にシフトし，大型店の出店数が増加した．このため中小小売商は地元への大規模小売業の出店に危機感を抱くようになり，両者の間の出店紛争が激化した．

（4）中小小売業団体からの規制強化の要求を受け，通産省は1982年以降数度にわたる行政指導で大店法の運用変更を行い，大型店の出店届出前に地元に事前説明を行うことが義務づけられた．事実上，許可制へのルール変更であり，地元が事前説明を拒否すれば出店が不可能になった．

（5）このような運用変更に対する外国からの批判が高まり，大店法問題は日米構造協議の1つの焦点になった．これを受けて1990年には，運用適正化措置がとられた．

（6）運用適正化措置がとられるまでは，激しい出店紛争のため，大型

---

3) 大店法については，たとえば鶴田・矢作(1991)を見よ．

店の出店表明から開店までには一般に長い年月を必要とした．大型店の出店は抑えられ，競争力をもたない多数の中小商店が営業を続けた．運用適正化措置以降，大型店の出店は増加しており，中小商店の競争力は相対的に低下している．

2.2 モデル

2.1項で考察した大店法をめぐる政府企業関係は，次のような抽象的モデルとして定式化できる．

① **ルールの決定**

企業が将来とることができる経済行動の範囲を定めたルールを政府が決定する．これは③で述べる不確実性が確定する前に定められるルールだから，以後「事前ルール」(ex ante rule)と呼ぶ．

② **企業の投資行動**

事前ルールを所与として，企業が設備投資，商品開発などの準備的な投資を行う．

③ **不確実性の確定**

社会の変化，景気の後退，外国の市場開放圧力など，事前には不確実だった事象が確定する．

④ **利害調整とルールの変更**

企業が行った投資と確定した不確実性を考えると，事前ルールの妥当性が問題となりうる(現状で望ましい経済行動が，事前ルールで禁止されているかもしれない)．妥当でないときは関係者の利害を調整し新たなルールを定める．このルールは不確実性の確定以後に定まるから，以下では「事後ルール」(ex post rule)と呼ぶ．

⑤ **紛争の調停**

もし策定された事後ルールの妥当性をめぐり紛争が起これば，何らかの調停メカニズムによって再度，利害調整が行われる．その結果，事後ルールがさらに変更されることもある．

⑥ 企業の経済行動

このようなステップを経て確定した最終的なルールの下で，企業が自らにとって最適な生産，販売などの経済行動を選択し，最終的な資源配分が実現する．

なお，典型的な民主的政府では，上のステップ①，④，⑤はそれぞれ立法，行政，司法の各三権に対応している．その意味でこのモデルは，三権分立に基づく民主的政府を統一的に扱うフレームワークである．また，大店法の例では，ステップ⑤の紛争処理は日米構造協議という形態をとった．つまり，ステップ④のルール変更で被害を受ける関係者が，司法プロセスに代わって外国政府などを利用することも考えられるのである．

2.3 利害調整者としての政府

分析の単純化のために，以下ではステップ③の不確実性について，次のことを仮定しよう．ステップ③で起こりうる不確実な事象は，経済全体に広く影響を及ぼしうるマクロ的なショックであり，その内容を法律などで正確に記述することが困難である．このためステップ①の段階で，起こりうる事象のそれぞれに対応する「条件付きルール」の形で事前ルールを書くことができない．このため，政府と企業が起こりうる不確実性の内容について詳細な知識をもっていたとしても，それは事前ルールには(少なくとも十分には)反映されない．

事前ルールがこのようなものであるから，ステップ④において事前ルールが不適切となり利害調整，ルール変更の必要が生じることは避けられない．つまりこのモデルは，事後的な利害調整を政府の重要な役割の1つとして理解しているのである．事実，村松(1981)は，現代日本のキャリア官僚を対象としたアンケート調査を行い，彼らが官僚としての自らの主要な役割を，民間との利害調整に求めていることを発見した．

上のモデルが現実の政府企業関係を適切に抽象化しているとすれば，以下の2点が重要である．1つは，ステップ④の利害調整の結果として何が

起こるか，起こる結果は何によって規定されるのかであり，もう1つは，利害調整が行われることを予想したとき，事前ルールの内容や現実の企業の投資行動はどのように変化するかである．以下，これらの問題を順に考えよう．

2.4 事後的なルール変更

まず，不確実性が確定した後のステップ④で，どんな場合にルールが変更されやすいかを考えよう．

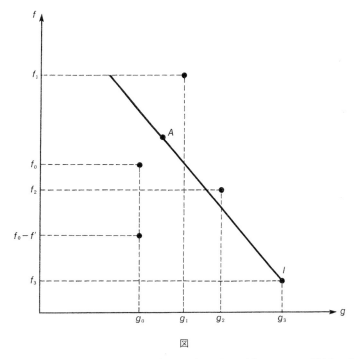

図

図は，企業の投資水準と不確実性の実現値を所与として，縦軸に企業の，横軸に政府の利得を表している．事前ルールがそのまま適用されたとき，ステップ⑥で企業はその下で自分にとって最適な行動を選択する．そのときの政府と企業の利得をそれぞれ g_0, f_0 とする．もし事後ルールとして

別のルール Y_1^{ep} を採用すると，企業は Y_1^{ep} の下で最適な行動を選ぶ．もしその結果生じる利得 (g_1, f_1) が図のように (g_0, f_0) をパレート改善するならば，政府と企業の両者にとって事前ルールに固執せずルールを Y_1^{ep} に変更したほうがよい．このように変更後の利得が (g_0, f_0) をパレート改善する事後ルールが存在すれば，事前ルールは変更される．

しかし，事前ルールが変更されるケースはこれだけではない．ルール変更のインセンティブを与える要因が他にもあるからである．裁判費用はその１つである．ステップ⑤で紛争を調停する場合，企業は裁判費用 f' を負わねばならないとしよう．弁護士に支払う金銭や裁判で失われる時間の機会費用は，裁判費用の一例である．政府が一方的にルールを変更すると，それによって被害を受ける企業は裁判によって事前ルールを復活させようとするが，仮に勝訴してルール変更を取り消すことができるとしても，企業の最終的な利得は f_0 でなく $f_0 - f'$ である．この場合，裁判費用が無視できるならば選択されないであろう事後ルール，たとえば最終的な利得が図の (g_2, f_2) になるような事後ルールが選択されるだろう．

裁判費用の大きさは裁判にかかる時間や金銭など，司法制度そのものの構造に依存する．たとえばアメリカは濫訴社会といわれるが，それは敗訴しても原告は被告側の弁護費用を払う必要がないという仕組みや，勝訴したときに高い懲罰的慰謝料を受け取ることができ，弁護士は慰謝料からの歩合収入だけを見返りに(敗訴した場合は原告の負担なしに)弁護を引き受けられるという仕組みが，裁判費用を低くしているからである．裁判費用はまた，司法府が政治的に立法や行政からどの程度独立しているかという，司法・立法・行政の三者の相互関係，つまり三権分立の程度にも依存する．司法が行政や立法府と同じ政治的勢力によって支配されていれば，企業が行政府や立法府を提訴しても勝てる可能性は小さく，裁判費用が高い状態に相当する．

事後的なルール変更の可能性を広げるもう１つの要因は，政府と企業間の所得移転の可能性である．実現する利得が図の (g_3, f_3) にしかならず，したがって，普通ならばルール変更の合意が得られない事後ルール Y_3^{ep}

を考えよう．もし所得移転が可能ならば，点Aのような(g_0, f_0)をパレート改善する直線l上の点が実現可能になり，ルール変更の合意が得られる．もっとも，直接的な所得移転は賄賂だから，民主主義国家では禁じられている．しかし，政府と企業がこのモデルで与えられる状況を日常的に繰り返している，つまり長期的関係にあるならば，以下のような方法で「間接的」な所得移転が可能になる．

「今回はY_3^{ep}を事後ルールとする．それに伴って発生する企業の損失は，来期以降の政府企業関係で，企業に有利な事後ルール改定を行うことで補填する．」という(暗黙の)取り決めを考えよう．これは事実上の所得移転の約束である．では，この取り決めは自己拘束力をもつだろうか．もし一方がこの取り決めから逸脱すると，以後，他方が逸脱者に不利益を与えるような行動をとるという暗黙の了解が形成されていたとしよう．両者が将来の利得も十分考慮に入れる限り，取り決めから逸脱して得られる短期的利益よりも将来被る不利益の方を重く見る．このとき両者は逸脱するインセンティブをもたず，よってこの間接的な所得移転を含んだ取り決めは自己拘束的である[4]．このような場合，Y_3^{ep}が事後ルールになるだろう．

2.5 事前のインセンティブ

政府と企業は，上で考察したルール変更の可能性を考慮に入れてステップ①，②の行動を決めようとするだろう．それではその結果，政府と企業のインセンティブはどのように影響されるだろうか．

まず，立法府による事前ルールの設定について考えよう．立法府は，ルール変更の起こりやすさと，変更が自分により有利な結果を生むかどうかの2つを考慮するだろう．ステップ④と⑤は，それぞれ行政府と司法府が担当していることに注目すると，三権それぞれが単一の政治勢力に支配さ

---

[4] 正確には、逸脱された側が相手に不利益を与える行動をとるインセンティブが問題になるが、一般にこのような処罰的行為も自己拘束力をもつようにできることが繰り返しゲームの理論により知られている．詳細は，奥野・鈴村(1988)，Fudenberg and Tirole(1991)などを参照せよ．

れていればいるほど，その政治勢力にとって望ましいルール変更が容易に行えることになる．この場合立法府は，行政府が事後的に自分達に有利なルール変更を行いやすいよう，事前ルールを曖昧に（裁量の余地を多く残して）書くインセンティブをもつだろう．逆に，三権それぞれの独立性が高まれば，上で見たように民間の意思に逆らってルールを変更することは困難になるし，行政府のリーダーシップで変更される場合でさえ，書き換えられた事後ルールは立法府にとって望ましくない可能性が高い．このため立法府は，事後的なルール変更の可能性を排除すべく事前ルールを厳密に書くインセンティブをもつだろう．

　次に，企業の投資行動を考えよう．6章では，事後的な再交渉の可能性が高まるほど，ホールド・アップ問題が生じて事前の投資のインセンティブが弱められることを説明した．再交渉の可能性が高まると，事前の契約に対するコミットメントが弱まり，企業の投資の果実が他の利害関係者に流出しやすくなるため，投資活動の期待収益を低めるからである．このモデルでも同様に，事後的なルール変更の可能性が高いと企業の事前の投資行動のインセンティブが弱まるという問題が起こる[5]．

　しかし企業の投資行動は，他の要因にも影響される．上で述べたホールド・アップ問題的状況とは逆に，事後的にルールが変更されない可能性がインセンティブを阻害することもある．電気通信業のように技術進歩が著しく，企業は事前ルールが事後的には時代遅れで不適切なものになると予想しているケースを考えよう．この場合はむしろ，社会的要請に見合った事後的なルール変更が行われやすい方が，ルール変更を見込んだ企業によって技術進歩に見合った新たな事業が展開される可能性が高い．また，事前ルールの変更がそれを策定した立法府や運用してきた行政府にとっては過去の決定の自己否定になりかねないことを考えると，三権が分立して司

---

[5] たとえば日本の金融行政では，金融機関が新商品を開発しても，大蔵省は他の金融機関が類似の商品を開発，販売できる状態になるまで販売の許可を与えないという事後的な調整を行っていた．この結果，米国などと比べて日本の金融機関の新商品開発のインセンティブは著しく阻害されたといわれている．

法府が過去の経緯から独立に社会的利害を評価できる政府のもとで，このようなルール変更は起こりやすいといえよう．

2.6 政府企業関係の比較制度分析

三権分立の程度と，行政府を構成する各部局の管轄分野(縄張り)がどの程度細分化され，しかも互いに独立しているかという2つの基準に照らして，政府の形態をいくつかのタイプに分類できる．たとえば，次の3つのタイプを考えてみよう．

(1) 権威主義型政府：三権および行政府の各部局が，「最高権力」に支配されている「強力」な政府形態．民間企業は，最高権力に直接影響力を行使することで，自らの利益を実現しようとする．東アジアのいくつかの国々で見られる政府形態である．
(2) 関係依存型政府：三権分立の程度は低く，特に立法と行政の統合度が高い一方，司法プロセスの有効性は低い．行政府の各部局の管轄は縄張りによって厳密に区分けされ，各部局と管轄内の民間企業・事業者団体間で長期的関係が形成されている．この縄張り同士のチェック・アンド・バランス機能によって，独占的な政治支配が排除されている．日本の政府形態として理解できるだろう．
(3) ルール依存型政府：三権分立の程度は高く，行政府の各部局は中央集権的に組織されている．三権分立の結果，立法府による立法は裁量の余地が少なく，司法の独立性も高い．しかも，行政府の各部局の管轄が厳密に区分けされていないため部局間の競争も激しく，民間は行政府に対して相対的に大きな交渉力をもっている．行政より立法の果たす役割が高いので，民間は立法府における政治活動を重視する．アメリカの政府形態はこのように理解できる．

政府に対する国民の発言力，あるいは政府と民間の力関係という側面から見て，ルール依存型政府が最も国民に開かれた政府形態ということがで

きるだろう．とはいえ，次の2点は重要である．

　第1に，3つのタイプの政府形態のそれぞれには独自の長所，短所がある．三権が分立的なルール依存型政府では，上で見たように事後的なルール変更の可能性は低く，したがって企業の事前の投資活動のインセンティブをそれほど阻害しないという利点があるが，ルール変更が必要な状況でも事前ルールに縛られる恐れがある．他方権威主義型政府は，特定産業の育成のように一国の資源をある目的のために集中させたいときに，自らのもつ強力な主導権を用いてそのようなマクロ的コーディネーションを達成しやすい．ただし，一部政治勢力の独裁や政治腐敗の可能性が大きいことがその弱点である．また関係依存型政府は，政府企業間の長期的関係に基づくルール変更の余地を利用して，事後的に生じた問題に柔軟に対応できるという利点をもつ．また，長期的関係の当事者のみに観測可能な情報を政策決定において利用することもできる[6]．しかし，縄張りのために少数の関係者が結託し，新規参入や消費者利益が阻害される可能性がある．

　第2に，政府の制度的構造，つまり三権分立の程度や政府・企業間の長期的関係の有無などが，資源配分に望ましい影響を与えるか否かは，経済が置かれた歴史的環境や，それと補完的な民間経済組織があるか否かにも依存する．たとえば，東アジア経済の権威主義型政府は，当時の経済が発展段階だったからこそ有効であった可能性が高い（詳細はコラム参照）．また，日本の関係依存型政府の評価も，先進国へのキャッチ・アップが最重要課題であった高度成長期と，それ以後では異なりうる．この点については，3節で考えることにしよう．

---

6) ルール依存型政府は，裁判を通じて政府の行動を律する仕組みになっているので，立証可能な情報しか利用できない．これはルール依存型政府の短所の1つといえる．

> **Column**
>
> ## 権威主義型政府
>
> 1970年代から80年代にかけて，中国，韓国，台湾，シンガポールなどのいくつかの東アジアの国々は，経済的には目覚ましい発展を遂げる一方，軍部あるいは特定政党が程度の差こそあれ独裁的な政治権力を握る状態にあった．その結果，立法・行政・司法の三権や政府内の各管轄部局も事実上これらの政治勢力によってコントロールされ，本文で述べたような権威主義型政府形態が実現していた．
>
> 本型のモデルに即して考えれば，これらの国では三権が極めて強力に統合されているため，政府の権限が大きい上に裁判費用は禁止的に高く，民間企業の行政府に対する交渉力は極めて小さい．このため，政府は事後的なルール変更をしばしば行って，企業が創造的事業活動によって生み出す剰余の大部分を奪うことができる．この可能性は，企業の革新的事業への投資のインセンティブを著しく阻害するだろう．
>
> しかし一方でこの政府形態は，官庁間の管轄権限が細分化されていないから，政府主導によって特定産業に集中的に国内資源を配分するといったマクロ・レベルのコーディネーションを容易に行うことができる．このようなコーディネーションは，途上国が先進国の過去に行った成長戦略をまねて経済発展を達成しようとするときに重要である．よって，上述の国々が目覚ましい経済成長を実現できたのは，この特殊な政府形態によるとこ

3 日本経済における政府の役割

3.1 官僚組織に関する問題

これまでは政府あるいは政府企業関係の抽象モデルを解説してきたが，この節では現代の日本経済における政府の役割や政府企業関係の意義について考えてみよう．

前節では，日本の政府形態を当事者間の長期的関係に基礎をおく関係依

> ろが大きいと考えられる．
>
> 　このことは，途上国が経済発展を成功させるためには，民主主義を犠牲にしても強権的に資源を動員することが有効であるという，「開発独裁」論に類似している．ところで開発独裁の考え方は，ある程度の経済成長が達成されると国民はもはや独裁を認めないだろうから，民主主義的政府形態への移行が自然に起こるという認識をも含んでいる．しかしここでの議論は，必ずしもそのような移行を意味していない．たしかにキャッチ・アップ過程が終り，民間の企業家精神の発揮が求められる段階になれば，企業の投資インセンティブを阻害する権威主義型政府には問題が生じるが，国民の所得さえ高まれば民主主義的政府形態に自動的に移行できると考えるのは楽観的すぎるかもしれない．
>
> 　特に比較制度分析が強調するように，経済システムの中には政府形態と補完的な他の制度的仕組みも多い．官僚組織のような政府組織の構成要素を変えるだけでは，以前の政府形態と補完的な他の制度的仕組みの慣性が上回り，元のシステムに戻ってしまう恐れがある．制度的補完性に阻まれることなく望ましい政府形態へ移行するためには，どんな戦略を検討すべきか．またもしそれが困難ならば，そもそも経済発展のために権威主義型政府形態を利用するという，開発独裁による経済発展戦略自体が有効なのか．政府と民間の関係に関する比較制度分析，特に権威主義型政府の経済的意義の考察は，今後の経済学が答えなければならない重要な問題の1つといえる．

存型政府として特徴づけた．では，このような長期的関係は実際にはどのようにして可能になるのだろうか．第2節のモデルでは，長期的関係は主にステップ④の利害調整局面で重要であり，したがってこの問いに答えるためには行政府，特に官僚組織の構造の考察が必要である．

　もともと日本の官僚組織については，それが戦後の急速な経済成長に大きく貢献したという立場から，さまざまな議論が行われている．いわゆる開発国家(developmental state)論は，その1つである[7]．開発国家論にお

---

7) たとえば，Johnson(1982)を見よ．

いては，戦後日本の高度成長は，将来の見通しに優れた官僚が市場経済に積極的かつ強制的に介入する政策をとった結果，はじめて実現したと考える．しかし，このような見方は必ずしも正しいとは思えない．実際，官僚は民間が強硬に反対する場合には，自らが正しいと考える政策を実施できなかった．たとえば，設備投資調整が政策課題となった 1963 年に，通産省は企業の投資決定に直接的に介入しようとして「特定産業振興臨時措置法」(特振法)を国会に提出したが，金融機関など直接的な利害をもつ民間勢力の強力な反対に遭って廃案となったことがある．

とはいえ，官僚が独立した意思決定を行えず，その政治的意思決定がつねに利害関係者によって歪められるわけではない．官僚は，政治的意思決定がこのような私的利害に影響されて公益の実現が妨げられないように，自立的に行動することもある．1980 年代，膨大な赤字国債の累積に悩んでいた大蔵省は，赤字国債を発行しないという方針を明確に主張し実行してきた．その結果，民間のさまざまな利益団体からの支出要求に対する対抗力を作り上げ，予算の膨張を防ぐことに一時的には成功したのである．

これらの事実は，日本の官僚組織が強権的な社会的計画者でもなければ所管分野における民間のエージェントでもなく，その両方の要素を併せもつ二面的な存在であることを示唆している．Aoki(1988)は，官僚組織の構造の分析を通じて，この二面性の理解を試みている．この考察は第 2 節のモデルの解釈という性格ももっているから，以下で簡単に説明しておこう．

3.2　日本の官僚組織の特徴

Aoki(1988)によれば，日本の官僚組織の構成単位(省庁，局，課など)は 2 つのカテゴリーにまとめられる．1 つは明確な所管分野をもち，その領域におけるさまざまなステークホルダー(典型的には，業界団体あるいはその業界に属する企業)と接触する「原局」である．もう 1 つは，民間とは接触せず官僚組織内部の調整を専門とする「調整局」である．たとえば大蔵省の銀行局は原局であり，主計局や各省の大臣官房は調整局である．

原局は，所管分野における民間の政治的要求の窓口となる．各原局がそれぞれの要求をある程度調整した段階で，原局間の調整が必要になれば，調整局がその役割を果たす．もともと各原局は権限，予算，人的資源など行政活動に必要なさまざまな「政治的資源」を獲得しようとして他の原局と競争的関係にあるため，このような調整局の存在は重要である．調整はまず省庁内の調整局によって行われ，必要があれば各省庁の調整局間でさらに調整される．たとえば予算の調整過程では，まず原局が所管分野の利害を考慮しつつ予算要求を決定し，各省の大臣官房が省内の調整を行い，さらに大蔵省の主計局が全体を調整するという手順になっている．

　したがって，日本の企業と官僚組織との関係では，企業（または所属する業界団体）と原局の間の関係と，調整局を仲介とした原局間の競争的関係という二通りの関係が存在する．民間企業にとって，自分が属する業界を所管する原局は官僚組織への唯一の窓口である．また，原局は規制などの手段を通じてその業界への新規参入を制限しており，これらが両者の長期的関係を作り出している．このため企業は，将来原局が自分に不利な取り扱いをするかもしれないという恐れによってその行動を制約せざるをえない．また，原局間の政治的資源をめぐる競争的関係も長期的だから，公益を余りに無視した行政活動をすると，その原局に対する評判や信頼が失われ，今後の政治的資源の獲得が困難になる．この恐れが原局の行動を律する．このような官僚組織における多重的な長期的関係を背景に，2節のモデルでは日本の政府が関係依存型政府として理解されているのである．

3.3　官僚制多元主義

　すでに述べたように，官僚は完全に民間を従わせるほど強くはないし，民間の言いなりになるほど弱くもない．この二面性は，原局が二通りの長期的関係にあることと関連している．

　つまり官僚は，政策決定の際にそれが今後の民間企業との関係に与える影響と原局間の競争的関係に与える影響の両者を考慮に入れる．特振法の事例は，民間の反対が予想外に強く，今後の対企業関係を考えると特振法

をあきらめた方が得策である,と判断されたケースである.他方,大蔵省の赤字国債不発行キャンペーンは,予算の規律づけという公益を優先した結果にほかならない.そして民間から出されるいろいろな政治的要求に対する調整局を仲介した調整過程は,このような2つの長期的関係に折り合いを付けようとする各原局の複雑な利害調整の場なのである.

つまり,現代日本の官僚組織による調整過程の基礎にあるのは,ある産業に属する企業とその産業を所管する原局との交渉であり,調整局は原局間で利害の対立が起こったときにのみ必要とされる.このため利害調整はその産業の内部事情に通じているもの同士で行われ,交渉コストが節約できる.またこの利害調整システムは,所管分野のそれぞれに対応する原局があるため,民間の経済主体も(業界団体などを通じて)原局に対しアクセスをもっている限り,政治的決定に参加するチャンスをもつという多元的な性格をもつのである.そしてこのような官僚制多元主義(bureau-pluralism, Aoki(1988))は,特に高度成長期において,経済成長の果実を民間のいろいろな利害に応じて効率的に配分することに成功してきたのである[8].

3.4 関係依存型政府の果たした役割

次に,このような官僚制多元主義あるいは関係依存型政府が,現代日本の経済システムの中で果たしてきた役割について検討してみよう.

まず第1に,高度成長への貢献が挙げられる.ルール依存型政府に比べ民間に対する交渉力が強い関係依存型政府は,戦後特定産業に資源を優先的に配分することができた.すでに述べたとおり,このようなマクロ的なコーディネーションは権威主義型政府の下で最も効果的であり,関係依存型政府の場合は各部局間の縄張り争いが障害になりかねない.しかしこの時期は,各部局の目標は先進国へのキャッチ・アップに統一されていたため,関係依存型政府の下でも開発国家論的な政府主導の経済発展が十分に達成されたのである.また,急速な経済成長は発展産業と衰退産業の色分

---

8) 詳細は,Aoki(1988)を見よ.

けを明確にし，ややもすれば衰退産業で大量に失業が発生して社会不安の原因となる恐れもあるが，官僚組織を通じた多元的な調整は経済成長に伴って発生した社会的弱者の救済を円滑に行った．つまり関係依存型政府は，高度成長を側面からも補強したのである．

　第2は，マクロ・ショックへの柔軟な対応である．長期雇用慣行が成立している日本の経済システムは，経済全体に及ぶ大きなマクロ・ショックに急激な産業構造の調整で対応することは難しい．解雇された大量の中高年従業員の雇用確保が難しいからである．関係依存型政府は，事後ルールを弾力的に定めることで民間のショックへの対処を助けることができた．その一例は，1978年に施行された特定不況産業安定臨時措置法(特安法)を始めとする，第一次・第二次石油ショックに対する「産業構造調整政策」である．石油ショックという予想外のマクロ・ショックに対処する事後ルールともいえる産業構造調整政策は，石油ショックによって競争力を失った産業を「構造不況業種」に指定し，設備廃棄のためのカルテル行為や政府融資を認めることで不況産業の過剰設備の調整を促進し，倒産や解雇に伴う労働不安，地域不安の解消に一定の効果をあげたと考えられる．

　産業構造調整政策とは実質的には，市場メカニズムに任せていれば起きたはずの産業構造の変換を抑え，国家や発展産業が衰退産業を救済することにほかならない．そこでは金融支援，従業員対策，地域経済対策などの対策が講じられたが，このような多様な対策は所管領域が異なるさまざまな原局が存在していたから実現できたといえるかもしれない．マクロ・レベルで見れば所得移転に等しい産業構造調整政策だが，官僚組織を通じた調整過程では，「経済システムの安定性の確保」という意義が強調されるからである．産業調整が実施されなければ，衰退産業から発展産業への急激な産業構造の変化が生じて長期雇用慣行に対する信頼が失われ，企業特殊的な技能への投資のインセンティブが損なわれたかもしれない．このように，事後的なルール変更を行いやすい環境と官僚組織を仲介した調整過程が，企業特殊的な技能に依拠する日本の企業組織を制度的に補完したのである．

また，関係依存型政府は企業―原局の長期的関係の形成のためにしばしば参入規制を行うが，それによって既存企業に発生するレントをコントロールして，業界の行動を律することができることも重要である．1つの例は金融行政である．9章で見たように大蔵省は銀行業への参入を規制して銀行にレントを与え，これを調整することで銀行が状態依存型ガバナンスから得るレントを調整し，しかるべきときに企業を救済あるいは解散するインセンティブを与えたのである．この面で，関係依存型政府は状態依存型ガバナンスを制度的に補完したといえる．

3.5　関係依存型政府の限界と変革の可能性

　このように，日本の関係依存型政府形態あるいはそれに依拠した政府企業関係は，日本経済に特徴的な他の制度と制度的補完の関係にあることが示唆される．しかし高度成長が終わった現在，このような政府形態の問題点が明らかになりつつあることも事実である．その最たるものは，2節でも指摘したことだが，政府と企業の長期的関係が事後的なルール変更の可能性を高め，結果として企業の事前の経済活動のインセンティブを阻害するという問題である．現在はキャッチ・アップが終わり民間の創意工夫が求められる状況であることが，この問題をより重要にしている．

　民間に新商品あるいは真に新しい生産方法を開発するインセンティブを与えるには，特許権制度を整備してこれら開発活動の成果を独占できるようにすることが考えられる．しかし特許権制度を事前ルールとして書いておいても，事後的な調整を容易に行える関係依存型政府は，企業の開発活動の成果を公共財として使用してしまうだろう．公益を目的として行動する官僚は，成果を社会で共有するという公益を実現させようとするからである．しかし企業がこのような行政側の行動を予想すれば，開発活動へのインセンティブは失われてしまう．

　つまり民間に適切なインセンティブを与えるには，官僚が事後的な調整，介入を簡単にはできない仕組みにコミットする必要がある．これは，関係依存型政府の存立を支えてきた諸々の要件を変えることを意味しており，

具体的には以下のようなものが考えられるだろう．

(1) 事後的調整局面における行政側の交渉力を抑える：官僚の権限を規制緩和によって小さくする．また，大蔵省など複数の管轄にまたがる強力な権限をもつ官庁は，分割などによって権限を弱める．
(2) 司法プロセスの有効性を高める：裁判の迅速化などによって裁判費用を低める．
(3) 無用な事後的ルール変更を減らす：公正取引委員会の権限拡大，行政管理庁の設立など，監督官庁の介入をチェックする仕組みを作る．

政府に関する比較制度分析はまだ始まったばかりであるが，さまざまな政府行動の評価基準の中で現代の日本社会にとってもっとも重要視されるべきものは何か，その評価基準に照らして有効な政府形態は何か，制度的補完性も考慮してそのような政府形態へ移行するにはどうすべきかなど，検討するべき課題は数多い．

参考文献

Aoki, M. (1988), *Information, Incentives, and Bargaining in Japanese Economy*, Cambridge University Press.（永易浩一訳『日本経済の制度分析－情報，インセンティブ，交渉ゲーム』筑摩書房，1992年）．
Arrow, K. J. (1951), *Social Choice and Individual Values*, New York, Wiley.
Feldman, A. M. (1979), *Welfare Economics and Social Choice Theory*, Boston, Martinus Nijhoff.（佐藤隆三・川島泰男訳『厚生経済学と社会的選択論』マグロウヒル，1984年）．
Fudenberg, D. and J. Tirole (1991), *Game Theory*, MIT Press.
Johnson, C. (1982), *The MITI and the Japanese Miracle : the Growth of Industrial Policy*, Stanford University Press.
村松岐夫(1981)，『戦後日本の官僚制』東洋経済新報社．
Mueller, D. C. (1979), *Public Choice*, Cambridge University Press.

奥野(藤原)正寛(1994),「日本の行政システム」,貝塚啓明・金本良嗣編『日本の財政システム』東京大学出版会.

Okuno-Fujiwara, M. (1995), "Toward a Comparative Institutional Analysis of Government Business Relationship," M. Aoki, H-K. kim and M. Okuno-Fujiwara (eds.), *The Role of Government in East Asian Economic Development : Comparative Institutional Analysis*, Oxford University Press, forthcoming.

奥野正寛・鈴村興太郎(1988),『ミクロ経済学II』岩波書店.

Stigler, G. J. (1971), "The Theory of Economic Regulation," *Bell Journal of Economics and Management Science* **2**: 3-21.

鶴田俊正・矢作敏行(1991),「大店法システムとその形骸化」,三輪芳朗・西村清彦編『日本の流通』東京大学出版会.

III 経済システムの多様性と進化

11 経済システムの生成と相互接触
進化ゲーム的アプローチ

　比較制度分析の基本的視点は，多様な経済システムが互いに相互作用を及ぼしつつ生成と進化を遂げるというものである．われわれはすでに3章で進化ゲームが経済システムの生成と進化を説明するための枠組みとして有用であることをみた．しかし，進化ゲームは比較的最近になって経済学に応用されるようになった分析ツールであり，まだその内容や意義は一般的にはよく知られていない．そこで，本章では進化ゲームの持つ構造とその経済学的なインプリケーションについて改めて考察を加える．

1　ゲーム理論の成果と問題点

1.1　ゲーム理論の誕生

　今日のゲーム理論の発展は，その出発点をフォン・ノイマンとモルゲンシュテルンによる大著『ゲーム理論と経済行動』にまで遡ることができる．彼らはお互いに相手の出方を考えてこちらの行動を決めざるを得ないような状況(戦略的状況)をゲームとして数学的に定式化し，そのような状況においてプレーヤーがどのような行動をとるのかを理論的に分析しようとした．そうすることで，これまで分析が不可能とされてきた社会の中の多くの問題が分析可能となると考えたのである．

　ゲーム理論はその後，シャプレー，クーン，オーマン，シュービックといった数学者たちにより発展されてきたが，次第に経済学的な文脈にも応用されるようになり，経済学者の貢献も生み出されることとなった．1994年のノーベル経済学賞が，ナッシュ，ハーサニー，ゼルテンといったゲー

ム理論の経済学への応用にそれぞれ画期的な貢献を残した人たちに与えられたことは，ゲーム理論が経済学の中ですでに強固な位置を占めるようになったことを示している．

従来のゲーム理論が前提としてきた意思決定主体は合理的なプレーヤーであった．もともとポーカーやチェスといった文字どおりのゲームの分析から出発し，そこで生じている戦略的状況の分析をより広く社会科学に活かそうというフォン・ノイマンの発想からして，これは当然のことといえよう．しかし，経済学的な文脈でゲームを考えるときには，しばしばこの仮定は問題を生じさせることになる．

1.2 合理的ゲーム解釈の限界

7章で紹介した最後通牒ゲームをここでもう一度取り上げることにしよう．このゲームは2人のプレーヤーがある一定の金額を分け合うゲームである．まず先手の立場のプレーヤーがある分配の仕方を提示する．そして，その提示を受けた後手のプレーヤーが受け入れるか拒否するかを決定する．後手のプレーヤーが拒否した場合には，両者とも何も得ることができない．後手のプレーヤーが先手のプレーヤーの提案を受け入れた場合には，その提案の内容どおりにプレーヤー間で金額が分配されることになる．

たとえば2人の間で分け合う一定額が1000円で，先手のプレーヤーは1円刻みでしか分配の提示ができない場合を考えよう．このようなゲームのナッシュ均衡はたくさん存在する．たとえば次のような戦略の組合せはナッシュ均衡の1つになっている．

> 先手のプレーヤーは自分が200円，相手が800円を受け取るという案を提示する．これに対して，後手のプレーヤーは相手が自分に対して800円以上を提示した場合にのみ受け入れ，それ未満の場合には拒否する．

この戦略の組合せがナッシュ均衡であることをチェックするためには，2人の戦略が互いに最適になっていることを確かめればよい．後手の行動

を所与とすれば，先手は後手に対し800円以上を提示しなければ相手の拒絶にあうことになり0しか得られないが，ちょうど800円を提示することはこの前提のもとで最適な戦略になっている．また，後手は相手が自分に対して800円提示してくれる場合，受け入れるのが最適戦略であるから，上の戦略は後手の最適戦略の1つになっている．読者は200円，800円という分配の仕方に結果する上のような戦略の組合せに限らず，他にもたくさんのナッシュ均衡が存在することに気づかれたと思う．

ところで，このゲームのようにたくさんのナッシュ均衡が存在する場合，そのどれが実現すると考えたらよいのだろうか．複数のナッシュ均衡が存在する場合にもっともらしい結果を絞り込むために，1970-80年代にはナッシュ均衡の精緻化(refinement)の研究が盛んに行われた．すでに本書でも説明済みの部分ゲーム完全均衡ないしは完全均衡(Selten, 1975)もそのような試みの1つである．しかしながら，精緻化された解概念が直観的にもっともらしい結果と相反する結果を予測するという問題点も生じてきた．

後方帰納法(backward induction)を用いることにより，上に説明した最後通牒ゲームの部分ゲーム完全均衡は2つあることが確かめられる．1つは，

> 先手が1000円すべてをとることを提案し，後手が先手のどんな提案も受け入れる．

というものである．この結果，先手が2人で分けるべき1000円のすべてを手に入れることになる．もう1つの部分ゲーム完全均衡は，

> 先手が自分に対して999円，相手に対して1円を提示し，後手が自分の取り分が0円の場合には拒否し，1円以上ならば受け入れる．

というものである．この均衡の結果は先手が999円を受け取り，後手が1円を受け取るというものである．

すぐ後で説明するように，このゲームを実際に生身の人間にプレーさせて見ると，たいていの場合プレーヤー間で半々に分け合うという結果が観察される．このことは，上のようなゲームの部分ゲーム完全均衡が実際にもプレーされると考えて現実の経済行動を説明することがきわめてミスリーディングであることを示している．完全情報の展開型ゲームでは後方帰納法によって解かれた均衡が実現されると考えるのは，確かに理にかなったものである．しかし，現実のプレーが理論の予測と一致しないのはなぜなのだろうか．

まず第1には，人間は後方帰納法によって処方されるような合理性だけの存在ではなく，ゲームをプレーするときにある種の感情をともなっているのだと考えられる．たとえば，上のゲームで先手のプレーヤーが1000円すべてを獲得することを後手のプレーヤーがみすみす容認するだろうか．後手のプレーヤーが(一見非合理に見えようとも)500円の線を譲らなければ，先手は500円ずつの提示をしてくるようになるわけだから，後手のプレーヤーがこのような戦略をとる可能性は否定できないことになる．

上の議論に対しては，後手が先手に対して羨望をいだく場合にはゲームの利得が違っているのだという反論が当然可能ではある．しかしこの例は，少なくとも，われわれが定式化したゲームの合理的な解がつねに実現されると考えて議論を進めることの危険性を示している．

第1の点にも関連することだが，第2の点はわれわれが日常的にゲーム的状況に置かれて戦略的に振る舞う場合，ゲーム理論家がゲームを合理的に解くときと同じような合理性を持っているわけではないことである．合理的なゲーム理論の解概念(solution concept)は，プレーヤー同士が完全にゲームの構造(ゲームの樹および各プレーヤーの利得)を共通知識(common knowledge)としていることを前提にしている．さらにすべてのプレーヤーが合理的であることも共通知識になっている必要がある．あることが共通知識であるとは，たんにすべてのプレーヤーがそのことを知っているだけではなく，

　　　Every player knows every player knows every player knows………

が無限に続くことを意味している[1]．ある事象がプレーヤーの間で共通知識にならない場合には，われわれが常識的に考えるゲームのプレーと全く異なるプレーが通常用いられる解概念の下で導かれる例が知られている[2]．われわれが経済学で扱う戦略的状況で共通知識の仮定が満たされることはまずないと言ってよいから，共通知識というきわめて強い仮定のもとで演繹されたゲームの解と現実とが一致しないことは必ずしも不思議なことではないのである．

1.3 実験ゲーム理論（experimental game theory）

また，現実の人々は社会の中の戦略的状況をただ1つ切り離して解決するのではなく，社会のなかにある他のさまざまなゲームとの関係でプレーしている可能性がある．人々のプレーの仕方をそのように解釈することが可能な例として，次のような実験の結果を説明してみよう．

ゲーム理論の発展とともに，与えられたゲームを生身の人々にプレーさせた場合，彼らがどのようにプレーするかを実験する試みも登場してきており，今日さまざまな研究が積み重ねられている．Roth et al.(1991)は，先に紹介した最後通牒ゲームをアメリカ，イスラエル，日本，ユーゴスラビアで行い，実験結果を比較している．実験はゲームを通してプレーヤーに学習の効果が働くように繰り返し行われたが，固定メンバーでの繰り返しが発生することを避けるように(すなわち過去のプレーに依存して行動を選べる繰り返しゲームとならないように)注意深くコントロールされた状況で行われている．

この部分ゲーム完全均衡の結果は，最初に提案するプレーヤーがそのほとんどを手中に収めるというものであることはすでに説明した．"ほとんど"というのは取引額の最小単位のとり方によって，ちょうどその最小単位分だけ異なる結果を持つ2つの部分ゲーム完全均衡が存在するからであ

---

1) 共通知識(common knowledge)という概念は Lewis(1969)によって提起され，その数学的な定式化は Aumann(1976)によってなされた．
2) たとえば Rubinstein(1989)を参照されたい．

る．にもかかわらず，このゲームの実験結果ではどの国でもプレーヤー同士が金額を半々に分けるという行動が観察された．しかも，アメリカとユーゴスラビアでは50：50に分けるという行動に収束していったのに対して，日本とイスラエルの実験では最初に提案するプレーヤーが60，後のプレーヤーが40を手にするという結果に収束していった．

　このことはプレーヤー同士が1対1で金額を分け合う交渉ゲームでは，プレーヤーが社会における公平性の概念をどのように捉えているかに，結果が大きく影響されることを意味しているとも考えられる．各国のセッションで収斂していった結果において，最初に金額の提示を行うプレーヤーは公平性に対する共通理解を前提として，公平性にそむく提示を行った場合には相手に拒絶されることを予想しつつ最大化行動をとったものと理解することができる．一方，提示を受けた側は通常理解される合理性の原則とは異なり，公平と考えるラインを守る行動をとる．このことはプレーヤーが最大化を行うという合理性を全面否定するものではないが，その背後には文化によって形作られた観念が存在し，その下で最大化行動を行っているものと考えることができるのである．なぜプレーヤーたちがこのような行動をとるのかは，このゲームをそれ自身完結した1回限りのゲームとして分析することによっては理解できない．人々にある種の公平性の観念を根付かせているのは，人々が社会の中のさまざまな戦略的状況でどのように振る舞うべきかということと密接に結びついていると考えられるのである．

1.4　限定合理性へ

　上に述べた実験の結果が示唆するように，現実の人間はゲームの構造とプレーヤーが合理的であることを完全に認識したうえで，合理性のみによってゲームの結果を予測し，ゲームをプレーするわけではない．また，1つのゲームをそれだけが孤立したゲームとしてプレーすると考えるより，社会の中でさまざまなゲームの1つとしてプレーすると考えた方がもっともらしいとも考えられる．この場合，伝統的なゲーム理論におけるように，

すべての人がすべての他の人々と外部環境に関するあらゆる情報を共有していると仮定することは非現実的である．そこで1980年代半ば頃から，より少ない情報の下で必ずしも完全に合理的でないプレーヤーが最大化行動をとるという仮定の下においてナッシュ均衡を正当化したり，その精緻化を探る研究が登場してきたのである．

限定合理的な主体から従来のゲーム理論を見直す立場も統一されているとは言いがたいが，大雑把に2つの立場に分けられるだろう．第1は，人間の意思決定過程まで遡り，そのような意思決定の具体的なモデルを取り入れてゲーム理論を考え直す立場である（これについては1章のコラム「限定合理性へのアプローチ」を参照のこと）．第2は，本章で取り上げる進化ゲーム的な考え方である．

3章でも述べたように，進化ゲーム理論はもともと進化生物学においてメイナード・スミスやハミルトンらが切り開いてきた分野である．生物学における進化ゲームは，遺伝子によりある特定の行動をとるべくプログラムされた個体の適応度(fitness)が他の個体の行動の分布に依存するような状況で成立する結果を分析するものである．生物学においては各個体が合理的な計算を行うとは考えにくいから，適応度に従って遺伝子の生存率が異なり，その結果徐々に行動のパターンの分布が変化していくような状況を想定する．経済学においては，進化ゲームは社会の中でどのような慣習，ルールが成立するか，それらがどのように変化を遂げるのかということに関する分析に有用である．進化ゲームのもとでは，人々は社会の中でどのような状況が成立しているかのみを知るだけで，それに応じた最大化行動をとればよい．このようにして成立する安定的な状況が，社会の慣習ないしルールとして定着すると解釈できるのである．

2 進化ゲームの構造

2.1 ランダム・マッチング・ゲーム

　一般に進化ゲームはどのような構造を持っているだろうか．一口に進化ゲームといっても，その定式化の仕方はさまざまでありうるが，あえて進化ゲームに共通する構造をまとめると以下のようになろう．

　ある固定したプレーヤーが決まったゲームをプレーする通常のゲームの分析とは異なり，進化ゲームでは多数のプレーヤーが存在する状況をいわば1つの社会として想定する．分析の枠組みにより，プレーヤーの数は有限の場合もあるし，無限の場合もある．そして，毎期そのプレーヤーの集合からランダムに選ばれたもの同士が出会い，あらかじめ決められたゲーム(要素ゲーム)をプレーし，要素ゲームで特定化された利得を得る．以上のことが，時間を通じて繰り返されるのである．時間は $t=1, 2, \cdots$ というように離散的に流れることもあれば，連続時間を考えることもある．

　時間を通じて同じゲームが繰り返されるというと，繰り返しゲームを思い出されるかもしれない．繰り返しゲームではプレーヤーは固定されており，ともに合理的な経済主体であると仮定されていた．プレーヤーは過去の各時点でどのようなアクションがとられてきたのかをすべて知っており，したがって過去の歴史によって次の行動を変えるといった戦略のクラスの中で行動をとる．そのような戦略はきわめて複雑なものとなりうる．これに対して進化ゲームではプレーヤー同士がランダムに出会い，しかも特定の相手とのプレーは記憶されない．各プレーヤーは社会全体でどのような戦略をとる人がどのくらいいるのかを知るだけで，今期の戦略を決定するようになっているのである．

　社会の中で各戦略をとる人々の割合が決まっている状況を考えよう．これを戦略分布という．ある1人のプレーヤーを考えると，この人は社会の中の人々とランダムにマッチされるから，戦略分布を所与とすれば，ある

特定の戦略をとった場合の期待利得が計算できる．社会の中の人々は局限された形ではあれ，他人の取った行動や利得を観察することができると考えられるから，学習や模倣を通して，社会の中でもっとも高い期待利得を与える戦略を採用する人口は増加して行くだろう．しかし，さまざまな理由から社会の中のすべての人々がこのような計算に従って，一気に最適な戦略へと変更するとは考えられない．そこで限定合理的な世界を考えるのである．

2.2　限定合理性

進化ゲームにおける限定合理性は通常，以下の3つの要素から成り立っているものとして整理できる．

慣性（inertia）

進化ゲームにおいては，プレーヤーは毎期ある決まった戦略をもって要素ゲームに臨むが，戦略の変更にはコストが伴うことから，すべての人々が毎期戦略を変更することはないと考えられる．モデル上は，毎期社会の中の一部の人たちが戦略を変更するために，社会の戦略分布は徐々に調整されていく世界を想定することになる．これを慣性という．

近視眼（myopia）

ある人が戦略を変更するときには，現在の戦略分布を所与として，それに対する最適な戦略の中の1つに変更するものと考える．これを近視眼という．人々が自分と同様に現在の戦略分布を所与として戦略を変えた場合には，周囲の戦略分布が変わることになるから，最適戦略が現在の戦略分布を所与とした最適戦略とは違ったものになるかもしれない．近視眼とは，そのようなことは考えないことを意味する．ただし，戦略分布が徐々にしか変化しない慣性が働く世界では近視眼的な行動も合理的でありうる．

試行錯誤または実験 (trial and errors or experiments)

社会の中の革新的なある人々は最適戦略ということにこだわらずに，さまざまな戦略を試みてみるかもしれない．また，人口の一部が毎期入れ替わるような状況では，現状に適応せずに新しい戦略を採用する新しい世代が登場するかもしれない．このように，既存の戦略分布を毎期攪乱する要因が試行錯誤または実験と呼ばれるものである．

試行錯誤についてはモデルによっては導入されないこともある．慣性と近視眼のみによって人口の戦略分布が進化していくとき，そのダイナミクスをベスト・レスポンス・ダイナミクスと呼ぶことにする．

3 進化的安定戦略とダイナミクス

3.1 進化ゲームの例

進化ゲームはもともと進化生物学で成功を収めたものであった．そこで，Maynard-Smith(1982)で使われている例を使って，簡単な進化ゲームを具体的に見てみることにしよう．

ある生物の行動ルールが遺伝子によって規定されていると考えることができる状況を考えよう．ある行動をとる遺伝子をもった個体はランダムに集団内の他の個体と出会ってゲームをプレーするが，そのときの適応度

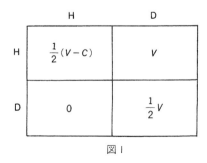

図1

(fitness)に従って，その遺伝子が再生産され，次の世代の戦略分布が変化していく．適応度を表す指標としては，子孫の数などを考えればよい．

要素ゲームは図1に与えられているとおりである．このゲームは対称なゲームであり，$U_i(a, b)$ でプレーヤー1が a を，プレーヤー2が b を選んだときのプレーヤー i の利得を表すと，$U_1(a, b) = U_2(b, a)$ が成立している．したがって，利得は行プレーヤーのものしか表記されていない．このゲームはハト・タカ・ゲーム(Hawk-Dove Game)と呼ばれているものである．

背後にあるストーリーとしては，2匹の動物が適応度を V だけ高める資源をめぐって対立している状況を想定しよう．以下では適応度の上昇分を利得という言葉で表現する．ハト戦略(D)とは誇示はするが相手が戦いを挑むときには逃げるという戦略であり，タカ戦略(H)とは傷つくか相手が逃げ出すまで戦いを挑み続けるという戦略である．傷ついた場合には適応度が C だけ低下するとする．タカとタカが出会うと，確率1/2で資源を手に入れるが，確率1/2で傷ついてしまうとすると，(期待)利得は $(V-C)/2$ で表される．タカとハトが出会った場合には，タカは資源を手に入れ，ハトは現状と変わらないから，それぞれ V と 0 の利得が得られる．ハトとハトが出会うときは，傷つくことなく確率1/2で資源を手に入れるから(期待)利得は $V/2$ である．

集団の人口は無限(たとえば実数上の $[0, 1]$ の区間を考えればよい)であると考えよう．集団の中でタカ戦略をとるものの比率を p，ハト戦略をとるものの比率を $1-p$ とすると，タカ戦略をとる遺伝子をもった個体の期待利得は，

$$EU_H = \frac{p(V-C)}{2} + (1-p)V$$

ハト戦略をとる遺伝子をもった個体の期待利得は，

$$EU_D = \frac{(1-p)V}{2}$$

で与えられる．$V > C$ のときにはどのような p の値に対してもタカ戦略

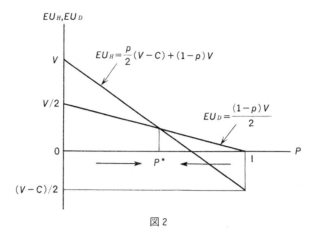

図2

の方が高い期待利得を与えるからタカ戦略が支配戦略となり，すべての個体がタカ戦略をとる状態が均衡になる．一方，$V<C$ のときは集団中のタカ戦略をとるものの比率によって，タカ戦略とハト戦略のどちらがいいかが変わってくる．このことをグラフに描いたのが図2である．p が p^* よりも小さいところでは $EU_H > EU_D$ であり，タカ戦略の方がより高い利得をもたらす，この場合にはタカ戦略をとる人口が矢印のように増加するだろう．逆に p が p^* よりも大きいところでは $EU_D > EU_H$ であり，ハト戦略の方が高い利得をもたらすから，ハト戦略をとる人口は増加するだろう．したがって，p^* が集団内でタカ戦略をとる個体の安定的な比率であるということができる．実際に p^* を計算すると V/C となる．

したがってベスト・レスポンス・ダイナミクスを想定するとき，p^* は社会の戦略分布がどのような点から出発しても，最終的にはタカ戦略をとる人口の比率は p^* に収束していくという意味で安定性を持つことになる．

実はこのゲームでは，$p = p^*$ は図1の要素ゲームにおける混合戦略のナッシュ均衡と一致している．混合戦略とは1人のプレーヤーが複数の戦略を確率的に用いるような戦略で，たとえばハト・タカ・ゲームで，プレーヤーが H を確率 p で，D を確率 $1-p$ でとるような戦略のことを混合戦略という．これに対して，確率1である戦略をとる場合，それを純粋戦略

という．上の p^* は混合戦略のナッシュ均衡において両プレーヤーがタカ戦略をとる確率となっているのである[3]．

それでは上で考察したような進化的安定性を考慮したときの結果はいつでもナッシュ均衡と一致するのだろうか．もしそうならば(少なくともここで考えているような対称なゲームで)ナッシュ均衡がプレーされることを正当化する重要な結果が得られたということになる．しかし，実はすべてのナッシュ均衡がこのような進化的な安定性を示すわけではない．逆に進化的安定性を考慮することによってナッシュ均衡のうちどれが実現されやすいかをもっとシャープに絞り込むことができるのである．このことを見るために，改めて進化的安定性の概念をきちんと定義することにしよう．

3.2 進化的安定戦略（ESS）[4]

あるランダム・マッチング・ゲームをプレーする社会がどのような戦略分布に収束していくかを見る際に有効な概念がメイナード・スミスの提唱した進化的安定戦略(Evolutionarily Stable Strategies, ESS)の概念である (Maynard-Smith, 1982)．対称なゲームを考え，相手が純粋戦略 s' をとっているときにこちらが純粋戦略 s をとったときの利得を $u(s, s')$ と書くことにする．純粋戦略の集合を S としよう．記号の乱用を恐れずに，戦略分布が σ' のときに純粋戦略 s をとったときの期待利得を $u(s, \sigma')$ と書くことにする．すなわち，戦略分布 σ' の下で戦略 s' をとるものの比率を $\sigma'(s')$ と書くとき，

$$u(s, \sigma') = \sum_{s' \in S} \sigma'(s') u(s, s')$$

である．さらに戦略分布 σ' の人口の中で純粋戦略 $s \in S$ を確率 $\sigma(s)$ でと

---

[3] ハト・タカ・ゲームを通常の2人ゲームとして見たときに，相手が確率 p^* でタカ戦略をとる場合，自分にとってハト戦略もタカ戦略も同じ利得をもたらす．したがって，特に自分が確率 p^* でタカ戦略をとるのも最適戦略の1つである．相手についても同様なことがわかるから，お互いに確率 p^* でタカ戦略をとる状況が混合戦略のナッシュ均衡になっていることがわかる．

[4] ESS，生物学でよく用いられるリプリケーター・ダイナミクスなどの関係についてより厳密に知りたい読者は van Damme (1991) を参照されたい．

るような混合戦略 σ をとった場合の期待利得を，再び記号の乱用を恐れず $u(\sigma, \sigma')$ と記すことにする．すなわち，
$$u(\sigma, \sigma') = \sum_{s \in S} \sigma(s) \sum_{s' \in S} \sigma'(s') u(s, s')$$
である．

進化的安定戦略とは，戦略分布 σ^* で次の性質を満たすもののことを言う．

> 1. すべてのありうる戦略分布 σ に対して，
> $$u(\sigma^*, \sigma^*) \geq u(\sigma, \sigma^*)$$
> 2. 上の不等式がある $\sigma \neq \sigma^*$ について等式で成立するならば，その σ に対し，
> $$u(\sigma^*, \sigma) > u(\sigma, \sigma)$$

第1の条件から，ESS は必ずナッシュ均衡でなければならないことがわかるが，第2の条件から，すべてのナッシュ均衡が必ずしも ESS にはならないことがわかる．

進化的安定均衡は通常このように2つの条件式で定義されるが，その意味を理解するにはこれと同値の次のような条件式で見た方がわかりやすいであろう．

> 十分小さな正数 ε に対して，
> $$u(\sigma^*, (1-\varepsilon)\sigma^* + \varepsilon\sigma) > u(\sigma, (1-\varepsilon)\sigma^* + \varepsilon\sigma)$$
> がすべての $\sigma \neq \sigma^*$ について成立すること．

ここで $(1-\varepsilon)\sigma^* + \varepsilon\sigma$ とは，もともとの社会の戦略分布が σ^* であるときに，σ という戦略分布を持つ人口が ε の割合で入ってきたときに成立する戦略分布を示している．したがって，条件式の意味は人口の戦略分布が σ^* の下ではこれと異なる戦略を持つ侵略者が少数入ってきても，その侵入が退けられるということである．

容易に確認できるように先に見たハト・タカ・ゲームにおいては $p = p^*$ が ESS であり，これはナッシュ均衡と一致していた．しかし，ESS の定

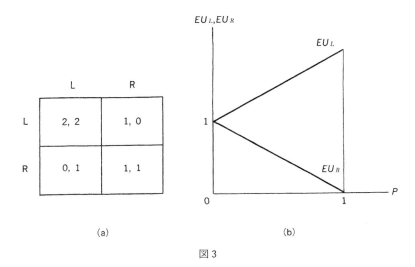

図3

義で明らかなように,これは一般的には成立しない.進化的安定戦略によって,どのように安定的な均衡点が絞り込まれるのかを次の例を用いて見てみよう.図3(a)のゲームは(L, L)と(R, R)という2つのナッシュ均衡を持っている.社会の中のpの割合の人々がLをプレーしているとき,LとRによる期待利得はそれぞれ$EU_L=1+p, EU_R=1-p$となり,(b)図が得られる.$p=0$では$EU_L=EU_R$となり,RとLのどちらも最適な反応となるから,そこから離れることはない.したがって,ベスト・レスポンス・ダイナミクスでは$p=0$も定常均衡点となるし,この点はもちろんナッシュ均衡である.しかし,それは安定的な点ではない.なぜなら,突然変異の登場によって少しでもpがプラスにぶれるとただちに戦略Lの方がRよりも良くなり,pは上昇して結局$p=1$に行き着くこととなるからである.$p=1$すなわち,すべての人々がLをとるという状態がESSであることは容易にチェックできる.

$p=0$という状況は社会の中で維持される均衡点であるとは考えにくい.なぜならば,少しでもLをとる人が出現すると,ただちにこの均衡は崩れてしまうからである.このように,ただたんにベスト・レスポンス・ダ

イナミクスによる定常均衡点を求めるだけでは，あるいはナッシュ均衡点を見るだけでは，ありそうにない均衡点を排除できないが，ESS概念を用いることで安定的な均衡点が選択される．以上の例からも，社会的に安定的な均衡点を考える際に，突然変異あるいはより社会的な文脈でその対応物を考えるならば創造や革新あるいは実験といったことを考慮することの重要性が理解できるだろう．

4 進化ゲームから見た経済システムの進化

4.1 ベスト・レスポンス・ダイナミクスと歴史的経路依存性

この節では簡単な進化ゲームの枠組みを設定することにより，社会の慣習，ルール，制度あるいはシステムが歴史の中で変化する要因を考察していくことにする．結論を先に述べると，社会のシステムのあり方は歴史的初期条件および過去の環境変化の経緯，社会の中で行われる実験，政府の介入，異文化との接触によって規定されているものと考えることができる．

現実の人々が個々のゲームをそれぞれ孤立した1つのゲームとしてプレーするのではなく，さまざまなゲームの中の1つとしてプレーしている可能性についてはすでに述べた．このような考えに基づいて，次のような状況を考えよう．

今，ある社会の中の人々が直面するゲームが当初，平均的に図4(a)のような利得マトリックスで表されていたと仮定する．このような歴史的初期条件をもつ社会をJ-社会と名付けることにする．平均利得がこのような利得マトリックスで表されるというのは，次のようなことを意味している．まず第1に，社会の中にさまざまな戦略的状況(ゲーム)が存在するが，そうしたさまざまなゲームを確率でウェイトづけて平均化すれば，図のような利得マトリックスが得られるということである．そして第2に，社会の中の人々は限定合理的であって，これらのさまざまなゲームの1つ1つについて異なった行動をとるのではなく，どのゲームでも同一の行動をと

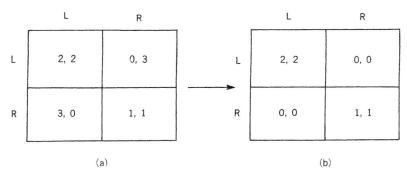

図4

る状況を考えている．その場合，ある行動の利得は図のような平均利得として現れることになる．

図4(a)のゲームは囚人のジレンマになっており，R が支配戦略である．したがって，この社会の人々がランダムに出会ってこのゲームをプレーするときの均衡はすべての人々が戦略 R を選ぶというものであり，これが ESS になっていることが容易に確かめられる．この社会の歴史的初期条件においては，R をとるという行動がいわば慣習，ルールとなっているのである．

ここで次のような環境の変化がこの社会に生じたと想定しよう．さまざまな戦略的状況をウェイトづけている確率が変化して，平均利得マトリックスが時間とともに変化し，右上と左下のセルの利得の数字 3 が単調に減少して 0 になっていく状況である．最終的に行き着くゲームは，(R, R) と (L, L) という2つのナッシュ均衡をもつ純粋コーディネーション・ゲームである．このような環境変化があった場合，J-社会の慣習にどのような変化が生じるだろうか．注意してほしいことは，J-社会では歴史的初期条件に規定されて人々が R という行動をとっている状況にあることである．この状況の下では利得が変化していっても，他のすべての人々が R という行動に従っていることを所与にすれば，最適反応は R のみであるから，環境変化にかかわらずベスト・レスポンス・ダイナミクスの結果は

やはり，すべての人々が R をとるという結果に落ち着くのである．

最終的なコーディネーション・ゲームの2つのナッシュ均衡はパレート比較可能であり，(L, L) が (R, R) をパレート支配している．にもかかわらず，この社会の歴史的初期条件のためにベスト・レスポンス・ダイナミクスの結果はパレート劣位の社会的慣習から脱することができないという調整の失敗(coordination failure)が生じている．これは社会のシステムの進化が経路依存的であり，進化の過程がかならずしも最適な慣習や制度をもたらすものではないということを示唆している．

4.2　よりよい制度への進化の可能性——実験と政府の介入

それでは，上でみた J-社会は永遠にパレート劣位な均衡にとどまらざるを得ないのだろうか．よりよい慣習や制度に向けて進化する可能性もあるのではないだろうか．進化ゲームの枠組みで，よりよい均衡に向けて社会が進化していくメカニズムとしては，少なくとも次の3つが考えられる．

まず第1は，社会の中で行われる創意工夫や実験が R の行われている社会を L の行われる社会に転換する可能性を持つことである．進化のプロセスにおける実験の持つ可能性についてはすでに ESS 概念において述べたが，上のコーディネーション・ゲームにおいて現れるどちらの均衡も ESS であり，局所的な実験＝突然変異の発生によっては，パレート劣位な均衡からパレート優位な均衡への移行は説明できない．よりシステマティックな突然変異の導入によってシステムの大域的安定性を分析したのが，3章でも簡単に紹介した KMR メカニズムである (Kandori et al., 1993)．

第2は，政府による政策的介入によって，人々の行動を R から L へと転換せしめることである．そして第3は，J-社会とは異なる慣習を持つ社会との交流を積極的に推し進めることによって，J-社会の慣習が変化する可能性がある．

まず KMR メカニズムから簡単に説明しよう．KMR メカニズムにおいては社会の人口は有限であるとされる．たとえば10人の社会の中で各人が社会の中の残りの1人ひとりと当たる確率がすべて等しい一様なランダ

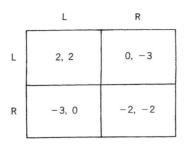

図5

ム・マッチング・ゲームを毎期 ($t=1, 2, \cdots$) 行うと考えよう．要素ゲームは図4(b)のコーディネーション・ゲームである．ある時点での社会の状態は L をとる人数によって定義でき，その状態の数は11個ある．このゲームは戦略的補完性のあるゲームであるから均衡は径路依存的で，ベスト・レスポンス・ダイナミクスのみを考慮すれば，行き着く先は初期状態によって全員が L をとる均衡と，全員が R をとる均衡とに分かれる．戦略分布を L をとる人の割合 p で表現すると，$p<1/3$ のときには R が，$p>1/3$ のときには L が最適反応となり，それぞれ全員が R をとる均衡($p=0$，以下 R 均衡という)と全員が L をとる均衡($p=1$，以下 L 均衡という)へと収束していく．

そこで次のような突然変異を導入する．各プレーヤーは毎期確率 ε で突然変異を起こし，L と R とをある決められた確率に従って選択する．また確率 $1-\varepsilon$ で通常のベスト・レスポンスに従って行動を変更するものとする．そうすると L をとる人の人数によって定義される社会の状態は，毎期確率的な変動にさらされる．いま社会が R 均衡にあるとしよう．このとき，L 均衡に移行する最短の方法は4人の人が同時に突然変異を起こすことであり，その確率は ε^4 のオーダーであることがわかる．これに対して L 均衡から R 均衡に移行するには最低7人の人が同時に突然変異を起こすことが必要であり，その確率は ε^7 のオーダーである．

ε を十分小さくとって 0 に近づけていくとき，R 均衡と L 均衡とを行き来する確率は両方とも0に近づくが，重要なことは L 均衡から R 均衡

に移行する確率の方が R 均衡から L 均衡に移行する確率と比べてずっと早い速度で0に近づいていくことである．このことは，ε を小さくしていくと社会の状態は確率的に変動するものの，長期的にはほとんどの時間をパレート効率的な L 均衡で過ごすということを意味している．社会の慣習や行動ルールがいかに進化していくかという文脈から見ると，KMR メカニズムは革新や創造，実験の存在によって，社会がパレート劣位な状態から抜け出し，よりよい制度へ移行する可能性があることを示している．

第2は，政府の政策的介入である．その一例として，たとえば政府が法律を施行して R をとった人々に罰金として利得3に相当する額を科したとしよう．このような法律によって，ゲームの利得は図5のように変化するから，L が支配戦略となり，全員が L に従うのが唯一のナッシュ均衡かつ ESS となる．このようにして，政府の政策介入も有効でありうる．しかし，ここで挙げた例は極めて単純なものであり，実際には政府の政策意図は進化のプロセスとの関係で必ずしも所期の目的どおりには実現されないことも十分ありうるのである．

4.3　異なる文化との接触

以下では奥野(藤原)・松井(1995)のモデルを単純化した上で，異なる文化が接触したときのベスト・レスポンス・ダイナミクスを考察する．ここ

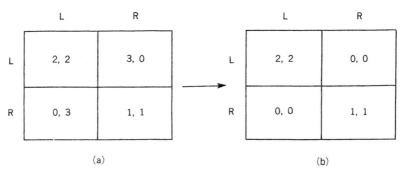

図6

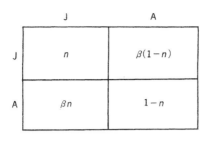

図7

　では，上で考察したJ-社会とは別個の歴史的初期条件を持ち，異なる慣習を成立させている社会を考えることにしよう．この社会におけるゲームの平均利得が当初，図6(a)のように与えられていたとすれば，この社会で成立する慣習は全員がLに従うというものになる．このような社会をA-社会と名付けよう．この社会の中のゲームが歴史的環境の変化によって図6のように変化していったとき，当初の慣習の下ではLが唯一の最適反応になっているから，社会的慣習はLのままである．

　それでは，現在は同じ環境にありながら歴史的初期条件の違いによって互いに異なる慣習の成立しているJ-社会とA-社会が互いに接触するときに何が起こるだろうか．J-社会とA-社会の人口の合計に対するJ-社会の人口の比率をnとして，これら2つの社会が接触・交流している状況を次のように定式化しよう．nが小さいときは，J-社会が相対的に小さく，またnが大きいときはそれが相対的に大きいことを示している．図7は各社会の人々が互いに出会う確率を表したものであり，行の社会の人々が列の社会の人々と会う確率がセルに示されている．ここでβはJ-社会とA-社会の統合の度合いを示すパラメーターとしての役割を果たしている．$\beta=0$のときには両国は鎖国状態にあり，$\beta=1$のときには両国は完全に統合された状況にある．

　パラメーター(n, β)の値によって成立しうる均衡が限られてくるから，まずどのような均衡がこの世界で成立しうるのかを見ておくことにしよう．

J-社会またはA-社会でLをとる人口とRをとる人口が両方存在している状況もナッシュ均衡になりうる．しかし，これらの均衡はESSでないことが容易にチェックできるから[5]，それぞれの社会で人口の全員がLまたはRをとっている均衡に考察を限定することにしよう．たとえばJ-社会の全員がLに従い，A-社会の全員がRに従う均衡を(L,R)と書くことにすると，均衡の候補は$(L,L),(R,R),(L,R),(R,L)$の4つに絞られる．対称性よりこのうち(L,R)と(R,L)とを同一視すれば，考察すべき均衡は3つである．

われわれは，当初J-社会においてRが，A-社会においてLが慣習となっている状況で両社会が互いに接触を開始した場合の変化に興味がある．そこで，(R,L)を初期条件として，両社会の接触がどのように2つの社会の慣習を変化させるかを考えよう．まず，(L,L)と(R,R)がパラメーター(n,β)のどのような値に対しても存在することに注意しよう．(R,L)を初期状態とするとき，J-社会の人にとってRが最適反応になる条件は，

$$n \geq 2\beta(1-n) \iff \beta \leq \frac{n}{2(1-n)}$$

となる．左の式の左辺はJ-社会でRをとるときの期待利得を，右辺はJ-社会でLをとるときの期待利得を示している．同様にA-社会の人にとってLが最適反応になる条件は，

$$2(1-n) \geq \beta n \iff \beta \leq \frac{2(1-n)}{n}$$

である．したがって，図8の領域(R,L)において均衡(R,L)が存在しう

---

[5] J-社会でLをとる人の割合をp，A-社会でLをとる人の割合をqとすれば，J-社会でLをとることの期待利得は$n \cdot 2p + \beta(1-n) \cdot 2q$であり，これは$p$の増加関数となる．一方，J-社会で$R$をとることの期待利得は$n(1-p)+\beta(1-n)(1-q)$で，これは$p$の減少関数である．J-社会でこれらの戦略をとる人口が両方存在する場合には，これらの期待利得は等しいはずだが，そのときに実現しているpの値が少し大きくなるとLの期待利得がRの期待利得を上回るから，pはさらに増加していく．同様の考察により，A-社会で両方の戦略をとる人口が両方存在する均衡はESSではないことがわかる．

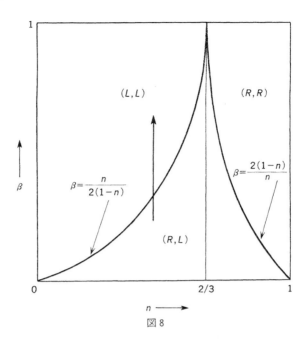

図8

る.

　ここで $n<2/3$ を仮定し，図8の矢印のように両国の交流の度合い β が0から次第に大きくなり，1に近づいていったときのベスト・レスポンス・ダイナミクスを分析しよう．このとき，J-社会の中で R が最適反応となるための条件式が成立しなくなり，J-社会で L をとる人口が徐々に増加していく一方，R と L が混在したJ-社会に対してA-社会の中では相変わらず L が最適反応となっているからA-社会の慣習に変化はない．この結果，最終的には両方の社会で L に従うという均衡に移行していくことがわかるのである．すなわち比較的に小さなJ-社会は比較的大きなA-社会との交流によって慣習を変化させるのである．同様の考察によって，$n>2/3$ の場合には，両国で R に従う均衡へと移行していく．

　以上の考察から，歴史的初期条件に規定されて異なる慣習が成立している2つの社会が互いに交流を深めることによって，よりよい慣習が成立する可能性があることが理解できたであろう[6]．

11　経済システムの生成と相互接触 | 293

> **Column**
>
> # 協力の進化
>
> ドレッシャーとタッカーが囚人のジレンマを発見した当初は，多くのゲーム理論家たちがこのゲームを見て，協調行動が唯一の合理的な解となることを説明しようとした*．今日では囚人のジレンマの合理的な結果が両者ともに裏切りを選ぶことであることについて，異論を唱える人はいまい．しかし，われわれは日々の社会生活の中で囚人のジレンマ的状況に置かれながらも，多くの場合協調行動をとっている．囚人のジレンマ的状況でどうして協調行動が観察されるのだろうか．
>
> すでに本書の中でも解説されているとおり，囚人のジレンマは無限回繰り返しプレーされる場合には協調行動の繰り返しが均衡の1つになりうる．しかし，協調行動の繰り返しが社会的に安定して見られるとするならば，それはなんらかの意味で進化的な安定性を持つと考えられるのではないか．Axelrod(1984)のトーナメントの結果の報告はこのような研究に火を付けるものとなった**．
>
> アクセルロッドは200回囚人のジレンマを繰り返すゲームをプレーできるプログラムを公募し，それらを互いに対戦させた．囚人のジレンマの有

5　進化ゲームと歴史

これまで見てきたように，進化ゲームは社会の中の個々人が社会の他の人々がどのように行動しているかを見て行動するという状況の中で，社会

---

6) 本文中の設定では，当初からA-社会でパレート効率的な慣習が成立していたが，このことはわれわれの議論にとって本質的でない．それぞれで非効率的な慣習が成立している2つの社会が交流を深めることにより，両社会とも効率的な均衡に到達できるのである．また，たんに小国の慣習が大国の慣習によって吸収されるというのではなく，nがあまり大きすぎない場合には大国の方も慣習を変化させ，両国とも効率的な慣習に到達できる．そのような例については，直接，奥野(藤原)・松井(1995)を参照されたい．

限回の繰り返しではすべての回で双方が裏切るというのが均衡戦略の唯一の結果となるが，このトーナメントでは「オウム返し(Tit-for-Tat)戦略」が平均してもっとも高い得点を獲得した．オウム返し戦略とは，最初は協調を選び，その後は相手が前の回にとった行動をとるという戦略である．また，進化ゲームモデルにおけるように点数に従って人口分布を増加させていくシミュレーションの結果，やはりオウム返し戦略をとる人口が増加することが確かめられた．アクセルロッドの実験結果に対しては批判もあるが，オウム返し戦略は実際に観察される協調行動とよく似た性質を持つことから，この実験結果は多くの研究者の興味を惹くことになった．

近年では，最初は相手の出方を見て慎重に行動し，相手のタイプが分かってから協調を始めるという戦略がよりもっともらしいという研究も出ている***．

* フォン・ノイマンがゲーム理論を展開した頃の雰囲気や1950年代にランド研究所でゲーム理論が盛んに研究されていた当時の様子はPoundstone(1992)に詳しい．
** 繰り返し囚人のジレンマに進化的安定性を適用した最初の研究はAxelrod and Hamilton(1981)である．その後，このゲームにESSが存在しないことが証明されている．詳しくはFudenberg(1992)を見よ．
*** たとえばBinmore and Samuelson(1992)を見よ．

の中にどのような慣習やルール，あるいは制度が形成されていくかといったことを説明する際に，極めて有効な道具である．また，前節で検討したモデルは現実の経済の進化を考察するに際して，いくつかの重要な視点を提供してくれるものである．

生物の進化についても言えることだが，一般に，初期条件の基礎に立って淘汰が繰り返される進化の過程は必ずしも効率的な結果をもたらさないかもしれない．しかし，社会の中で一部の人々が試行錯誤を繰り返したり，あるいは創意工夫を行う場合，進化の結果はより効率的なものに転化する可能性があることが示された．また，政府の政策的介入や異文化との接触もより効率的なルールの形成を可能にしうることを見てきた．現存する各国の経済システムもまた，歴史的初期条件に規定されつつベスト・レスポ

ンス・ダイナミクスに従って変化する径路の上に，社会的実験や政府の政策介入，異文化との接触などが複雑に重なり合って形成されてきたものと見なされうるであろう．

またこのような考察は，われわれが将来に向けて経済システムの変革を展望していく際のありうべき方途についての洞察をも与えてくれるものである．これまでの章で見てきたように，経済システムはさまざまな制度が互いに補完的に関係することで成立している．互いに補完性を持つ制度のモザイクとしてのシステムはたとえそれが非効率的なものであっても，制度間の同時的変革が調整(coordinate)されない限り，きわめて困難なものであることは容易に想像できよう．かといって，それを放置していては調整の失敗(coodination failure)に永遠に甘んじることになってしまう．本章で見てきた実験，政府の介入，異文化との接触は，調整の失敗から抜け出す手段として，より積極的に活用できるかも知れない．たとえば，なんらかの方法で一国内の革新的なもの同士が互いに接触して革新の力を蓄えるよう配慮したり，制度間の補完性を利用して戦略的に重要なある特定の制度の改革を促す政策を積極的に実施したりすることなどが考えられる．また，自国のシステムにとっては異質なシステムとの交流を促進して，積極的に雑種の形成を図っていくことも有効であるかも知れない．

次章では本章で得られた以上のような洞察に基づき，日本経済のシステム変化の経緯と変革の可能性とを考察してみることにしよう．

Note

ゲーム理論の第一人者が自らゲーム理論の成果と限界および展望について語った講演を本にまとめたものとして，Kreps(1990)がある．また，日本の第一線の研究者による，よりリーダブルなゲーム理論の解説としては神取(1994)がある．進化生物学における進化ゲーム理論についてはMaynard-Smith(1982)が古典であり，一般にも読みやすい本としてはDawkins(1989)がある．経済学における進化ゲーム理論の展開は，やや古いしテクニカルだがvan Damme(1991)がまとまっている．

参考文献

Aumann, R. (1976), "Agreeing to Disagree," *Annals of Statistics* **4**: 1236-1239.

Axelrod, R. (1984), *The Evolution of Cooperation*, Harper-Collins.(松田裕之訳『つきあい方の科学——バクテリアから国際関係まで』HBJ 出版).

Axelrod, R. and W. Hamilton (1981), "The Evolution of Cooperation," *Science* **211**: 1390-1396.

Binmore, K. and L. Samuelson (1992), "Evolutionary Stability in Repeated Games Played by Finite Automata," *Journal of Economic Theory* **57**: 278-305.

Dawkins, R. (1989), *The Selfish Gene*, 2 nd ed., Oxford University Press.(日高敏隆他訳『利己的な遺伝子』紀伊國屋書店, 1991 年).

Fudenberg, D. (1992), "Explaining Cooperation and Commitment in Repeated Games," in J.-J. Laffont(ed.), *Advances in Economic Theory, 6 th World Congress,* Cambridge University Press.

神取道宏(1994),「ゲーム理論による経済学の静かな革命」, 岩井克人・伊藤元重編『現代の経済理論』東京大学出版会.

Kandori, M., G. J. Mailath, and R. Rob (1993), "Learning, Mutation, and Long Run Equilibria in Games," *Econometrica* **61**(1): 29-56.

Kreps, D. (1990), *Game Theory and Economic Modelling*, Oxford University Press.(高森寛他訳『経済学のためのゲーム理論』マグロウヒル, 1993 年).

Lewis, D. (1969), *Conventions : A Philosophical Study*, Harvard University Press.

Maynard-Smith, J. (1982), *Evolution and the Theory of Games*, Cambridge University Press.(寺本英・梯正之訳『進化とゲーム理論』産業図書, 1985 年).

奥野(藤原)正寛・松井彰彦(1995),「文化の接触と進化」,『経済研究』第 46 巻第 2 号, 岩波書店.

Poundstone, W. (1992), *Prisoner's Dilemma*, Doubleday.(松浦俊輔他訳『囚人のジレンマ——フォン・ノイマンとゲームの理論』青土社, 1995 年).

Roth, A., V. Prasnikar, M. Okuno-Fujiwara, and S. Zamir (1991), "Bargaining and Market Behavior in Jerusalem, Ljubljana, Pittsburgh, and Tokyo: An Experimental Study," *American Economic Review* **81**: 1068-1095.

Rubinstein, A. (1989), "The Electronic Mail Game: Strategic Behavior under 'Almost Common Knowledge'," *American Economic Review* **79**: 385-391.

Selten, R. (1975), "Re-examination of the Perfectness Concept for Equilibrium Points in Extensive Games," *International Journal of Game Theory* **4**: 25-55.

van Damme, E. (1991), *Stability and Perfection of Nash Equilibria*, Springer-Verlag.

von Neumann, J. and O. Morgenstern (1944), *Theory of Games and Economic Behaviour,* Princeton University Press.(銀林浩他訳『ゲームの理論と経済行動』，東京図書).

12 現代日本経済システムの歴史的生成

　本章では，戦前・戦時から高度成長期にかけての日本経済の歴史を振り返る．戦時期に行われた諸々の経済改革は，それまでの比較的古典的な市場経済システムに近かった日本経済にシステム・ワイドな変化をもたらしたが，戦後の改革を経て，戦前の日本経済システムの特徴の多くはほとんど消滅した．これに対し，戦中・戦後に萌芽のある現在に通ずる日本経済システムの特徴は，ドッジ・ラインを経ることによって徐々に安定的なシステムとしての呈を示すようになり，高度成長を支える重要なファクターとなった．

1　問題意識

　システムとしての一国経済の姿に不可逆的な変化をもたらす要因としては，前章でも確認したように特に次のようなものが重要である．

①環境変化．
②政府(コーディネーター)による介入．
③イノベーションと模倣．

　①は主として技術革新や国際経済環境の変化など，経済システムにとっていわば「外部環境」の変化に相当し，さらには人口構成や所得分配，産業構造など，経済の構造的要因の変化も含まれる．これに対し②は人為的な要因である．政府が経済全般の諸制度に対してシステム・ワイドな介入を行うことによって，経済システムの姿がこれまでとは異なる全く新しいものに変容することがある．また経済構造が政策を通じて変化し，それが

システムの変化を促すというケースも考えられる．本章の目的は，比較制度分析の立場から現代日本の経済システムがどのような経緯で形成されたのかを歴史的に検証することにあるが，特に政府の介入の効果に注目し，1930 年代から日中戦争・太平洋戦争および戦後・高度成長期にいたるまでの期間に導入されたさまざまな経済改革の意義を跡づけることにする．

1.1 戦時経済と比較制度分析

最近では，いわゆる日本的経営システムやメインバンク・システムなど日本経済の諸特徴に対する経済史的関心が拡大している．またバブル崩壊以後長期化した景気低迷のなかで，日本経済のシステム自体が制度疲労を来しているという問題提起が盛んに行われている．そして現在の制度や規制体系の起源は特に戦時期の諸改革に見出すことができるとし，日本経済の新しいシステムを構築するためには，戦時から引き続く体制からの脱却が必要であるとも主張されている[1]．

後に見るように，われわれは決して現在の日本経済システムが戦時期に「完成し」たと主張するわけではない．しかし，比較制度分析が 1930 年代から 1940 年代にかけての日本経済に注目するのにはそれなりに理由がある．それはこの時代が，1930 年代の世界同時恐慌を経験した資本主義経済が古典的な自由放任体制の修正を迫られた時期に相当し，また日中戦争から太平洋戦争，そして戦後の復興・民主化の過程は，日本経済が自国の経済システムの転換を試みた時代であったという解釈が可能で，経済システムの変化というテーマに対して貴重なケース・スタディを提供しているからである．

また，ロシアや東ヨーロッパ諸国・中国が現在経験している市場経済化においても，どのような政策をどのようなスケジュールで導入するべきかといった移行経済特有の問題意識がある(いわゆる移行経済の視点)が，日本経済のシステム変化の経験から何らかの有益な示唆が得られないかとい

---

1) たとえば，野口(1995)を参照．

う期待もまたそこには存在しているのである．

1.2 安定的な経済システムの形成

われわれがシステムとしての現代日本経済の起源を理解するにあたっては，個々の制度的特徴がいつどのように始まったかを明らかにするだけでは不十分であることは明らかであろう．経済システムはパーツとなるシステム内のさまざまな経済的仕組み（制度：institution）が，お互いに有効性を支え合ってはじめて全体として整合的なシステムとして完結するのである．1つ1つの仕組みの存立は，他の仕組みの有効な機能いかんにかかっている．現在の日本経済システムの起源を探るといっても，現在観察される制度的特徴が歴史上現れた時点をもって単純に起源とするのは問題である．われわれは，一連の制度が如何にして安定的なシステムとして機能するようになったのかを検証しなければならない．この後確認するように，戦時期に導入された統制の仕組みが現在まで残存しているという主張は，ある面では正しいといえるが，それらが安定的な制度として経済システム内に定着するまでには，戦後の経済改革および高度成長期の金融構造，職場の労働組合や企業コントロール・システムの変化等々の紆余曲折を経なければならなかったのである．したがって現在のシステムを単純に戦時体制の継続とする主張に対してはにわかには賛同しがたい．

また新しいシステムが必要であるからといって，制度間の相互補完性に支えられているシステム内にこれまでになかった新しい仕組みをやみくもに接ぎ木しようとしても当初の期待どおりに機能しない可能性が強い．逆に，システム内の制度は，お互いにその有効性を他の仕組みに依存しながら全体としての安定性を確保していると考えるならば，その中の1つの制度に何らかの変更が加えられた場合に，他の制度に予測不能な変化が連鎖し，システム全体の姿が大きく変容することもありうることに注意しなければならない．

以下では，このような「システムの安定性・整合性」という視点を保ちながら，現代日本経済システムの生成の過程を検証していくことにする．

2 重化学工業化の進展

いわゆる十五年戦争(1931年の満州事変より太平洋戦争終戦まで)以前,特に大正時代の日本経済は,現在と比較すると新古典派経済学がイメージする純粋な市場経済の姿により近かったと考えられる.戦前の日本経済のマクロ・パフォーマンスを検証した吉川・塩路(1990)では,当時の名目価格は戦後の景気循環でみられるよりも,かなり伸縮的に変化していたことが確認できる.

しかし,産業構造の重化学工業化と並行して金融・労働市場を中心にそれまでにない変化が見られるようになっていった.日本経済の重化学工業化は,第一次大戦後より徐々に進んでいたが,後に見るように,政府による保護および軍需拡大により,1930年代の10年間で重化学工業は飛躍的拡大を遂げるにいたった(1940年の国内純生産のうち重化学工業の占める比率は58.8％である).日中戦争から第二次大戦の開始時に,日本はすでに重化学工業中心の産業構造をほぼ実現していたといえる.

このような急速な産業構造の変化は,戦前・戦時期の日本経済にとってはシステム内の諸制度の変化を促す最も根本的な要因の1つであった.現代日本経済を特徴づける金融システム・雇用システムの諸特徴も,当時の急激な重化学工業化の進展に対処するなかで生まれたと考えられるものが多い.

2.1 戦前の金融システム,コーポレート・ガバナンス構造の変化

寺西(1993)によると,重化学工業化以前の企業の資金調達パターンは基本的には株式発行が中心であった.

財閥系企業の場合,企業利潤は配当という形で財閥本社に集中し,新たな企業の設立・増資にあたって,財閥本社が新規発行株式を買い取るという形で資金が循環した.そしてこれら企業は財閥家族によってコントロールされていた.また財閥系以外の企業では,主に商人や地主といった当時

の資産家階級から資金を調達していた．そしてこれらの企業は株主総会や買収による内外の強いコントロールに服しており，高配当を要求されるため内部蓄積率はきわめて低かった．このように当時は株式保有が財閥や一部の資産家階級に集中しており，少数大株主によるコントロール・リーダーシップが十分に発揮される環境にあった．

しかし第一次大戦以降，徐々に銀行に期待される役割が拡大することになる．そのような変化を促した構造的要因の1つが，急速に進展した重化学工業化による企業の資金調達意欲の拡大であるが，いま1つは当時の所得分配の構造にある．資金調達範囲を一部の資産家階級の内部蓄積から，大多数のリスク感応的な中・低所得層へ広げるにあたっては，銀行預金の利用が必要となり，企業も直接銀行から資金を借りるようになった．また企業コントロールという面でも，株主数の急速な拡大によって従来の大株主による企業モニタリング機能が弱まった結果，銀行による企業コントロールの一般的な要請が高まった．

2.2 労働市場の構造変化

重化学工業化は労働市場にも変化をもたらした．戦後の日米の離職率を比較すると一貫して日本の方が低く，低い離職率は日本経済の一般的な特徴の1つとして数え上げられる．しかし，流動的な労働市場を反映した大正期の高い離職率から現在のような低い離職率へ変化したのは，実は1930年あたりの短期間である．

重化学工業では機械化に対応した大量の熟練労働者を必要とする．しかし軍需を中心にした急激な産業構造の重化学工業化に対して，当時の労働市場では熟練工の供給は相対的に過少であった．各企業は優秀な熟練工を企業内に確保する仕組みとして，生活給や賃金を保証するようになり，不況期でも雇用調整を行わないという対応を示すようになった．

3 統制経済の胎動

重化学工業の拡大と前後して,政府による経済政策運営においても次第に民間への介入色が強まっていった.その契機となったのが,1920年代の金融恐慌およびその後の世界同時恐慌の経験である.

3.1 銀行法と外為法

政府による民間経済への介入の本格的な始まりとしては,昭和金融恐慌後1927年に制定された銀行法が重要である.この法律によって銀行業への参入が規制され,合併が促進されるとともに,大蔵省の全般的な監督権限が強化されることになった.銀行法に基づく金融行政には今日にも通ずる大きな2つの特徴が存在した.

第1は,銀行法自体は原則を記したのみで具体的な内容を伴っておらず,実際の運用は行政指導によって裁量的に行われることになったということである.これは日本の政府企業間関係に特徴的な裁量的行政指導の開始と見なしうる.また第2に,さまざまな業務が許認可制となり,原則禁止のスタイルが貫かれたということである.この銀行法によって大蔵省による秩序重視の関係依存型行政システムが成立したといえよう.

さらに1933年には外国為替管理法[2]が制定される.以後1960年まで為替管理時代が続くことになるが,これも銀行法と同じく法律自体には原則のみが記され,裁量的行政指導が可能であるとともに,為替業務は許認可にもとづくことになった.この銀行法と外国為替管理法によって,その後の日本の金融行政スタイルが方向づけられたといってよいであろう.

---

2) 外為法は1931年12月の金再輸出禁止以後の投機的な資本流出を防ぐために整備された.本来は為替取引の管理が目的であるが,政府は外為法により貿易取引自体の管理もできるようになったため,当時すでに貿易依存度の高かった日本経済にとっては,これは実質的な統制経済のスタートと解釈することができる.

3.2 「産業合理化政策」

銀行法や外国為替管理法は大蔵省・日本銀行による秩序重視の金融行政の端緒であるが，通産省(当時は商工省)の産業政策思想という面でも，この時期，戦前と戦後の連続性を確認することができる．それが1930年から開始された「産業合理化政策」で，戦後日本の産業政策の原点といえるものである．

「産業合理化政策」は，一般には戦後，1950年代に企業合理化促進法のもとで進められた一連の政策に対する呼称であるが，戦前の「産業合理化」は，金本位制復帰後，企業の国際競争力を高め，日本資本主義の再建を図るという名目で，1930年1月の金解禁と並行して導入された国民的運動を端緒とする．技術改善，設備更新という企業レベルでのコスト削減の他，「無秩序」な「過当競争」を廃すという目的でカルテルや企業合同が促進された．国際競争力の強化という問題意識はそのまま戦後の産業政策に引き継がれており，戦前の産業合理化を日本の産業政策の原型と見なすことができる．

その後産業合理化運動は，カルテルや企業合同という側面が際だち，次第に産業統制へと変質した．具体的には1931年の重要産業統制法により重化学工業を中心にカルテルが保護され，1930年代の半ばには石油・自動車といった産業別の事業法が制定されることにより，個々の産業への政府介入が強まった．これらの事業法では事業経営が許可制となり，企業は政府の命令や監督に従う一方で，免税や助成金の交付などの恩典が与えられた．このように戦後に通ずる通産省の政策手法がすでにこの時代に採用されていたことが確認できるのである．

4 戦時統制の経済システム

1930年代に入り，政府は徐々に民間経済に対する介入度を強めたが，1937年7月の日中戦争の開始によって，以後本格的な戦時経済統制シス

テムが導入される．統制の中心的目的は，総力戦体制を確立し，重化学工業を中心とした軍需産業へ集中的に生産資源を投入することであったが，単なる資源配分への介入にとどまらず，金融制度やコーポレート・ガバナンスといった経済システム内の多様な側面にまで改革が及んだ[3]．以下ではシステムの変化をもたらす上で重要な要因となった改革について概説する．

4.1 計画経済の仕組み

日中戦争が勃発すると，満州で生産力拡充のための経済統制計画（コラム参照）の実行を経験した革新官僚群が，帰国して企画院や大蔵省・商工省に所属し，戦時体制に向けた国内経済の統制化を進めた．統制の当初の目的は国際収支均衡という制約のもとでの生産力拡充にあった．

具体的な統制は，企画院が作成する「生産力拡充計画」を1938年から始まる「物資動員計画」（用途別の資材割当）を，「労務動員計画」，「資金統制計画」（労働力・資金割当にそれぞれ相当）によってサポートする形で進んだ．各計画間の整合性を図る役割も企画院が担い，旧ソ連のゴスプランと同じように逐次計算を繰り返して最終的に諸計画を調整した．

第二次大戦が開始されると，戦時統制システムは「経済新体制」という新しい段階に入る．物資動員計画は統制とはいえ価格によるインセンティブ・メカニズムは失われておらず，企業には私的利潤追求の余地が残されていたため，誘導的資源配分政策の域を脱していなかった．これに対し「経済新体制」では，企業・労働・金融といった経済システム内のすべての側面を，戦争遂行を第一義として，上からの数量指令を忠実に実行する仕組みへ改編するすることが画策されたのである．そして「経済新体制」下での生産・資材配分計画にあたっては，各産業ごとに設立された産業統制会が，企画院と企業の間に入って情報収集・計画作成・指令を具体的に担うことが期待された．産業統制会は政府（企画院）の官僚により統轄され

---

[3] 詳細については原編(1995)や，岡崎・奥野編(1993)の各章を参照されたい．

たが，実質的には各産業内の企業から派遣された人材によって運営されていた．

4.2 コーポレート・ガバナンス

マクロの資源配分統制と並行して，コーポレート・ガバナンスの仕組みにも介入が及んだ．結果的に株主の立場が弱められ，代わりに経営者の地位が大きく上昇する．

まず1939年4月からの会社利益配当及資金融通令で，大企業に対して配当統制が実施された．さらに経済新体制下では会社経理統制令が制定され，配当統制の強化のほか，資本家側の取締役の力を低下させるべく，役員賞与についての規制も導入された．また1943年10月に制定された軍需会社法では，軍需会社に指定された企業は，政府によって任命された「生産責任者」によって経営されることになったが，これは事実上従来の経営者の地位を政府が保証する仕組みで，「生産責任者」は株主総会からの制約を受けずに経営を行うことができるとされたため，企業コントロールについては経営者に完全なフリーハンドが与えられることになったのである．

4.3 戦時金融の展開

前節で述べたように，1930年代からの急速な重化学工業化で資金需要が増大し，マクロの投資率も上昇したが，中・低所得者層からの資金供給は銀行預金が中心となるため，次第に間接金融比率が上昇しつつあった．そして戦時統制においても間接金融システムを有効に利用することが画策され，「生産力拡充計画」・「物資動員計画」を資金面から裏付けるために，「資金統制計画」が導入された．

ところで当時の資金配分統制には次のような大きく2つの課題が存在した．(1)軍需産業(特に国策会社)への優先的な資金融通と(2)戦争遂行のための国債の円滑な消化である(植田，1993)．

軍需産業への資金融通は，1937年に導入された臨時資金調整法によって強制的に進められたが，民間銀行側でも自主的な対応が見られた．それ

> *Column*
> # 満州における統制経済の実験
>
> 　1931年の満州事変で成立した「満州国」では，関東軍の主導のもと，南満州鉄道株式会社(満鉄)の経済調査会で，統制経済による植民地経営のための研究が開始された．統制計画は1936年に「満州産業開発五ヶ年計画」として成立した．計画が実行に移される段階で，日本の大蔵省や商工省を中心に若手の革新官僚が満州政府に派遣され，実際の統制経済の運営にあたった．また満州国官僚は統制経済を実際に運営するにあたっての各種の統制法を制定した．このような若手革新官僚の統制経済経営の経験は彼らが日本本土に帰還したのちに，日本本国における統制経済の運営に活かされることになった．満州でのこのような統制経済の「実験」は，11章で説明した進化ゲーム理論での個々の経済主体による「実験」とは基本的に異なるものである．しかし比較制度分析上は，意図的に経済システムのシステム・ワイドな変革を試みた例として重要な意味がある．このような実験が可能となった背景には，若手革新官僚が大きな権限を握り，日本本国で想定されるような社会的・政治的圧力から自由であったという点が挙げられる．革新官僚の満州での統制の経験は，彼らの帰国後日本の戦時統制に引き継がれることになる．
> 　小林他(1995)参照．

が軍需企業に対する協調融資団の自生的な形成である．国策会社は一件当たりの融資額が大きかったほか，従来から取引関係にあるわけではなく，審査に必要な情報が十分に蓄積されていないという理由から銀行にとっては特にリスクが高かった．このような新しい借り手の登場に対するリスク分散という目的からシンジケート団を結成して協調融資を実施する事例が広範に見られるようになったのである[4]．また，経済新体制下では，全国

---

4) 軍需産業への資金供給にあたっては日本興業銀行が果たした役割が大きかった．シンジケート団の幹事の多くを，興銀が引き受けていたほか他の都市銀行は，興銀が発行する金融債を購入することで，軍需金融のリスクを軽減することができた．

金融統制会が共同融資の斡旋を行うことになったが，これは実質的には日銀による融資斡旋で，以後終戦直後までが産業金融への影響力を強める契機となった．

　国債消化にあたっては郵便貯金や日銀など公的金融が中心となったが，民間金融機関も国債保有の協力を求められた．ただし国債を引き受ける金融機関が一定の利鞘を確保できるよう預金金利の低位規制が並行され，これにより戦後に通ずる低金利政策が定着することになったのである．

　軍需会社法の成立以後は，戦時金融の仕組みは軍需融資指定金融機関制度に発展した．これは各軍需会社に原則として一行の金融機関を指定し，資金供給を確保するとともに，株主などのアウトサイダーの圧力から全く自由となった企業経営者(生産責任者)を最終的に規律付け，軍需会社の企業行動を統制するために導入されたものである．そして各軍需会社の指定金融機関にはほとんど協調融資の幹事行が選任されたのである．

　この制度の出現をメインバンク関係の発端とする主張もある．しかし軍需会社はほぼ無制約な資金調達が可能で，典型的なソフトな予算制約の状態にあり，指定金融機関も資金の垂れ流しが可能で企業モニタリングのインセンティブは存在しなかった．よって制度が企図した銀行のモニタリング機能は実質的に麻痺しており，軍需会社も放漫経営に陥ったため，戦時体制は崩壊の一途を辿った．

4.4　産業報国会と協力工場体制

　また各企業ごとに，労働者の経営に対する発言権の強化および福利厚生の目的で産業報国会が組織され全労働者が加入した．産業報国会では，ホワイトカラー(職員)とブルーカラー(工員)がともに従業員という形で企業に対し，対等のメンバーとして位置づけられた．さらに技術的に劣る中小企業は「協力工場」（下請企業）という形で大企業の「協力会」に組織され，技術的援助を受けることになった．

5 戦後経済改革

　1945年8月に敗戦を迎え，日本は占領軍の統治下に入った．このあとGHQ主導でさまざまな制度改革が行われるが，興味深いのは戦時の経済システム改革の方向性は戦後になっても基本的に維持されたということである．まず終戦直後の疲弊した経済を再建するには，当初は戦時と同じような経済統制が必要であったが，戦後統制でも戦時中に作られた統制の仕組みが利用されることになった[5]．また経済の民主化を目指した企業改革でも，戦時中に起こった企業内ステークホルダー間のパワー・バランスの変化に拍車がかかることになった．

5.1　統制と計画による復興：産業団体

　日本は戦後も引き続き連合国による貿易制限下におかれ，経済復興の当面の課題も，輸入制約下で戦時中の軍需会社などを私企業として再建することにあった．そして終戦直後の段階では，上からの「統制」と「計画」を継続する必要があったが，戦時に導入された経済統制の仕組みが経済復興のための統制手段として引き続いて機能することになったのである．

　具体的には1946年3月に物価統制令，10月に臨時物資需給調整法が制定され，戦時中の物資動員計画(物動)とほぼ同じ性格の物資需給計画が再スタートした．この物資需給計画のもとでの戦略的資源配分政策が傾斜生産方式である．輸入制約下の日本では，唯一の天然資源である石炭を有効に活用する必要がある．ところが石炭の増産には採掘機械を大量に要し，これは必然的に大量の鉄鋼需要を生み出すが，鉄鋼の増産には石炭が必要

---

[5] 戦争終結以前，占領軍は自ら統治機構を確立し，直接戦後の改革を進める予定であったが，結果的にはGHQの指導下で戦時中の日本の統治機構がそのまま機能するという間接統治の形式となった．間接統治が利用された理由は，第1に日本の敗戦が連合軍の予想よりも早く，占領後日本を直接統治するのに必要な十分な準備ができなかったことと，第2にアメリカに日本語に通暁した行政官が少なく，日本の行政システムに依存せざるを得なかったということである．

という具合に，石炭と鉄鋼の増産の間には相乗的な補完関係が存在する．このため石炭と鉄鋼業に，当時日本に存在した残りの資源(資金・労働力・原油など)の大半を集中投下することによって石炭と鉄鋼の同時的な増産を目指したのである．

このような物資需給計画や傾斜生産方式の実際の遂行にあたっては，統制会を引き継いだ産業別団体が重要な役割を果たした．各企業から情報を集め，政府の意向を伝達し，具体的な資材配分業務を行った．このような産業別団体を通じた資源割当政策は，その後も審議会や業界団体による情報収集・伝達機能を媒介とする産業政策というかたちで定着した．

特に政府と企業の関係においては，戦時中に形成されたさまざまな経済的仕組みや政策手段が戦後もかなり引き継がれることになったといってよい．特に官庁の統制権限にもとづくものにはほとんど大きな変更は加えられず，戦後，復興に目的は変質しても，戦時期に確立した「統制」と「計画」によるシステムは，これまでどおり機能することになった．

5.2 財閥解体

企業のコーポレート・ガバナンスという点では，GHQ の改革と日本政府による施策によって，戦時中の新体制のもとで進められた企業のステークホルダー間の力学関係の変化(従業員の地位の上昇，株主の影響力の低下)が一層推し進められた．

まず財閥解体によって財閥持株会社が禁止され，財閥家族が所有していた株式は持株会社整理委員会に移管された．これにより財閥による企業コントロール機能は完全に失われることになった．さらに多大な財産税の物納を通じて政府機関に株式が集中し大株主の力は大いに弱まった．一方で，企業の従業員にはその企業の株式の優先購入権が与えられた(証券民主化政策)．しかし，GHQ には証券市場を通じた企業コントロールそのものを否定する意図はなかったものと考えられる．これに対して日本政府が進めた企業再建政策は，その後の日本企業のコーポレート・ガバナンス構造の特徴である，メインバンクに専属化された統合モニタリングを準備するも

のであった．

5.3 企業再建と銀行のコミットメント

　戦後の経済復興の中心的な課題は，巨額の損失を抱えた軍需会社の再建であったが，戦後の統制経済の下で，軍需会社の多くは引き続き政府と銀行の支配下に組み込まれた．1946年10月に制定された企業再建整備法[6]により，旧軍需会社の資産は企業の内部役員と旧債権者からなる特別管理人に管理されることになったが，旧債権者側の代表はほとんどの場合，戦争末期の軍需融資指定金融機関制度のもとでの指定金融機関から選ばれた．戦時中，指定金融機関による軍需会社のモニタリングは実質的に機能していなかったが，指定金融機関と軍需会社のつながりは終戦を隔てても維持されることになった．また特別管理人を送った銀行は，資金面からも企業再建の中心的な役割を担うことになった．

　また企業内では終戦直後(1945年12月)に労働組合法が制定されて以来，労働運動が著しく活発になった．法的環境の整備の他，生産低下による雇用不安，インフレによる実質賃金の低下がその要因である．このとき大多数の組合は企業別に組織されたが，これは当時の労働争議が当面の雇用の確保を最大の目的とし，低調な経営者の生産意欲に対する労働者自ら生産管理闘争となったこと，また戦時期に組織された産業報国会が戦後の組合組織化の時点で利用されたことによるものと考えられる．

6　ドッジ・ライン以前の日本経済

　終戦直後の日本経済は，このように，GHQによる労働運動の支援，農地解放，証券民主化といった民主改革が進められる一方で，戦時中の統制経済の仕組みをほぼそのまま利用した復興が図られることになった．そして，業界団体の重要性が改めて確認され，企業内でも，従業員の地位の上

---

[6] 軍需会社の戦時補償請求権がGHQの要請に基づき打ち切られたのに合わせて1946年10月に制定された．

昇,株主の地位の低下がいっそう進み,銀行によるコントロールが機能しはじめるなど,その後の高度成長期に引き続く日本経済システムにおける政府・企業間関係やコーポレート・ガバナンス構造の特徴の萌芽を見出すことができる.

　しかし終戦直後の統制経済のもとで,当時の日本経済はシステムとして安定しているとは到底言いがたい状態であった.

　戦時に導入された統制経済の仕組みは,日中戦争開始時の物資動員計画の導入以降いくたびかの改造が加えられたとはいえ,計画経済システム特有の経済主体の誘因整合性問題を内包し,実際に機能不全に陥ったことが,絶対的な資源・生産力不足と並んで,戦争経済を破綻させる直接の原因となった.そして統制経済下の再建を図る企業にも,終戦末期と同様のソフトな予算制約の問題が生じていた.まず復興金融公庫(復金)の「赤字融資」により,企業は一定期間の赤字をファイナンスすることができた.さらに統制経済下の公定生産者価格が企業コストを基準に設定されていたため,最終的には赤字は公定価格の引き上げで補填することができたのである.よって交渉力が拡大した労働組合による生活給確保の要求も,経営者との摩擦をさほど拡大することなく,製品価格への転嫁という形で実現することができ,確かに従業員の地位の向上というコーポレート・ガバナンス構造の変化が容易に進行することになった.また,このような企業行動は,復金を通じたマクロの財政運営に支えられていたが,これは当然の帰結として大幅な財政赤字と高率のインフレーションを伴った.

　高インフレ率は当時の名目金利の固定低金利政策のもとで,負の実質利子率による金融抑圧状況を生み出し貯蓄率の低下を招いた.ただしインフレ・ヘッジの目的で株式が保有されたため,企業による株主軽視にもかかわらず株式市場は安定していた.

　しかし,このようなマクロ経済状況は最終的にはアメリカの援助政策によって支えられていたものであり,このような特異な経済状況は早晩正常な状態に転換することが必要であると認識された.したがってこのような経済状況下で進められたコーポレート・ガバナンス構造の変革は,比較制

度分析が認める経済システムのパーツとしての要件を十分に満たしていないことは明らかであろう．全体の経済システムの一部である各経済的仕組みは，それぞれがお互いに有効性を高めあうという形で制度的補完性が発揮される必要がある．しかし，当時の経済的仕組みの諸特徴はアメリカの援助のもと，大量の財政赤字，高インフレというマクロ経済状況に支えられていたものであり，経済システム全体として安定的な相互補完性が発揮されていたとはいいがたい．

確かに戦時中の日本政府や戦後のGHQによる改革には同一の方向性が見出せ，そのかぎりにおいては戦時と戦後の連続性を確認しうる．しかし，戦時統制のシステムも，戦後のソフトな予算制約のもとでのシステムも，経済システム全体としてのサステナビリティを有しておらず，これをもってただちに現在の日本経済システムが完成したと主張することはできない．むしろ戦後改革の意義は，日本の経済システムが，戦前のような古典的な姿へ回帰する経路が，財閥解体等の処置により完全に閉ざされ，戦前と戦後以降のシステムの断絶が確定したという点に見いだされるのである．

7　高度成長と日本経済システム

統制下の企業のソフトな予算制約は，結果としてマクロの大幅な財政赤字および高インフレを伴ったが，GHQもこれを問題視し，1949年からのドッジ・ラインで経済構造の刷新を図る．1949年度は超均衡予算となり，復金の新規融資も停止された．さらに価格統制も廃止し，企業のソフトな予算制約の要件を一掃した．

ドッジ・ライン直後，経済は一時深刻なデフレに見舞われる．しかし1950年に始まる朝鮮動乱特需で日本経済は息を吹き替えし，その後高度成長期にかけて，日本経済システムは徐々に今日のような特徴を備えた制度的補完の仕組みを整えていったと考えられる．以下では，ドッジ・ライン以後，これまでに徐々に導入・形成された日本経済の制度的特徴が，どのようにシステムとしての安定性を実現するに至ったかを確認する．

7.1 株式持ち合いの進展

　GHQ の構想では復金停止後，長期資金は株式市場，短期資金は銀行という長短分離の金融構造の実現を企図していたようである．しかし，統制経済下の株主軽視の経営で低収益を続けてきた当時の企業に対し株式市場は拒否反応を示し株価は大きく下落した．これにより GHQ の構想は破綻する．また株式は証券民主化以後民間に分散保有され，株価も大きく低迷した結果，経営者には恒常的にテイク・オーバーの脅威にさらされることになった．

　このような状況の中から，乗っ取りに対する経営者の抵抗策として，企業グループによる株式持ち合いが進められ，経営者の地位の強化が図られた．このような株式持ち合いは，1960 年代の資本自由化に向けた対応として急速に企業グループ内で広まっていった．そして一般株主による企業コントロールの力が失われていくにつれ，企業内では終身従業員から経営者を選抜するという慣行が徐々に定着していくことになった．

　このような変化は日本企業の雇用システムにも影響を与えた．内部昇進が一般化すると，これは従業員間のトーナメントとしての効果をもち，経営者は実質的にランク・ヒエラルキーのトップという位置づけとなった．さらにアウトサイダーによるテイク・オーバーの脅威の消滅により，ブルーカラーを長期雇用するという経営者のコミットメントがクレディブルなものとなり，企業特殊的な幅広い技術・知識を蓄積するインセンティブが与えられることになったのである．

　さらに日本の企業システムの重要な特徴として企業内組合の存在が重要である[7]．企業内組合はチーム生産の組織モードにおいて，ジョブ・ローテーションや共同責任作業の導入を容易にし，情報共有型の水平型ヒエラ

---

7)　終戦直後の戦闘的労働運動は，ドッジ・ライン以後，ソフトな予算制約の条件が取り払われた経営側との摩擦を強めることとなったが，政治闘争の失敗（三池争議など）の経験を経て，次第に労使協調路線へ転換し，春闘に代表されるように賃上げ等の純経済闘争に集中していくことになった．

ルキーを実現する上で重要な役割を担ったのである．労働組合が職能別に組織されていたならば，職種の変更に強く抵抗し，水平型ヒエラルキーの円滑な運営が妨げられるものと考えられる．

7.2　メインバンク・システムの確立

　しかし，企業が完全にインサイダー・コントロールで運営され，外部からの規律が与えられない場合，特にチーム生産の性格をもつ組織モードであるほど，従業員間のフリー・ライドによるモラル・ハザード問題が惹起する．そしてこのような潜在的問題に対処する装置としてメインバンクによる状態依存型ガバナンスが機能することになったのである．メインバンクは通常は企業の安定株主の一員であり，企業の剰余の請求権はインサイダーにあるが，財務状況が極端に悪化すると，企業コントロール権は内部経営者からメインバンクへ移行する．そしてメインバンクは財務状況の悪化の程度に応じて救済するか，清算・処罰（企業の解散）するかの決定を下すのである．状態依存型ガバナンスが，流動性の小さい労働市場に直面する企業組織のモニタリング機構として特に有効であることは8章で確認したとおりである．

　一方銀行システムは，企業モニタリングのほか，資金供給の面でも中心的な役割を果たす．復金停止後，株式市場が有効に機能しないことをうけ，代替的な安定的長期資金供給体制を構築する必要があったが，結果的に新たな長期資金の供給も民間銀行部門が担うことになった．しかし，復金融資停止直後の劣悪な財務状況の企業への長期資金の融資は，高いリスクを伴うものであった．また9章でも確認したように，銀行による統合されたモニタリングは，特定企業との長期的な取引を通じ銀行に企業の経営能力に関する情報が十分蓄積されてこそ，その有効性が存在するが，復金融資を停止された企業は，これまでに取引関係のない銀行から融資を受ける必要があり，従来からの顧客関係にないこれらの企業への融資は，銀行のリスクを一層大きくするものであった．

　このような困難な状況は，戦時中に臨時資金調整法のもとで，多くの軍

事国策会社への融資を強制されたときと酷似している．そしてこの場合も銀行部門の対応は同一で，主取引銀行を幹事行とする協調融資団を結成し初期のリスクを分担するというものであった．また協調融資団の結成にあたっては，日本銀行による融資斡旋制度[8]が重要な媒介の役割を果たした．

さらに9章で解説したように，メインバンクが統合化されたモニタリングにコミットするためには，特定企業と取引を継続することによって，メインバンクに適当なレントが帰属する必要がある．このレントの存在を保証したのが大蔵省による規制金利体系であった．規制金利(低金利)政策は戦時中に円滑な国債消化を目的に導入されたが，戦後も産業界への資金融通および銀行システムの維持という目的で継続されることになったのである．

7.3 仕切られた多元主義

また，戦後に引き続いた産業団体および官僚機構による裁量的行政システムは，長期的取引関係に基づく日本の経済システムを最終的に補完することになる．同じ産業に属している企業は製品市場を通じて激しい競争を繰り広げるが，公的政策を立案するにあたっての産業内企業の共通の利害は，産業団体にとって調整され，所管省庁の原局・原課へ取り次がれる．そして各省庁は，予算編成や国家計画などの省庁間の交渉の場において，所管産業の利益を代弁することになる．また天下りの存在によって，官僚には所管産業の利益団体の準代理人として行動するインセンティブが生じることになる．このような多元的な利益が官僚機構を通じて調整される政治経済体制は「仕切られた多元主義」と呼ぶことができる．この体制は潜在的参入者の利益よりも，官僚機構を通じて認定された既得権益の擁護に偏るという潜在的に保守的な性格を帯びることになる．しかし，衰退産業

---

[8] 融資斡旋制度は，戦後都市銀行による支店網の拡大が金融当局によって制限されるなかで，特に地方銀行を中心に存在していた余剰資金を円滑に都市銀行に還流させるために導入された．日本銀行は戦後，企業に特別管理人を派遣していた主取引銀行(メインバンク)の求めに応じて協調融資の組成を援助した．

の構造調整にあたって，調整のコストが必要以上に大きくなることを防いだ可能性がある点で，現在ではその限界を指摘されてはいるが，高度成長期およびその後の産業構造調整の時代においてシステムの安定性の維持にある程度の貢献をなしたものと解釈することもできるのである．

参考文献

植田和男(1993),「金融システム・規制」,岡崎・奥野編(1993)所収.

岡崎哲二・奥野正寛編(1993),『現代日本経済システムの源流』日本経済新聞社.

小林英夫・岡崎哲二・米倉誠一郎・NHK取材班(1995),『「日本株式会社」の昭和史』創元社.

寺西重郎(1993),「メインバンク・システム」,岡崎・奥野編(1993)所収.

野口悠紀男(1995),『1940年体制』東洋経済新報社.

原 朗編(1995),『日本の戦時経済』東京大学出版会.

吉川洋・塩路悦朗(1990),「戦前日本経済のマクロ分析」,吉川 洋・岡崎哲二編『経済理論への歴史的パースペクティブ』東京大学出版会.

13 比較制度分析のパースペクティブ

　これまでの諸章での具体的分析を通して，比較制度分析が現実の経済システムに多様性と進化という観点を持ち込むことで伝統的な経済学と異なるアプローチをとるものであることを明らかにしてきた．しかし，比較制度分析はまだ始まったばかりの分野であり，現在も次々と新しい研究が生み出されて変化を遂げつつある．本章では，比較制度分析の経済観について述べた上で，比較制度分析の視点が経済学にどのような影響を与えうるのか，今後どのような研究が必要とされているのかについて論じる．

1　比較制度分析と現実経済

　比較制度分析は現存するさまざまな制度の比較分析を行うものであり，その根底には，
- （ⅰ）　制度がわれわれの経済活動の中で重要な役割を果たしている．
- （ⅱ）　われわれが作り上げている制度にはさまざまに異なるものがありうる．

という認識が存在している．しかしわれわれは本書のこれまでの記述の中で，それほど厳密な定義を与えることなしに，制度という言葉を市場メカニズムのみならず企業組織や法的制度，人々が形成する自発的組織なども含むものとしてややルースに使用してきた．それは，比較制度分析が漸く緒につきはじめた現段階では制度に関するさまざまな実証とモデル・ビルディングそして洞察を蓄積することが必要であり，すべてを網羅する定義を先験的に設けるべきではないと考えるからである[1]．とはいえ，制度が何故，どのような意味でわれわれの経済活動にとって重要なのか，何故さ

まざまに異なる制度が存在するのかについて考察しておくことは，伝統的経済学との対比において比較制度分析の経済観を明らかにする上で必要なことと思われる．この考察において鍵になるのが，現実の経済活動の複雑性である．

1.1 制度と経済活動の複雑性

制度は，われわれの経済活動の中でどのような役割を果たしているのだろうか．

現実の経済過程は，さまざまな技術・知識を持つ企業が多様な資源や生産要素を使用して生産した数え切れないほど多様な財・サービスが，各自異なる嗜好を持つ数千万，数億の消費者に日々配分されている複雑なプロセスである．しかも，こうしたプロセスはつねに新たな環境変化にさらされているし，情報の非対称性が存在する中で行われなければならないから，ハイエクが洞察したように，各企業や消費者の持つ情報を有効に利用しつつ資源配分を行う仕組みが存在しなければならないのである．制度は，人々が行動を選択する際の前提となり，どう行動するかを考える際のフォーカル・ポイント[2]を与えるなどして，このような複雑でしかも多層的に構成されたわれわれの経済活動をより効率的なものにコーディネートする役割を果たしていると考えられる．

資源配分のコーディネーションの役割を果たす制度として，伝統的経済

---

[1] とはいっても，最新の研究成果に基づき制度を定義しようとする試みはいくつか存在する．たとえばNorth(1990)は，制度を「社会におけるゲームのルールである．または，よりフォーマルに言えば，人間の相互作用を形作る，人間によって考え出された制約である」と定義している．Aoki(1995)は，この定義に対するGreif(1995)の反論，Hurwicz(1993)の定義，および自身の見解をわかりやすく述べている．

[2] 現実に発生するゲーム的状況では，ゲームの均衡が複数あるにもかかわらず，ある特定の均衡へのコーディネーションがうまく実現されることがある．たとえば，時間だけを約束して待ち合わせ場所を指定することを忘れた場合などを考えてみればよい．Schelling(1960)は，このような均衡のことをフォーカル・ポイント(focal point)と呼び，コーディネーションが成功する理由として，文化的背景や過去の経験など，数学的に定式化されたゲームの外側にある要因を挙げている．

学がもっとも重視してきたのが市場メカニズムである．市場メカニズムが比較的少ない情報で効率的な資源配分を実現するという望ましい性質を持っていることはよく知られており，伝統的な経済学の主要な考察対象になってきた．しかし現実の経済を見てみると，社会の中には市場メカニズム以外にもさまざまな制度的仕組みが存在し，それらの制度が互いに影響しあっていることがわかる．たとえば，政府は経済の中で，市場メカニズムでは解決できないような資源配分上の問題点を解決する機能を果たしており，そのことによって市場メカニズムにも大きな影響を与えている．企業もまた，市場メカニズムでは実現できない独自の資源配分を実現するメカニズムとして経済の中で非常に重要な役割を果たしている．われわれはその他にもさまざまな法的制度や自発的な仕組み(組織，規則，約束事，慣習など)を利用して，さまざまな場面で経済活動のコーディネーションを行っている．1つの社会の経済システムの中では，これらすべての仕組みが互いに補完しあったり，競争したりしながら，経済全体の複雑な資源配分の過程を実現していると考えられる．

　伝統的な経済学では，経済システムを構成するこのような制度の存在を「市場」か「計画」かといった次元でとらえ，資源・技術・選好を所与としてそれぞれのメカニズムがもたらす資源配分を比較することに重点が置かれてきた．そこでの焦点はあくまで市場メカニズムにあり，市場以外の組織・制度・慣習といった広い意味での制度の重要性や複数の制度が互いに及ぼし合う影響——外部性——は分析されてこなかったといってよい．これに対して，比較制度分析は従来ブラック・ボックスとしてしか捉えられてこなかった経済システムの制度的構成にメスを入れ，それが全体としてどのような成果を示しているかに注目しようとするのである．

1.2　進化複雑系としての経済システム

　経済システムは，誰かが設計してそれが突然施行されるというよりも歴史的に生成してきたものであり，経済システム同士が互いに複雑なインタラクションを繰り広げることによって進化してきたものである．また，1

つの経済システムの内部でもさまざまな制度が互いにインタラクトしながら変化を遂げている．世界経済の中にさまざまな経済システムが現れることになったのは，こうした複雑な進化の過程の結果であると考えられる．比較制度分析は，世界経済の中で異なる制度的構成を持つ多様な経済システム（異なる資本主義システム）が，各自ある程度の自律性を保持しながら共存し，互いに相互交流しながら進化を遂げていることに注目する．

　システム内の各単位がそれ自身並列的に存在し自律性を持ちながら互いに相互作用した結果，全体としてある種の整合性を示しているようなシステムは，近年物理学や生物学の分野で複雑系と呼ばれている．各単位はそれ自身単純なものであっても，それらのインタラクションの仕方からシステムの複雑な振る舞いが生じるのである．生物学における複雑系の例としては，たとえば自然界の生態系や個々の生物の生体などが挙げられる．生物は最終的にはDNAによって設計されていることが分子生物学の発展によって解明されてきた．しかし，いくらDNAの分析を行ってみてもそれだけでは生命の仕組みは明らかにはならず，単純な仕組みがどのように組合わさって，複雑かつ整合的な1つの生体を作用させているかについてはまだまだわからないことが多いと言われている．また，多種多様な生物が互いに捕食・被捕食や寄生などの相互関係を複雑に構成しながら進化を遂げている生態系も複雑系の例である．捕食・被捕食関係に端的に見られるように，生物間のインタラクションには実にさまざまな可能性が存在するから，たとえば人間にとって望ましくないハブを駆逐するために導入したマングースが，かえってアマミノクロウサギの生活環境を破壊してしまったという奄美大島の例が示すように，生態系の変化を予測することはきわめて困難である．しかし，長年にわたる複雑なインタラクションの過程を経て形成されてきた，現実に観察される食物連鎖にはある種の単純さを持った一定のパターンが見られると言われている．

　これら複雑系と呼ばれるものに共通するのは，基本的には単純な原理の積み重ねのはずなのだが，それらがきわめて複雑に相互作用を及ぼしあう結果，ある一定の秩序ないしパターンが創発(emergence)してくるという

ことである．複雑系に対する関心は，システムを構成する最小単位の分析から直接システム全体の挙動を解明しようとする従来のアプローチ(要素還元主義的アプローチ)では解明できない問題があるのではないかという疑問に答えようとするものとして，近年とみに関心が高まりつつある．

経済システムを見てみると，システムを構成する最小単位としての各経済主体の行動は単純にアグリゲートされて全体をなすのではなく，各経済主体の行動がさまざまな制度を生みだし，これらの制度が互いにインタラクトしていることがわかる．また，これらの諸制度は逆に経済主体の行動に影響を与えてもいる．経済システムはまさに複雑系そのものなのである．

伝統的経済学が主な考察対象としてきた市場メカニズムでは，個々の経済主体の最適化行動の結果は比較的単純に集計されるから，システム全体の挙動はきわめて明快である．伝統的な経済学の体系がしばしば古典物理の体系に比せられてきた理由の1つは，システム理解における要素還元主義とそれによってもたらされる予測可能性が両者に共通していたことにあったと考えられる．かつてティンバーゲンが最適な経済体制論を掲げた背景には，このような経済観が存在していたのであろう．

伝統的経済学との対比で言えば，比較制度分析の経済観は進化生物学の自然観にも比せられよう．さまざまな制度的構成をもった多様な経済システムが世界経済の中で共存している状況は，地球上における多様な種から成る生物の共存にもたとえることができる．歴史的進化の過程を通じて成立している生態系では，他のどんなシステム(種)にも勝る最適なシステムがただ1つ存在するとは考えにくい．かりに，そのような理想的なシステムが存在したとしても，われわれは到底それを知ることはできないであろう．

現在の日本やアメリカの経済システムも複雑な歴史的要因によって進化を遂げてきたものであり，今日比較的良好なパフォーマンスを示しているように見えたとしても，たかだか局所的な意味で最適な制度でしかないに違いない．比較制度分析はこのような局所的な意味で最適であるに過ぎないシステム間の比較にもそれ自身意味があると考えているのである．

1.3 自己拘束的 (self-enforcing) なシステム

　これまで，われわれの経済活動の複雑性が制度を生み出していることや，歴史の中で進化する経済システムが多様な進化の径路を辿りうる可能性について述べてきた．より具体的に制度がどのような性質を持ち，どのような進化の「法則」に従っているのかをもう少し考察してみよう．

　われわれはこれまで伝統的経済学との差異を強調してきたが，個々の経済主体が自己利益に従って行動するという大前提は共にしている．現実の経済システムの多様性を説明する際にありうべき1つの立場は，それが各国の文化や価値観の違いによって生じているとするものである．たしかに文化や価値観の差異が各国の経済システムのあり方に大きな違いをもたらしていることは否定できないが，文化的アプローチでは，差異から差異を説明することになり，経済システムの安定性や作用の仕方，動態についてあまり多くのことを比較分析することができない．われわれは異なる経済システムにも共通する前提から出発したうえで，その差異を明らかにしていく立場をとる．具体的には，どんな社会でも構成員がそれぞれの自己利益(self-interest)に基づいて行動する状況で発生する諸問題はほぼ同じだが，各社会がそれを解決する方法は多様であると考える．すなわち，これらの諸問題を解決しているどんな安定的な経済システムも独自の経済合理性を有していると考えるのである．

　情報が不完全であったり，非対称的に保有されている状況で利害関係を異にする各経済主体が互いに協力しあったり，行動をコーディネートしたり，努力を怠らないで社会的に効率的な結果を生むことが困難であることは，これまでの諸章の中で明らかにされてきたとおりである．すでに述べたように，経済システムはこのような問題を解決するための仕組みであると考えられる．また，そのような制度的仕組みはただ1つ存在するというわけではなく，さまざまな解決の方法が存在しうることもゲーム理論などのモデルの蓄積によって次第に明らかになってきた．

　さまざまな制度が各人の自己利益に基づく行動のコーディネーションの

ために必要とされていると考えるならば，問題を解決するための制度自体も各人の自己利益に基づく行動によって支えられなければならないことはいうまでもない．各経済システムがそれぞれある程度の自律性を持ちつつ再生産されているのは，経済システムの中で行動している各人が経済システムを構成するさまざまな制度的な枠組みの中でそれを支持する行動をとり続けているからである．すなわち，経済システムは自己拘束的(self-enforcing)なシステムになっているのである．

社会主義計画経済の壮大な実験の結果が示すように，制度は最終的に各経済主体がそれを支持し続けなければ崩壊してしまう．したがってわれわれは，経済システムを，もちろんある程度の矛盾を抱え変化を遂げるものではありながら，一義的には自己拘束的なシステムとして再生産されているものと見なして分析対象とすべきであろう．

1.4 制度間の補完性

経済システムがさまざまな制度から構成されながら，それがある種の整合性を示して現存しているということは，これらの制度が互いに補完的な働きを示しているからだと考えられる．たとえば，ある慣習を前提にして，ある分野で1つの制度的仕組みAが存在するとした場合，他の分野における制度的仕組みの成果はAとそれを支える人々の行動様式に依存して決まってくるであろう．こうして生まれた制度的仕組みBは，Aと互いに他の作用を支え合う補完的な関係になっている可能性が高い．

経済システムを構成する諸制度が歴史的時間を通じて既存の制度に修正を加える形で形成されてゆくことは，制度間の補完性の生じる可能性を高くしている．また12章で述べた日本の戦時体制の例が示すように，かりに全く異なる理由からある制度が設計・施行されたとしても，それが存続するためには他の制度とうまくかみ合う必要がある(unintended fit)．このようにシステム変化に比較的大きな断絶が見られる場合でも，結果として出来上がった各々の制度的仕組みは，互いに補完性を示している可能性が大きいと考えられる．

各部分が互いに他の作用を強化するような仕方でシステムが進化するとき，そのシステムでは一般的に次のような共通した特徴が見られることがさまざまな文脈で知られつつある．まず第1に，システムの均衡状態は複数存在する可能性が高い(複数均衡の存在)．第2に，システムの進化の仕方は初期状態に依存して異なった径路をとる(歴史的径路依存性)．第3に，いったんある径路上を辿り始めたならば，他の径路に移ることはきわめて難しい(慣性)．第4に，行き着いた先は一般に局所的最適である可能性が高いが，必ずしも大域的な意味で最適な結果をもたらすとは限らない．

　よく引き合いに出される例ではキー配列の例がある(David, 1985)．われわれの多くが今日使用しているコンピュータのキーボードでは，左上にQWERTYと並んでいるが，このキー配列は手動タイプライターを使用していた時代に，タイプライター機の活字を打つ腕の部分が絡まないようにするため，タイピングの速度をわざと遅くするように設計されたからだという．今日のコンピュータの時代にはそのような必要性はもちろんない．しかし，みんながすでにこのキー配列に慣れている状態では，新しいキー配列を売り込むことは困難である．したがって，新たにタイプライティングを学ぶ人たちもこのキー配列を習うことになり，それがたとえ非効率であったとしても定着してしまって，変化させることは容易ではない．互いに補完性を持つ諸制度から構成される経済システムが進化を遂げる際にも，このような特徴が現れるのである．

　第4の点についてさらに言うと，これまでの経済学ではパレート非効率的な結果は必ず当事者間の交渉や新たな制度・組織の設計などによってなんらかの便益をえる機会を生み出しているから，そのような措置が講じられることによって，経済システムは必ずパレート効率的な結果に行き着く，とするシカゴ学派の考え方が大きな影響力をもってきた．しかし，補完性をもつシステムの均衡点は一般的にはパレートの意味でランクづけ可能ではない．また，パレートの意味でランクづけできる場合でも，別の均衡に移るためにはシステムを構成しているさまざまな仕組みを同時にしかも整合的に変更しなければならないという困難が生ずる．この場合，それぞれ

の均衡点は局所的最適・安定的になっていると考えられるから，複数の均衡の1つ1つについて比較分析することが必要になるのである．

われわれはすでに3章のJ-企業システムとA-企業システムの生成や5章の労働市場のモデル分析において，複数均衡が生じうること，およびこれらの均衡が異なる経済システムを表現するものとして解釈されうることを示してきた．日本やアメリカ，その他の資本主義経済の違いもこのような複数均衡の1つ1つとして，すなわち多様な局所的最適点の現出として比較制度分析は理解するのである．

1.5 経済システムのダイナミズム

補完的な制度の体系から成る経済システムが進化を遂げる際には，歴史的初期条件の違いによって異なる均衡状態に到達する可能性がある．本書では，これを歴史的径路依存性と呼んできた．経済システムの進化の過程では多少のショックがあったとしても，制度や慣習は慣性(inertia)を持っているから容易には変化しないと考えられる．慣性はすべての人々が最適な反応をとることができないという限定合理性から生じることもあるだろうし，いったん1つの選択をしてしまうとコストがサンクされてしまうことから生じることもあるだろう．

しかし，ある大きなショックによって，もともとの径路から逸れて他の径路にのる可能性もある．その場合には，今度は新しい径路上で慣性が働くことになるから変化は不可逆的なものとして現れるが，このような効果は履歴効果(hysteresis)として知られている．

経済システムのダイナミクスを考える上で今日新たに注目されているのは，外部環境の変化によって時代的意義を失った経済システムを，より望ましいシステムに変革するためにいかにして1つのシステムから他のシステムへと移行を図るのかというシステム移行の問題である．本書のいくつかの章で示唆されているように，今日の経済環境の変化は現存する日本の経済システムのパフォーマンスを低下させる方向に進んでいる可能性があり，このような問題意識を受けて，どのような制度改革を行うことによっ

て，より迅速にパフォーマンスの高い経済システムを実現できるかが議論されつつある．次節では，システム移行の問題についてのいくつかの論点を紹介することにしよう．

2 経済システムの変革と移行

2.1 システム変革の必要性とその困難

　経済システムはそれぞれ独自の経済合理性を有していると考えられること，また経済システム間でのパレート比較は必ずしもできないということを先に述べたが，このような見方は現存する経済システムのあり方をただ現状肯定するということにはつながらない．たとえば，現在の日本の経済システムが独自の経済合理性を持つことを強調するあまり，それが今日の環境変化によって示しつつある問題点に目をつむることは許されないだろう．本章の最初に述べたように，世界の経済システムを複雑系として見る視点からすれば，世界経済の環境はつねに変転してやまず，その終着点をあらかじめ予想することはきわめて困難である．旧ソ連の解体の例にも見られるように，外部環境の変化に受動的にのみ対処し，既存の経済システムの改革を怠るならば，経済システムそのものがカタストロフにまで発展する可能性がある．今日の日本経済にとっても，現在世界経済に起こりつつある環境の変化を適切に把握し，それに対応すべくどのような制度改革を行うべきかを考える必要があるのである．経済システムの移行の問題は「移行の経済学(Transition Economics)」というフィールドを生みだし，今日盛んな研究が行われているが，比較制度分析と移行の経済学は基本的視座をともにしており，今後も共に発展していくと考えられる．

　経済システムの変革と移行における困難は，主として次の4点に基づいているものと思われる．第1は，すでに述べたとおり，経済システムは自己拘束的なシステムとしてある程度の安定性を持ち，多少のショックにもかかわらず慣性が作用しつづけていることである．第2には，制度的補完

性の存在のために1つの制度を改革しただけでは不十分であり，整合的な経済システムを創出するためには複数の制度改革が積み重ねられなければならないことである．そして第3には，経済システムの変革が必要だというコンセンサスがあったとしても，どのようなシステムに移行するのが望ましいのかが一般に不明である場合が多い．また，事前に明確なシステム移行の青写真があったとしても，変革の過程で実現するシステムが所期の径路を辿らない可能性がある．第2と第3の点は，当初の局所的最適なシステムから制度改革を経て新たな局所的最適なシステムに移行するには，グローバルな変化が必要であることから派生している．第4に，制度は存続する中でさまざまな利益集団を生み出すから，利益集団の圧力に抗してシステムを変革するのは政治的に困難である．以下では第1から第3の点に絞って論じることにする[3]．

2.2 進化ゲーム的アプローチから見た制度改革

上の第1の点については，われわれはすでに進化ゲーム的アプローチに基づく分析を行ってきた．経済システムは自己拘束的なシステムとして個々人の行動に支えられているから，その改革や移行のためには人々が新しい制度を支持するようなインセンティブを持つように仕向けて行かなければならないが，進化ゲームは人々のインセンティブに基づき制度が変化していくダイナミズムを分析するのに有効である．

簡単な進化ゲームの枠組みを用いてシステム変化の可能性を論じた11章ではシステム移行の具体的方法として，

(ⅰ) 個々の経済主体による創造的革新と学習・模倣による社会への波及．

(ⅱ) 公的介入および政府による革新と学習・模倣のコーディネーション．

(ⅲ) 異なる経済システムとの接触による革新と学習・模倣．

---

[3] ここで挙げたシステム移行の困難の第4の点については，Dewatripont and Roland(1995)がサーベイを行っている．

を挙げた．またこれらに加えて，逆説的だが，
> （iv） システムを敢えて放置しておくことでカタストロフを迎え，その中から進化の方向をさぐる．

という方法も考えられる．

　これらの方法は互いに密接に関連している可能性がある．たとえば，政府が個々の経済主体の創造的革新を促すような施策をとったり，異なる経済システムとの接触を促すように外国企業を積極的に国内に受け入れたりするような公的介入を行うこともできるからである．また，アメリカの経済システムとのインタラクションの中からカンバン方式などの日本独自の生産様式が編み出されたり，逆にアメリカが日本のリーン生産方式に学んで新たな企業組織を生み出しつつあるといった革新的適応のケースでは，（iii）と（i）とはそれほど明確に区別できない．

　これらの方法のうちどれを最大限に利用してシステム変革を図るのがもっとも有効であるかは，その経済の置かれた外部環境や対象とする制度によって異なる可能性がある．たとえば日本の研究開発を例にとって考えると，導入すべき新技術のほとんどが外国から輸入され，国内ではそれに改善を加えつつ産業競争力を強化すればよかった1950-70年代においては，（ii）や（iii）のアプローチがより有効であったと考えられる．しかし今日，日本自身が革新的な新技術を編み出すべき立場に立っている技術分野も多数存在している．このようなケースでは，（i）の方法がより有効であると考えることができる．

　これに対して，日本型の企業組織に学び，情報技術の革命的な進展の中で新たな企業組織を登場させつつあるアメリカの例に見られるように，企業内コーディネーションのあり方の進化については，システム間の学習が依然として大きな役割を果たしているように思われる．

2.3　制度的補完性と経済システムの移行

　上に述べた経済システム改革の第2，第3の困難は，経済システムを構成する諸制度が互いに補完的な関係にあることを考慮に入れて，システム

の改革を行わざるをえないことに関連している．

　Freeman(1995)は，制度的補完性のある状況でのシステム移行の問題を考察した数少ない研究の1つである．フリーマンによると，社会民主党政権下で長年にわたり構築されてきたスウェーデンの経済システムは，高い所得税と高福祉，安定した雇用と高賃金，政治的コーポラティズムなどの諸制度が互いに密接に支えあって構成されてきた．このような経済システムの維持が困難になってきたことを背景として，1980年代以来スウェーデンでは経済改革が継続中だが，いまだに所期の成果を挙げるにいたっていない．フリーマンはその原因をスウェーデンのように制度間の補完性の強いシステムの改革では，1つの制度を改革したとしても，それと他の制度とが互いに反発してうまく機能しないために制度改革のコストが大きくなることに求めている．

　スウェーデンの福祉国家の経済システムが他の経済システムと比べてより制度的補完性の大きいシステムであるかどうかは措くとしても，フリーマンの論点は次のことを示唆している．制度的補完性の存在するシステムの改革は，場合によってきわめてコストの大きなものになる可能性がある．経済システムの改革は局所的最適から他の局所的最適に至る過程であり，その過程では複数の制度を同時的に整合的に変更しなければならないからである．

　それでは，どのような制度改革の方法がもっとも低いコストで実現できるのだろうか．経済システムの変革の方向が比較的明確な状況で制度改革を行う場合を考えると，制度の改革に伴う社会内のさまざまな階層の厚生の低下の大きさや，それがどのくらいの時間続くのかなどが問題になる．新しい経済システムがもたらすべき利益を考慮すれば，改革によって一時的に被る痛みよりも，より短期間でスムースな経済システムの改革を実現することが求められる可能性が大きい．このようなケースで，現段階で考えられる1つの方法を示唆するならば，経済システムの中でもっとも影響力の大きな制度的仕組みを特定し，それを改革することから始めることである．そうすることで経済システムを構成する諸制度間の補完性の存在を

逆に利用することができるだろう．ドミノ倒しで最初のドミノを倒すことによって，すべてのドミノが連鎖的に倒れるように，鍵を握る制度の改革を先に行うことによって，他の周辺的諸制度の改革は芋蔓的によりスムースに実現される可能性が大きいと考えられるのである．

2.4　漸進主義的アプローチ vs. ビッグバン・アプローチ

　経済が複雑系であると考えれば，ある環境変化が経済システムのパフォーマンスを低下させている状況であっても，どのような経済システムに移行することが望ましいのかは一般的にはわからないと考えられる．また，仮におおまかな制度改革の方向性はつかめたとしても，現実の制度はきわめて複雑なインセンティブの体系に支えられて作用するものであるから，プランナーがある制度の体系が最適であると決定しそれを実現しようと思っても，実際にはそれが予定どおりのパフォーマンスを発揮しない可能性が大きい．このような場合には，どのような制度改革の仕方がより有効であろうか．

　この論点は，社会主義体制から市場経済への移行を図りつつある旧ソ連邦や東欧諸国，中国・ベトナムなどでの制度改革を論じる際にきわめて重要なインプリケーションを有している．周知のとおり，ロシアでは社会主義体制の解体とともにアメリカの経済学者たちのアドバイスの下で一挙に市場経済を立ちあげるビッグバン・アプローチをとってきた．しかし新古典派的な理想化された市場経済を導入しようとしても，実際には旧体制のもとで形成されたさまざまな慣習や行動様式，力関係などが作用し，市場経済の導入が必ずしも所期の成果をあげられない状況が次第に明らかになりつつある．一方，中国では各地に経済特区を設置したり，旧制度を利用しながら金融改革を行っているなど，実験を繰り返し行いながら徐々に市場経済を導入・拡大する方法をとってきており，これまでのところ比較的良好なパフォーマンスを見せている．中国の経済改革におけるように，すべての制度を一挙的に改革するのではなく，状況を見ながら徐々に改革していく仕方をビッグバン・アプローチに対して，漸進主義的アプローチと

いう.

　ロシアの例が示すように，大幅な経済システムの改革を行う場合，たとえ大まかな方向が決まっていたとしても制度改革のもたらす効果は不確実であるから，初めから大規模な改革を行うことはリスクが大きすぎる．その意味では漸進主義的アプローチの方が，状況を見ながら調整することができるという点でより安全であり，社会的コストを小さくする方法であるということができよう．しかし，漸進主義的アプローチをとる場合でも，制度間の補完性があり，制度に慣性が作用し続けていることを考えれば，まず初めに同時に複数の制度を改革するところから始める必要がある．ここでも，補完性の根っこに位置している制度的環を同定し，そこを変革することによって，他の補完的仕組みをよりスムースに変革していく芋蔓式の方法が有効であると考えられる．

3　比較制度分析と経済学

3.1　経済学の発展と比較制度分析

　すでに述べたように，比較制度分析は，社会の各構成員が自己利益に基づいて行動する状況で，情報の非対称性や不完全性が生み出す困難を解決する仕方の違いとして経済システムの差異を理解しようとしている．このような制度の分析の仕方は1970年代以来の情報の経済学，インセンティブ理論，契約理論とそれらを統一する視座を与える分析ツールとしてのゲーム理論の発展によって可能にされてきたものである．

　新古典派経済学が制度の問題を「市場」か「計画」かといった次元で捉え，資源・技術・選好を所与にして，これらのメカニズムがどのように異なった資源配分をもたらすかという研究に終始してきた背景には，人々がどのような情報に基づいて行動するかという，制度の本質に関係する点の定式化が困難であったことが挙げられる．事実，新古典派経済学が精力を傾けてきた完全競争市場では多くの場合，各経済主体は完全情報を共有し

ていると仮定されている．経済学的にもっとも重要かつ本質的な問題は，人々が分散された情報をどのように利用して，コーディネーションを達成するかであるとしたハイエクの問題提起に厳密な形で解答することができなかったのである．

　新古典派経済学からの1つのレスポンスは，アロー=ドブルー・モデルである．アロー=ドブルー・モデルによれば，不確実性が存在する場合でも，すべての財について，すべての起こりうる自然状態でのその財の条件付き財市場を構築し，完全競争市場の下で取引を行うことによって，事前的な意味でパレート効率的な資源配分が達成可能であるとされる．しかし，それほど多くの条件付き財について市場が開設されていると考えることは現実的ではない．

　またアロー=ドブルー・モデルにおいては人々が不確実性に対して持つ知識が同一であることが仮定されていることも非現実的である．たんに不確実性が存在するだけではなく人々が私的情報を持っている場合には戦略的状況の分析が必要になってくるが，戦略的状況の分析はゲーム理論の発展を俟って初めて全面的に可能になったものである．

　1970年代にはAkerlof(1970)を皮切りに，情報の非対称性のもたらす帰結と，それをさまざまな制度がどのように解決しようとしているのかについての研究が盛んに行われることとなり，今日，情報の経済学とかインセンティブ理論，契約理論と呼ばれるものが急速な発展を遂げてきた．この結果，それまで完全競争理論では周辺に追いやられてきた交渉・産業組織・組織・契約などの分析が一躍前面に躍り出ることになった．

　今日では情報の経済学やインセンティブの理論は，ゲーム理論の言語で統一的に記述できることが明らかになっている．ゲーム理論は，各経済主体がどのような情報に基づき，どのような順番で行動するのかを数学的に厳密に定式化し，分析する道具である．経済に見られるさまざまな制度は各経済主体の情報や行動に制約を課すことで経済主体の行動を規制しているものと考えることができるから，ゲーム理論によって初めて制度の数学的な定式化が可能になったといっても過言ではない．ウェブレン，コモン

ズ，ミッチェルなど従来の「制度派経済学」が経済学で大きな役割を果たせなかったのは，制度や組織といった社会的仕組みを分析する際に，それがどのようなものであり，どのような形で作用しているのかをどこの国の人にも理解可能な，しかも厳密に分析可能な形で定式化することができなかったからだと考えられる．その意味では，制度を分析する人類共通の言語としてのゲーム理論を手に入れたことは，「制度の経済学」の復権にとって決定的なことであったのである．

ゲーム理論の経済学への応用が盛んに行われるようになるにつれて，さまざまな制度的モデルが蓄積されてきた．たとえば4章で見たように，雇用関係1つをとって見ても，完備契約，不完備契約，評判の理論などがゲーム理論を応用したモデルとして提出されている．そして，これらの制度的モデルの有効性を伝統的な経済学によって比較的よく理解されている市場メカニズムの作用の仕方と比較検討できるようになっている．このような分析のアプローチが本書を貫いていたことにすでに読者は気づいていることだろう．

3.2　インタラクティブ・アプローチ

比較制度分析の成果がゲーム理論をはじめとする近年の経済学の発展に大きく依存していることを述べたが，同時に制度の本質を捉えようとする中で，比較制度分析が逆に，経済学のさまざまな分野に影響を与える可能性があることも指摘しておくべきであろう．その際にまず第1に指摘しておくべき点は，現実と理論との関係について新古典派経済学が基本的に演繹的アプローチ(deductive approach)をとってきたといえるのに対して，比較制度分析はインタラクティブなアプローチをとるということである．すなわち比較制度分析では，

(ⅰ)　多様な制度の存在を認めた上で，それらの制度に関する情報をもとにして文脈特殊的な(context-specific)モデル・ビルディングを行う．

(ⅱ)　ゲーム理論を用いてその制度の有効性を分析する．

(iii) そのモデルの説明力を再び制度的情報に照らして吟味する，というフィード・バックを積極的に取り入れていこうとする．

このようなインタラクティブ・アプローチの有効性を明確にさせる例として，Greif et al. (1994) がある．この論文は，中世の遠隔地貿易が長期間にわたって停滞した理由とギルドの発生を契機として急速に発展を遂げるプロセスをゲーム理論を用いて説明したものである．歴史的文献を繙けば，中世の遠隔地貿易の最大の問題点は，商人が商品をもって都市を訪れても都市支配者が商人を保護するという約束を守らずに，しばしば略奪を許してしまうことにあったことがわかる．このような状況は1人の都市支配者と多数の商人たちの間でプレーされる特殊な繰り返しゲームの1つとして定式化できる．このモデルの分析を行うことにより，なぜギルドが形成されなければならなかったか，ギルドが形成されることによってどのような効果が生じるか，ギルドは本質的にどのような機能を果たさなければならなかったのかが理解できるのである．

近年反響を呼んだ世界銀行による『東アジアの奇跡(*East Asian Miracle : Economic Growth and Public Policy*)』の出版もまた，経済学におけるインタラクティブなアプローチの必要性を示唆している．1980年代，世界銀行は「構造調整ローン(Structural Adjustment Loans)」という名の下に，債務危機に陥った開発途上国を対象として，当該国の経済政策のあり方に強い制約条件を付けた貸付を行ってきた．こうした制約条件の内容は国内の価格の歪みを最小限に抑え，市場をより自由化し，政府の介入を最小限にとどめるべきという新古典派的な普遍的な市場経済に関する見方に基づくものであり，普遍的な市場メカニズムがどの国の市場経済にも共通して当てはまるとする暗黙の了解が背景にあったといってよい．しかし，世界経済の中で飛び抜けて高い経済的パフォーマンスを示し続けている東アジア諸国の発展の鍵が，これら諸国における政府の産業政策や国内市場保護政策にあったのではないかという見方が次第に台頭してきた．こうした流れを受けて，東アジア諸国の経験について世界銀行自身が大規模な研究を行った成果が『東アジアの奇跡』である．

これは，世界銀行自身がまとめあげた調査報告であることもあって，政府が経済発展に果たしうる役割についての明確な言明は避けた形となっている．しかし，東アジア諸国の経済発展において非市場的な諸制度や政府と市場経済の関わりが果たした役割についての問題を提起し，経済学者の間に大きな論争を呼び起こした点において，この書物が果たした役割は重要である．

われわれはア・プリオリに普遍的な市場メカニズム観を投影するのではなく，各国の制度の違いに着目し，制度がどのように一国経済のパフォーマンスに影響しているかについて，さらに分析を積み重ねていくことが必要である．このような研究から東アジア諸国の経済発展の論理をつかむことができたならば，今後の世界の発展政策にも大きな影響を及ぼすに違いない．

3.3　制度と限定合理性

制度の分析は，ゲーム理論をはじめとする経済理論そのものの発展にも影響を与えつつある．11章でも述べたように，伝統的ゲーム理論は分析者と同等の合理性を持つ経済主体がゲームを解いてプレーしていると想定して発展させられてきた．しかし，少数のプレーヤーが互いに自分たちの置かれた状況を熟知している状況ならともかく，多数の構成員からなる社会が戦略的状況に直面する状況では，共通知識(common knowledge)[4]などのきわめて強い仮定を設けてゲームを分析した結果が実現すると考えることは現実的ではない．制度の分析にとって，伝統的ゲーム理論だけでは限界があるのである．

われわれはすでに，現実の経済の中で各経済主体は局所的で不完全な情

---

[4]　たとえば2人の経済主体AとBがいる場合，ある事象Eが2人の間で共通知識 (common knowledge)であるとはBoth A and B know EよりもはるかにZく，Both know both know both know……Eと無限に続かなければならない．共通知識の数学的定式化についてはAumann(1976)を見よ．またナッシュ均衡がプレーされるための認識論的な十分条件を分析した最近の研究としてAumann and Brandenburger(1995)がある．

報に基づいてインタラクションを行っており，複雑系としての経済を規制するものとして制度が発生する理由がそこにあるのだということを述べた．したがって，経済主体が限定合理的であるという事実が制度の本質の理解にきわめて重要な関係性を有していると考えられる[5]．実際，身の回りの制度を見渡してみると，人間がいかにして情報の不完全性や非対称性を柔軟で頑健な制度でカバーしているかに気づくはずである．

　本書で度々登場した進化ゲーム理論は，社会の中の多数の人々が共通の戦略的状況に直面する限定合理的状況を分析する道具として，今日考えられるもっとも有効な分析道具の1つである．進化ゲームは今後とも，社会の中で成立する慣習や規範，自生的制度の成立などの制度についてのさまざまな研究のなかで，より彫琢されていくことが期待される．

　また企業組織の問題については，人間が限られた情報処理能力を持つことが組織形態に与える影響についての研究が必要とされていることも強調しておきたい．ゲーム理論における情報は，私的情報を持つ経済主体にインセンティブさえ与えれば引き出すことのできるような種類の情報であった．しかし，現実の企業組織における情報の中にはこの種の情報のほかに情報処理そのものに費用がかかるような情報も存在する．ヒエラルキー構造などに見られる企業組織の骨格には適切なインセンティブの配置の問題も影響しているが，それ以前に2章で考察したような情報効率的な組織設計の問題が関わっている可能性が大きいのである．

　限定合理性を経済理論に導入することに対しては，経済主体の合理性を絶対的な公準と見なしてきた伝統的経済学の立場からかなりの批判があることも事実である．しかし繰り返しになるが，現実の制度のとる形態には，われわれが限定合理的であるという事実が本質的なところで影響している

---

5) 限定合理性という概念は，すでに1章でも述べたとおり，意図的には合理的であるがその合理性には限界がある状況を表すものとして，サイモンが提起したものである．通常，限定合理性の原因としては，人間の認知能力の限界や計算能力の限界などが挙げられる．情報の不完全性や非対称性も認知能力の限界として解釈することが可能であるから，これらも限定合理的状況を構成する要因であると考えることができる．

と考えられるのである．合理的経済主体を前提として得られたメカニズム・デザインや契約の形態が非現実的な特徴を持っていることは，これまでにもしばしば指摘されてきた．完全な合理性を前提とした理論では不自然な説明しかできなかった事柄について，われわれは人間の意思決定についてのより説得的な限定合理的モデルを蓄積することで解明していく必要があるのである[6]．

3.4 他の諸分野との共同研究の可能性

比較制度分析が現実の制度，文脈特殊的モデル・ビルディング，現実との突き合わせ，というインタラクティブなアプローチをとることはすでに述べた．一方では，すでに経済学の各分野で現実のさまざまな制度についての研究が積み重ねられてきており，比較制度分析のアプローチはこれら経済学の個別分野との共同研究の可能性と有効性をも高めつつある．すなわち，経済学の各分野でこれまでに蓄積されてきた実証分析，制度的分析，ケース・スタディなどを，たとえばゲーム理論などの純粋理論と結びつけて分析することで，比較制度分析と経済学の各分野とのインタラクションを有益なものにすることができるはずである．

そのような試みはたとえば日本経済史などですでに行われつつあるが（たとえば岡崎・奥野，1993），他のさまざまな分野との共同研究も有効であろう．具体的には，

(ⅰ) 企業とそれをとりまくステークホルダーとの制度的関係を金融，産業組織，労働経済の分野と共同研究する．
(ⅱ) 企業の組織形態あるいは情報システムの構築について，経営組織論・人的資源管理・企業金融などの経営学の諸分野と共同研究する．
(ⅲ) 諸制度の歴史的生成を経済史，経営史と併せて論じる．

などといったことが実り多い成果をもたらすと予想される．(ⅰ)や(ⅱ)は，

---

[6] 進化ゲーム以外の限定合理性へのアプローチについては，1章のコラムを参照されたい．

本書でもある程度触れてきたものである．(iii)については，スタンフォード大学の Greif らが中心となってすでに歴史制度分析(Historical Institutional Analysis)という分野が立ち上がっている．歴史制度分析が過去の歴史的制度から情報を得て制度を分析するのに対して，比較制度分析が主として現存する制度の比較分析を行うことを別にすれば，両者はきわめて近い関係にあるものであり，今後も共に発展していくことが期待できる．

さらに経済を複雑系として見る立場からは，今日主として数学，物理学，生物学などで進展しつつある複雑系の研究の動向にも注目すべきである．都市間に見られるヒエラルキー構造が複雑系の中で内生的に発生してくることを示す研究など，経済学的文脈の下での複雑系の研究もすでにいくつか行われている(Fujita et al., 1995)．今後，現実の経済がどのような意味で複雑系と見なされうるのか，経済を複雑系として見ることによって初めて理解できる経済的現象にどのようなものがあるのかなどの諸問題を考察することで，経済学から複雑系の研究へのフィードバックも可能になるかもしれない．

比較制度分析はまだ始まったばかりであり，これらの分野との関係においていまだプライス・テイカーにとどまっていることは否めない．しかし，われわれは比較制度分析のアプローチが経済に対する新しい視点を獲得することによって，つねに経済学に新しい問題を提供し，今後の経済学の新たな発展に寄与していくことを期待している．

参考文献

Akerlof, G.(1970), "The Market for Lemons: Quality Uncertainty and the Market Mechanism," *Quarterly Journal of Economics* **89**: 488-500.
Aoki, M.(1995), "Towards a Comparative Institutional Analysis: Motivations and Some Tentative General Insight," presented as the Presidential Address at the annual meeting of the Japan Association of Economics and Econometrics, forthcoming to *Japanese Economic Review*.
Aumann, R.(1976), "Agreeing to Disagree," *Annals of Statistics* **4**: 1236-1239.

Aumann, R. and A. Brandenburger (1995), "Epistemic Conditions for Nash Equilibrium," *Econometrica* **63**: 1161-1180.

David, P. (1985), "Clio and the Economics of QWERTY," *American Economic Review* **75**, Proceedings: 332-337.

Dewatripont, M. and G. Roland (1995), "Transition as a Large Scale System Change," presented at the symposium on transition economics in the Economic Society, Seventh World Congress, Tokyo. Forthcoming in Kreps (ed.), *Advances in Economic Theory : Seventh World Congress*, Cambridge University Press.

Freeman, R. (1995), "The Large Welfare State as a System," *American Economic Review* **85**: 16-21.

Fujita, M., P. Krugman and T. Mori (1995), "On the Evolution of Hierarchical Urban Systems," Mimeo.

Greif, A. (1995), "Micro Theory and the Study of Economic Institutions through Economic History: Reflections on Recent Development," presented at the symposium on economic history in the Econometric Society, Seventh World Congress, Tokyo. Forthcoming in Kreps (ed.), *Advances in Economic Theory : Seventh World Congress*, Cambridge University Press.

Greif, A., P. Milgrom and Weingast (1994), "Coordination, Commitment, and Enforcement: The Case of the Merchant Guild," *Journal of Political Economy* **102**.

Hurwicz, L. (1993), "Toward a Framework for Analyzing Institution and Institutional Change," in S. Bowles and H. Gintis and B. Gustafsson (eds.), *Market and Democracy*, Cambridge University Press.

North, D. (1990), *Institutions, Institutional Change and Economic Performance*, Cambridge University Press. (竹下公視訳『制度, 制度変化, 経済成果』晃洋書房).

岡崎哲二・奥野正寛編(1993), 『現代日本経済システムの源流』日本経済新聞社.

Schelling, T. (1960), *The Strategy of Conflict*, Harvard University Press, Cambridge, Massachusets.

World Bank (1993), *The East Asian Miracle : Economic Growth and Public Policy*, Oxford University Press for the World Bank, New York. (白鳥正喜監訳『東アジアの奇跡——経済成長と政府の役割』東洋経済新報社).

● あとがき

　1992 年 4 月から 3 ヵ年にわたって，青木と奥野は(財)東京経済研究センターにおける国際交流基金日米センターからの助成事業「企業・経済・行政システムの比較制度論的研究──日米の比較と融合のための国際的ルールの枠組みを求めて」の中心メンバーとして，比較制度分析の日本経済への応用と日米比較研究に携わる機会を持つことができた．その後，(財)学術振興野村基金と上記助成事業の援助によって 1994 年 9 月～12 月に青木が東京大学経済学部に客員教授として滞在する機会があり，青木と奥野が共同で，「日本経済の比較制度分析」と題して学部 3・4 年生と大学院生を対象として講義を行う機会に恵まれた．

　本書はこのときの共同講義を基に，瀧沢弘和・関口格・堀宣昭・村松幹二が原稿を作成した．具体的にはまず，青木と奥野が分担して行った講義をテープに収めた上で，各章間の整合性を高めると共に講義の内容を整理・発展させた原稿を，各章毎の担当者が作成した．作成された一次稿は関係者全員に回覧された上で，全員による会合で何度も検討し，改訂を重ねた上で最終稿が作られた．この結果，一部の章は講義の内容とは全く異なる内容になっている．このように本書は，青木・奥野の共編著という形式を取っているとはいえ，実質的には 6 人の共著という性格を持つもので

あることをお断りしておきたい．

　すでに述べたように，本書をこのような形でまとめることができたのは，青木の日本滞在援助を支えて下さった上述の機関および青木の客員教授としての日本滞在をご支援いただいた東京大学経済学部のおかげである．これら諸機関に厚く御礼申し上げたい．また，共同講義の準備や資料の整理にあたっていただいた東京大学奥野研究室の塔島ひろみさんに感謝申し上げたい．

　最後になるが，東京大学出版会の黒田拓也氏は，上記の原稿検討会にすべて参加いただき，ともすれば遅れがちな執筆作業を勇気づけると共に，読者の視点からさまざまな改訂のための示唆を頂き，執筆者それぞれの個性の強い文章を統一し読みやすい文章に書き直していただいた．本書はその意味で，2人の編著者・4人の共著者に，黒田氏を含めた7人の共同作業の結果だというべきである．

　1996年2月

青木昌彦

奥野(藤原)正寛

人名索引

A

Abe, Y.(安部由起子)　145
Abraham, K. G.　125
Abreu, D.　33
Akerlof, G.　228, 334
Alchian, A.　74
Anderlini, L.　33
Aoki, M.(青木昌彦)　1, 4, 46, 50, 127, 131, 138, 183, 191, 204, 209, 217, 222, 223, 262, 320
Arrow, K.　249, 334
Asanuma, B.(浅沼萬里)　44, 157, 158, 162, 179, 180
Aumann, R.　33, 193, 271, 275, 337
Axelrod, R.　294

B

Becker, G. S.　128
Binmore, K.　295
Bolton, P.　66
Brandenburger, A.　33, 337
Brown, G.　33
Berle, A. A.　185

C

Carmichael, L.　118
Clark, K. B.　157, 180
Coase, R.　23, 43
Commons, J. R.　334
Cooper, R.　30
Cremer, J.　46, 55, 58

D

David, P.　326
Dawkins, R.　72, 76, 296
Debreu, G.　334
Dewatripont, M.　66
Dinc, S.　240
Dixit, A.　36
Doeringer, P.　130
Dore, R.　4
Dresher, M.　294

F

Fujimoto, T.(藤本隆宏)　157, 158, 180
Freeman, R. B.　125, 331
Friedman, D.　84
Fudenberg, D.　33, 176, 295
Fujita, M.　340
Fuss, M.　44

G

Gibbons, R.　36, 120
Gilboa, I　10, 32
Green, J. R.　36
Greif, A.　1, 320, 336, 340
Grossman, S.　167

H

Hamilton, W.　277, 295
Hart, O.　167, 168, 171
Harsanyi, J.　195, 271
Hashimoto, M.　125
林田修　168, 180
Hayek, F.　42, 320, 334

Hellmann, T.　238
Higuchi, Y.(樋口美雄)　125
Holmstrom, B.　100, 108, 180, 208
堀内昭義　227
Hoshi, Takeo(星岳雄)　236
Hurwicz, L.　43, 58, 320

I

池田信夫　64
伊丹敬之　62, 161, 180
Ito, H.(伊藤秀史)　112, 119, 120, 168, 180
伊藤元重　111, 160, 161, 180

J

John, A.　30

K

門田安弘　45
加護野忠男　180
Kanemoto, Y.(金本良嗣)　118
Kandori, M.(神取道宏)　89, 288, 296
Kashyap, A.　236
加藤正昭　227
Kawasaki, S.(川崎誠一)　162
Kikutani, T.(菊谷達弥)　162
Klein, B.　166, 167
Knight, F.　32
小池和男　123, 124, 127, 133
Konishi, H.(小西秀樹)　176
Kreps, D.　33, 137, 296
Kurz, M.　195
Kuhn, T. S.　271
Krugman, P.　91, 342

L

Lazear, E.　115, 131, 169
Leibenstein, H.　43
Lewis, D.　275
Lincoln, J.　127
Litvack, J.　1

M

MacLoad, W. B.　115, 118, 143
Mailath, G.　89
Malcomson, J. M.　115, 118, 143
Marschak, J.　49, 53, 66
Mas-Colell, A.　36
松井彰彦　111, 160, 161, 290
Matsuyama, K.(松山公紀)　91
Maynard-Smith, J.　70, 277, 283, 296
McMillan, J.　162
Means, G. C.　185
Medoff, J. L.　125
Meyer, M.　168
Milgrom, P.　1, 10, 100, 108, 120, 137, 143, 148, 180
Mincer, J.　125
Mitchell, W.　335
三輪芳朗　155
Moore, J.　66, 167, 171
Morgenstern, O.　32, 271
Mori, T.　342
村松岐夫　253
Murdock, K.　238

N

Nalebuff, B.　169
Nash, J.　191, 192, 271
西村清彦　155
野口悠紀雄　300
North, D.　320

O

大橋勇雄　143
岡崎哲二　306
Okuno-Fujiwara, Masahiro(奥野(藤原)正寛)　119, 131, 143, 145, 176, 250, 275, 290, 306

P

Packard, F. 227
Patrick, H. 222, 223
Prendergast, C. 118
Pine, J. 63
Piore, M. 130
Poundstone, W. 295
Prasnikar, V. 275

R

Radner, R. 49, 53, 66
Raisian, J. 125
Rob, R. 89
Roberts, J. 10, 120, 137, 143, 148, 180
Rosen, S. 115, 169
Rosenbaum, J. E. 127
Roth, A. 275
Rothschild, M. 228
Rubinstein, A. 33, 197, 275

S

Sah, R. 63, 66
Samuelson, L. 295
Savage, L. 32
Saxenian, A. 62
Schelling, T. 320
Schmeidler, D 10, 32
Selten, R. 271, 273
Shannon, C. 148
Shapiro, C. 143
Shapley, L. S. 271
Scharfstein, D. 236
Sheard, P. 222, 223, 227
シェーンホルツ, K. 227
Shleifer, A. 186
Simon, H. A. 32
塩路悦朗 302
Spence, M. 228
Stigler, 249

Stiglitz, J. E. 63, 66, 143, 169, 228, 229, 238
Shubik, M. 271
Summers, L. 186
Suzuki, K. 176

T

武石彰 180
武田真彦 227
Taylor, J. 54
寺西重郎 302
Tinbergen, J. 323
Tirole, J. 119, 176, 180
Tucker, J. 294

U

植田和男 307

V

van Damme, E. 283, 296
Veblen, T. 23, 334
von Neumann, J. 32, 271

W

Waverman, L. 44
Weiss, A. 229
Weitzman, M. L. 125
Whinston, M. D. 36
Williamson, O. 23, 43, 66, 131, 167

Y

藪下史郎 227
Yin-Gi Qian (銭穎一) 1
吉川洋 302
Young, H. 89
湯本祐司 180

Z

Zamir, S. 275
隋清遠 227

事項索引

ア

アームズ・レングス・バンキング(Arm's Length Banking) 242
アローの不可能性定理 249
アングロ・アメリカ型 5, 231
暗黙の契約(implicit contract) 99, 143
移行の経済学(transition economics) 6, 328
移行のコスト(cost of transition) 89, 90
意思決定のルール 51, 53
意思決定理論(Case-Based Decision Theory) 32
異常への対応 128, 134
1社特命 158
一般的技能(general skill) 125, 128, 129, 137, 145
異文化との接触 286, 290
インサイダー・コントロール 11, 204, 216, 316
インセンティブ 102, 106, 108
  事前の—— 256
  ——・スキーム 100, 110, 115
  ——理論 6, 334
インタラクティブ・アプローチ 335
インフルエンス(influence)活動 168
インフルエンス・コスト 168
エージェンシー関係 100, 156, 161
エージェンシー理論 99
ε-Preemption 176
X-efficiency 44
演繹的アプローチ(deductive approach) 335
オウム返し(Tit-for-Tat)戦略 295

OJT(On the Job Training) 127
オートマトン 33

カ

解概念(solution concept) 274
解雇 119, 124, 136, 140, 142
外国為替管理法 304
会社経理統制令 307
会社利益配当及資金融通令 307
開発国家論 261
開発コンペ 158, 159, 169, 176
開発独裁 261
外部オプション(留保効用) 101, 139, 140, 142, 146, 163, 174
外部労働市場 130, 136
顔の見える競争 160, 176
株式持ち合い 187, 315
価格メカニズム 42, 43
学習(learning) 33, 75
革新官僚 306, 308
合併 161, 167-171, 179
関係依存型政府 258, 264, 266
関係特殊投資(relation specific investment) 161, 162, 164, 170
慣習(convention) 77, 277, 286, 338
慣性(inertia) 2, 75, 82, 279, 326, 327
カンバン方式 45, 156
完備契約(complete contract) 164
管理された競争 160
官僚制多元主義 264
官僚組織 261
機会主義的行動 115
企画院 306
機関株主 186

企業再建整備法　312
企業システム　69
　アメリカ型の——　88
　日本型の——　88
企業特殊的技能(firm-specific skills)　55, 71, 128, 129, 139, 144, 145, 315
　——形成　133, 134
企業内コーディネーション　41, 44, 70, 116
企業内年功　126
企業内の資源配分メカニズム　42, 43, 129-139
企業内労働組合　94, 315
規制緩和論　12
期待効用理論　32
機能的技能(functional skills)　71, 116, 127
　——形成　78, 79
逆淘汰(adverse selection)　98, 228
業績の相対比較(relative performance)　109, 113, 115
共通知識(common knowledge)　274, 275, 337
共同生産　140 →チーム生産
共同責任　112, 118
協力会　309
協力工場　309
銀行法　304
近視眼(myopia)　75, 279
金融抑圧(financial repression)　238
金融抑制(financial restraint)　238, 240
軍需会社法　307
軍需融資指定金融機関制度　309
群淘汰説　76
経済新体制　306
傾斜生産方式　310
契約理論　6, 48, 98, 334
経路依存性(path dependence)　2, 8, 78, 89, 288
ゲーム理論　6, 72, 99, 271, 334
権威主義型政府　258, 260

原局　262
限定合理性(bounded rationality)　10, 32, 75, 277, 279, 338
交渉
　——決裂(威嚇)点(threat point)　175
　——の制度的解釈　195
　——力　99, 159, 161, 165, 171, 195
厚生経済学の第一・第二定理　22
公平な劣後(equitable subordination)　235
後方帰納法(backward induction)　117, 137, 273
合理性　9, 72, 274, 276, 337
効率賃金　142
　——仮説　140
個人合理性(individual rationality)　101 →参加制約
コースの定理　23
コーディネーション　41, 42, 259, 260, 321
コーディネーション・ゲーム　287, 289
古典的ヒエラルキー(classical hierarchy)　52, 92
個別ショック　48 →ミクロ・ショック
コーポレート・ガバナンス　183-187
コーポレート・コントロールの市場　184, 185, 187, 204, 216, 232
コミット(コミットメント)　134, 165, 169, 174, 177, 230
混合戦略　282

サ

債券格付機関　231
再交渉　164, 168, 170, 174, 213, 257
最後通牒ゲーム　196, 272-275
財閥解体　310
裁判費用　164, 255, 267
査定　119, 126, 133
参加制約(participation constraint)　101, 102
産業構造調整政策　265

事項索引 | 349

産業合理化政策　305
産業統制会　306
産業別団体　310
産業報国会　309
サンク・コスト　129, 163, 165, 174
三権分立　253, 255, 258
シカゴ学派　326
仕切られた多元主義　317
資金統制計画　306, 307
シグナリング　98, 228
シグナル（指標）　99, 100, 172
　　——の誤差　100, 105, 107, 162
試行錯誤　280, 295
自己拘束的（self-enforcing）　27, 324, 325
自己拘束力（self-enforcing power）　28
自己実現的な期待　91
自己選択（self selection）　98, 228
事後的モニタリング（ex post monitoring）　230
事後的なルール変更　254, 267
仕事表　133
事後ルール　252
事実上の企業（virtual corporation）　64
市場レベルの効率性（allocative efficiency）　44
システム・ショック　48, 93 →マクロ・ショック
自生的制度　28, 31, 338
自生的秩序（spontaneous order）　77
自然淘汰（natural selection）　74, 76
事前的モニタリング（ex ante monitoring）　227, 235, 243
事前ルール　252
実験　89, 280, 286, 288
実験ゲーム理論（experimental game theory）　275
私的情報　98
社会的制度　10
ジャスト・イン・タイム（方式）　45, 156
州商法改正　186

終身雇用　32, 94, 118, 123
囚人のジレンマ　73, 287, 294
受託業務　224, 225
純粋戦略　282
生涯賃金　125, 130, 141
　　期待——　135, 139, 140, 145, 147
賞金　115, 172, 177
証券民主化政策　310
昇進　114-116, 126, 130-134
状態依存型ガバナンス（contingent governance）　204, 209 - 213, 216, 233, 236, 241, 266, 316
承認図　158
情報
　　——異化システム（differentiated information system）　58
　　——共有型情報システム　70, 79
　　——システム　47, 51
　　——同化システム（assimilated information system）　54
　　——分散化システム（decentralized information system）　55, 70, 93
情報共有　62
情報効率性　58
情報産業　62, 64
情報処理能力　52, 61, 69, 71, 92
情報の経済学　6, 334
情報の非対称性　98, 105, 228, 320, 333, 334
情報の不完全性　9, 114-115, 333
情報分散型情報システム　70, 79
剰余請求権（residual right）　168, 170
剰余請求者（residual claimant）　168, 170
職務区分　46, 71, 127
進化ゲーム　32, 35, 72, 74, 195, 278, 280, 338
進化的安全戦略（ESS）　283, 284
進化的均衡（evolutionary equilibria）　84, 85, 88
進化論　74, 277, 323
新古典派経済学　5, 21, 22, 333, 334

新古典派の企業理論　129, 130, 136
新卒労働市場　135, 140
人的資本　127
信用割当　229
スイッチング・コスト　148
水平的コーディネーション　69
水平的ヒエラルキー(horizontal hierarchy)　55, 94, 315
スクリーニング　98, 114
スター・システム　127
生産責任者　307, 309
生産力拡充計画　306, 307
制度改革　328, 329, 331, 332
制度的補完性(institutional complementarity)　2, 9, 35, 94, 188, 218, 219, 236, 261, 325, 330, 331
制度派経済学　335
政府と企業間の所得移転の可能性　255
漸進的アプローチ　2, 12, 332
先任権　119, 124
選抜　119, 127
戦略的補完性(strategic complementarity)　2, 8, 27, 29, 140-147
戦略分布　279, 284
相互モニター　119
双対的コントロール　187, 190, 194
双方独占　162, 164, 178
贈与交換　199
ソフトな予算制約　216, 242, 313, 314

タ

大規模小売店舗法(大店法)　251
退職金　119, 131, 135
　　──引当金　131
大胆度　195, 198
貸与図　158
ダーウィニアン・ダイナミクス　82
多元主義　147
知識の共有　45, 64, 69, 93
知的熟練　127, 133

チーム(共同)生産　203, 315
チーム理論的アプローチ　48
中位投票者定理　249
中間的モニタリング(interim monitoring)　229, 235
長期均衡(long run equilibria)　89
長期雇用関係　123, 130-139, 143
長期雇用慣行　188, 218, 265
長期的関係　256, 263
調整局　262
調整の失敗(coordination failure)　288, 296
賃金スケジュール　100-113
賃金プロファイル　125, 130, 135, 141
定年　130, 131
テイラー・システム　54, 93, 128
適応的進化(adaptive evolution)　11
適応度(fitness)　72, 73, 277, 280
デザイン・イン　159, 163
転職　139, 141, 146
　　自発的──　124, 136
独占レント　178
特定産業振興臨時措置法　262
特定不況産業安定臨時措置法　265
毒薬(poison pill)　186
ドッジ・ライン　314
突然変異(mutation)　89, 285, 288
トータル年功　125
トーナメント　115, 119, 169, 315
「ドミノ倒し」戦略　12, 332
トリガー(引き金)戦略　117, 136
取引による利益　165, 170, 174
取引費用(の経済学)　23, 43
トレーニング・コスト　134

ナ

内部労働市場　130
ナッシュ均衡　25, 26, 31, 74, 272, 273, 282, 284
　　──の精緻化(refinement)　273

ナッシュ交渉解　191, 192, 195, 196
ナッシュ・プログラム　196
日本特殊論　3, 4, 7
入札　158
ネットワーク　63, 64
年功賃金　94, 119, 125, 130-133

ハ

ハト・タカ・ゲーム(Hawk-Dove Game)　280
パレート比較　27, 88, 147
ヒエラルキー構造　338
ヒエラルキー組織　43, 46
POE(Port of Entry)　130
東アジアの奇跡　336
ビッグバン・アプローチ　2, 11, 332
人質(hostage)　130-133, 144
標準化　56, 63
評判　134, 135, 136, 140, 199
歩合給(制)　98, 106, 107
フォーカル・ポイント　320
不完備契約(incomplete contract)　164
複数エージェント　108-113, 160
複数均衡　27, 29-31, 83, 89, 139, 145, 148, 178, 273, 326, 327
複雑系　322, 340
　——システム(complex system)　10
物価統制令　310
復興金融金庫(復金)　313
物資需給計画　310
物資動員計画　306, 307
部分ゲーム完全均衡　117, 273, 274
フランチャイズ・バリュー　239, 240, 242
フリー・ライダー(ただ乗り)　113, 118
文化　24
　——的アプローチ　3, 324
分権的ヒエラルキー(decentralized hierarchy)　52, 93
文脈的技能(contextual skills)　71, 117, 126, 127, 138

　——形成　78, 79
ベスト・レスポンス・ダイナミクス　280, 282
ヘルプ(help)　111-113, 118
変化への対応　128, 134
ベンチャー・キャピタル　243
法的制度　25
補完性(complementarity)　7, 8, 30, 63
　生産技術の——　111
　努力費用の——　112
ホールド・アップ問題　165-170, 174, 178, 257

マ

マクロ・ショック　109, 265
マス・カスタマイゼーション　63
満足化(satisficing)　32
ミクロ・ショック　109
メインバンク　220, 221
　——関係　222, 223
　——・システム　222, 232
モジュール化　56, 63
モニター(観察(者))　99, 119, 205, 210, 233
　——のインセンティブ　213-215
モニタリング　227
　——誤差(measurement error)　105, 114
　——・コスト　113, 142
　統合化された——　317
　——の頻度　141, 142
Monotone Method(Monotone Comparative Statics)　148
モラル・ハザード　98, 113, 203, 208, 216, 229, 239, 316

ヤ

誘因(インセンティブ)　48, 97, 123
　——制約(incentive constraint)　101, 102

——両立性(incentive compatibility)　101
融資斡旋制度　317
要素還元主義　323

ラ

ランク競争(ランク・オーダー・トーナメント)　160
ランダム・マッチング(random matching)　27, 75, 80, 289
利己主義　76
立証不可能性(unverifiability)　115-118, 133, 136, 162, 165
リスク
　　——回避的　106
　　——・シェアリング　106-108, 161
　　——中立的　106
　　——プレミアム　107
利他主義　76
Relational Banking　240

履歴(ヒステレシス)効果　148, 327
臨時資金調整法　307
臨時物資需給調整法　310
リーン生産方式　156
ルール依存型政府　258
レイ・オフ(lay off)　119, 124, 134, 136, 137, 140-143, 146
歴史制度分析(Historical Institutional Aralysis)　340
歴史的経路依存性(historical path dependence)　35, 77, 88, 326, 327
歴史の初期条件　286, 327
レント　161, 165, 174, 178, 214, 215
労働組合法　312
労働者管理企業　188-190, 194
労働配分(job allocation)　97, 130
労務動員計画　306

ワ

ワルラス均衡　22, 23

●編著者略歴

青木昌彦(スタンフォード大学名誉教授)
　1938年生まれ．
　1962年東京大学経済学部卒業．ミネソタ大学大学院(Ph. D.)．京都大学教授，スタンフォード大学教授，独立行政法人経済産業研究所長等を歴任．
　主要著書
　『組織と計画の経済理論』(岩波書店，1971年，日経経済図書文化賞受賞)，『ラディカル・エコノミクス』(編著，中央公論社，1973年)，*The Co-operative Game Theory of the Firm* (Oxford University Press, 1984年，日本語版『現代の企業』岩波書店，1984年，サントリー学芸賞受賞)，*Information, Incentives and Bargaining in the Jpanese Economy* (Cambridge University Press, 1988年，1990年日本学士院賞，日本語版『日本経済の制度分析』筑摩書房，1992年)，『日本企業の組織と情報』(東洋経済新報社，1989年)，『経済システムの進化と多元性』(東洋経済新報社，1995年)，『国際・学際研究　システムとしての日本企業』(共編，NTT出版，1995年)，『比較制度分析に向けて』(NTT出版，2001年)など．

奥野(藤原)正寛(東京大学名誉教授，流通経済大学経済学部教授)
　1947年生まれ．
　1969年東京大学経済学部卒業．スタンフォード大学大学院(Ph. D.)．ペンシルバニア大学客員講師，イリノイ大学，横浜国立大学経済学部助教授を経て，現職．
　主要著書
　『日本の産業政策』(共編，東京大学出版会，1984年)，『ミクロ経済学Ⅰ，Ⅱ』(共著，岩波書店，1985，88年)，『産業政策の経済分析』(共著，東京大学出版会，1988年，日経経済図書文化賞受賞)，『交通政策の経済学』(共編，日本経済新聞社，1989年)，『ミクロ経済学入門(新版)』(日本経済新聞社，1990年)，『現代経済学のフロンティア』(共編著，日本経済新聞社，1990年)，『現代日本経済システムの源流』(共編，日本経済新聞社，1993年)，『情報化と経済システムの転換』(共編著，東洋経済新報社，2001年)など．

●共著者略歴

瀧澤弘和
　1960年生まれ．1992年法政大学経済学部卒業．
　東京大学大学院経済学研究科修了．現在中央大学経済学部教授．

関口　格
　1969年生まれ．1992年東京大学経済学部卒業．
　東京大学大学院経済学研究科修了．現在京都大学経済研究所准教授．

村松幹二
　1968年生まれ．
　東京大学大学院経済学研究科修了．現在駒澤大学経済学部准教授．

堀　宣昭
　1968年生まれ．
　東京大学大学院経済学研究科修了．現在九州大学大学院経済学研究院准教授．

経済システムの比較制度分析

1996 年 4 月 15 日　初　　版
2012 年 4 月 27 日　第 10 刷

［検印廃止］

編著者　青木昌彦
　　　　奥野(藤原)正寛
発行所　財団法人　東京大学出版会
代表者　渡辺　浩

113-8654　東京都文京区本郷 7-3-1
電話 03-3811-8814・振替 00160-6-59964
印刷所　株式会社三秀舎
製本所　誠製本株式会社

© 1996 Aoki, M. and M. Okuno-Fujiwara et al.
ISBN 978-4-13-042102-7 Printed in Japan

Ⓡ〈日本複製権センター委託出版物〉
本書の全部または一部を無断で複写複製（コピー）することは，著作権法上での例外を除き，禁じられています．本書からの複写を希望される場合は，日本複製権センター（03-3401-2382）にご連絡ください．

本書はデジタル印刷機を採用しており、品質の経年変化についての充分なデータはありません。そのため高湿下で強い圧力を加えた場合など、色材の癒着・剥落・磨耗等の品質変化の可能性もあります。

経済システムの比較制度分析

2017年11月15日　　発行　　①

編著者　　青木昌彦・奥野(藤原)正寛
発行所　　一般財団法人　東京大学出版会
　　　　　代 表 者　吉見俊哉
　　　　　〒153-0041
　　　　　東京都目黒区駒場4-5-29
　　　　　TEL03-6407-1069　FAX03-6407-1991
　　　　　URL　http://www.utp.or.jp/
印刷・製本　大日本印刷株式会社
　　　　　URL　http://www.dnp.co.jp/

ISBN978-4-13-009129-9
Printed in Japan
本書の無断複製複写（コピー）は、特定の場合を除き、
著作者・出版社の権利侵害になります。